EDENSZERO

23

ALTERNATIVE

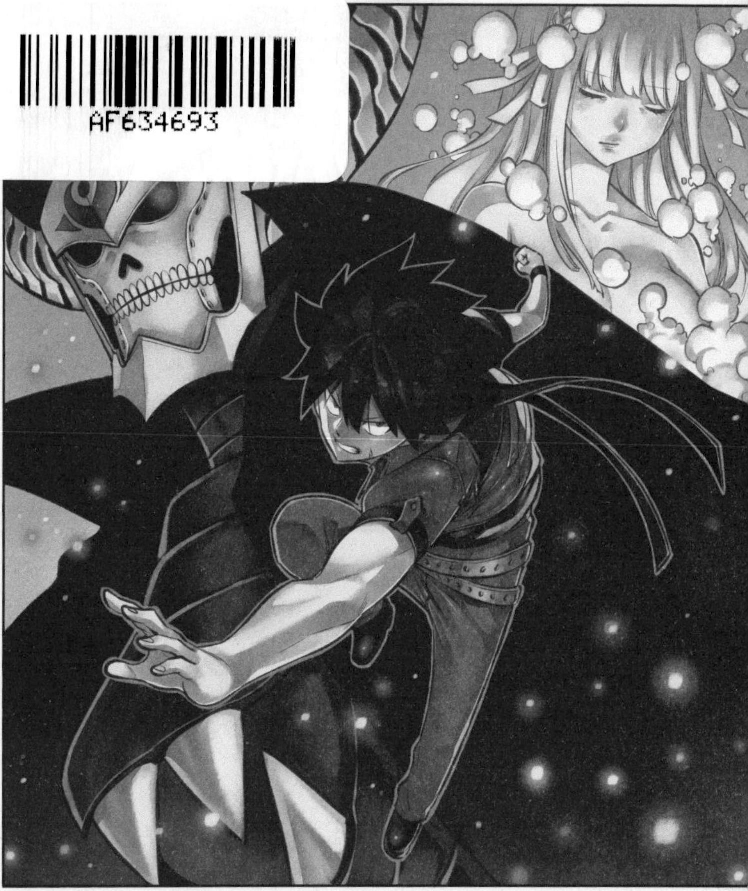

HIRO MASHIMA

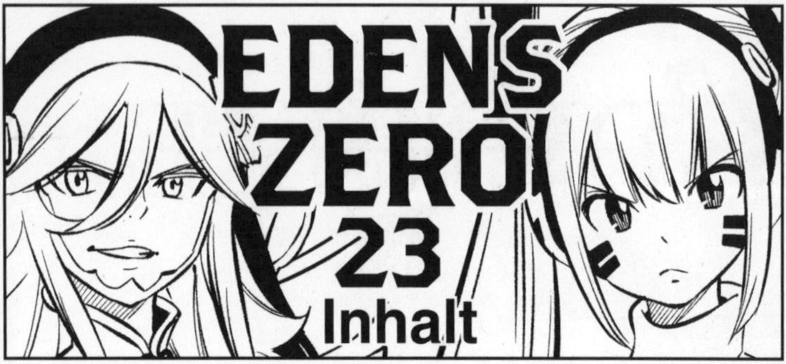
EDENS
ZERO
23
Inhalt

EDENS ZERO

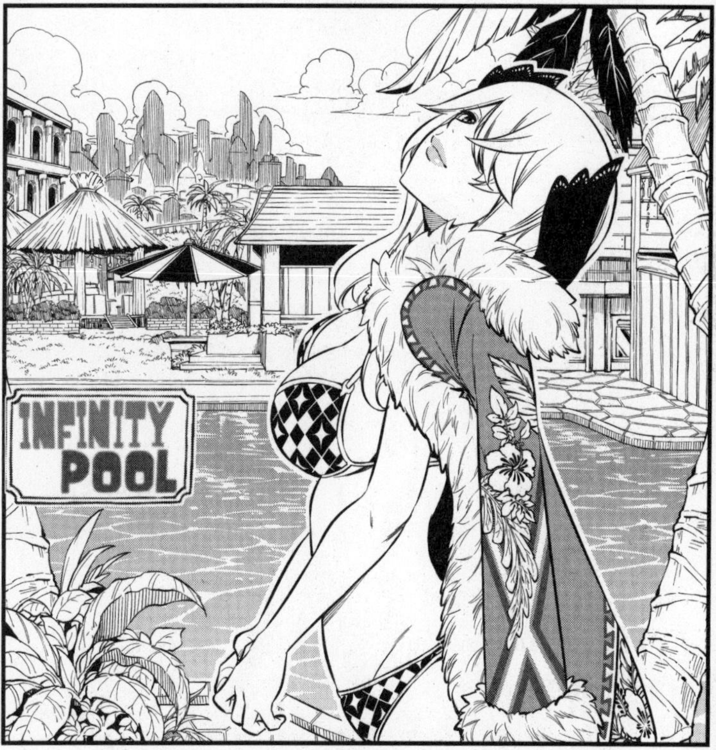

KAPITEL 195: EINE FIKTIVE STORY

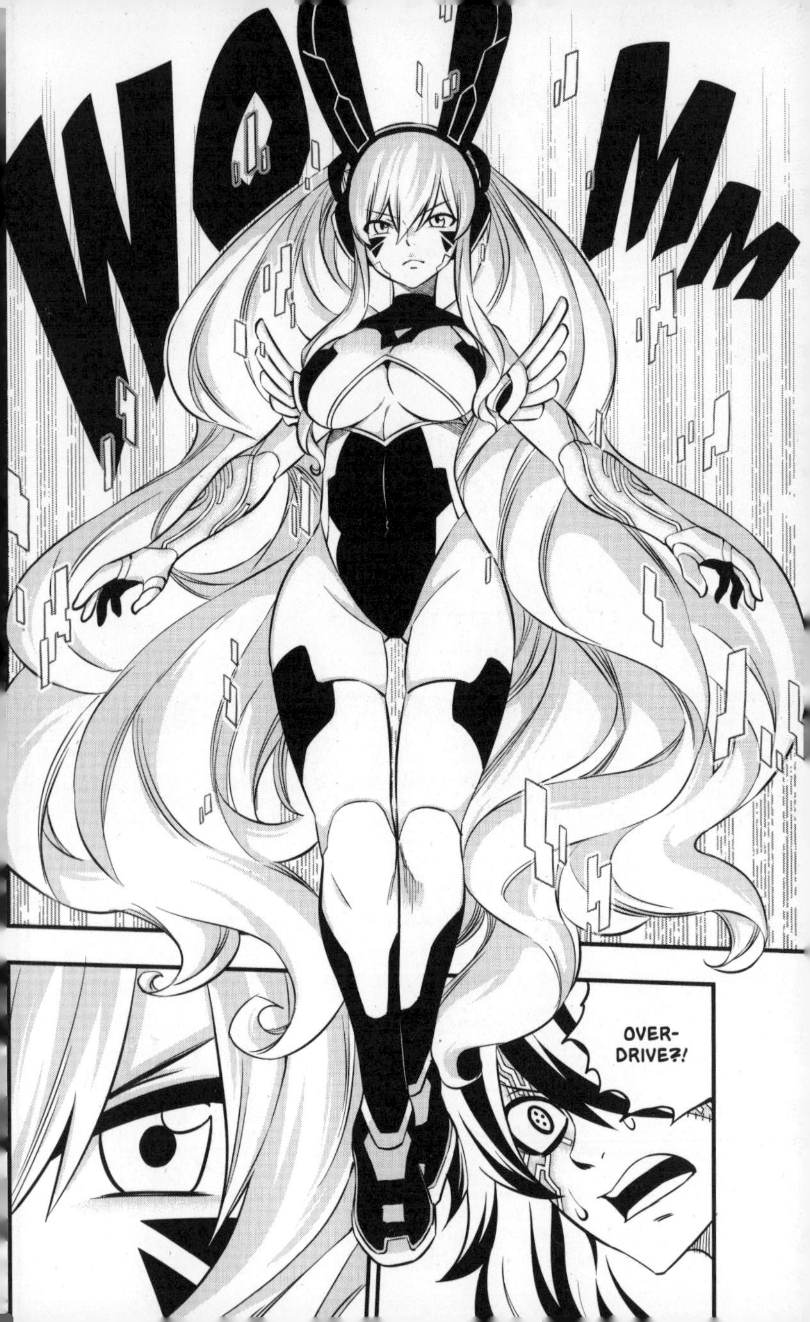
WOMM
OVER-
DRIVE?!

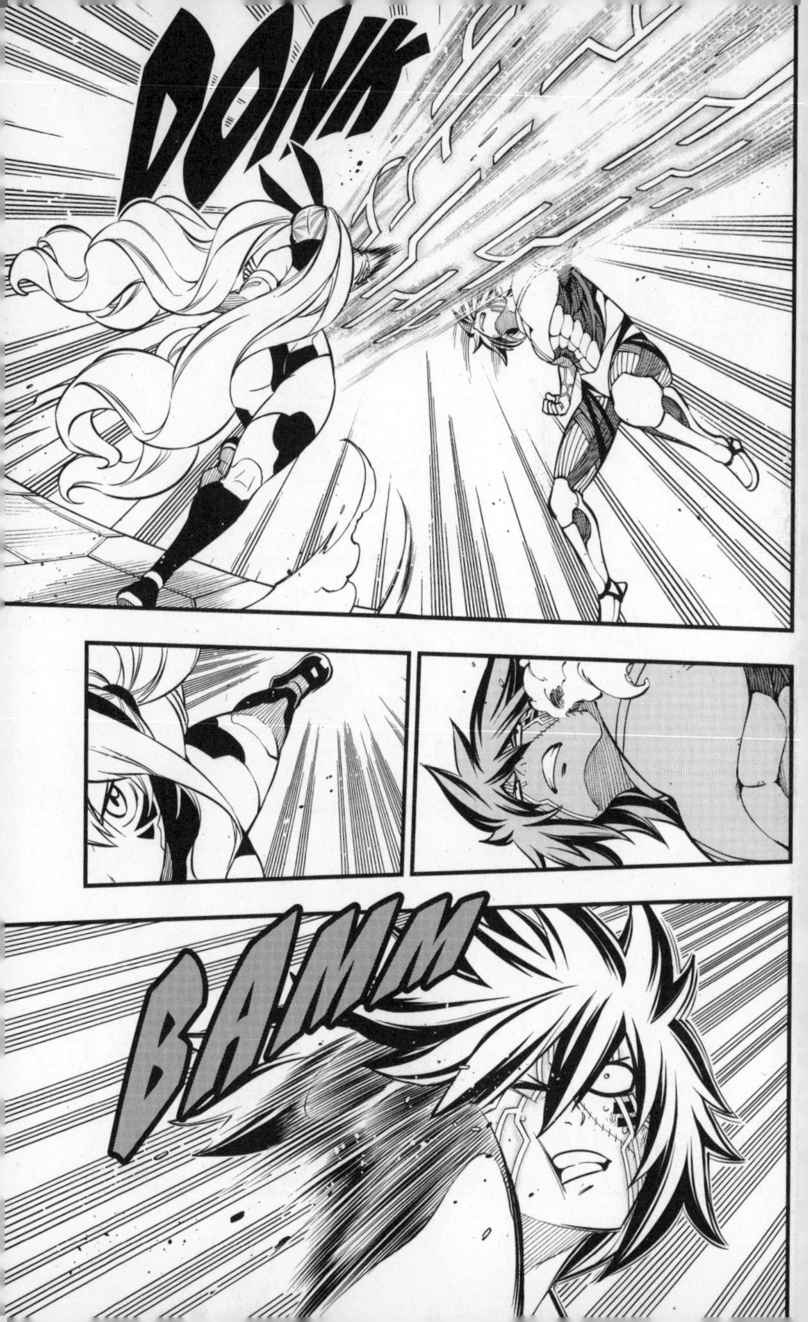
DONK
BAMM

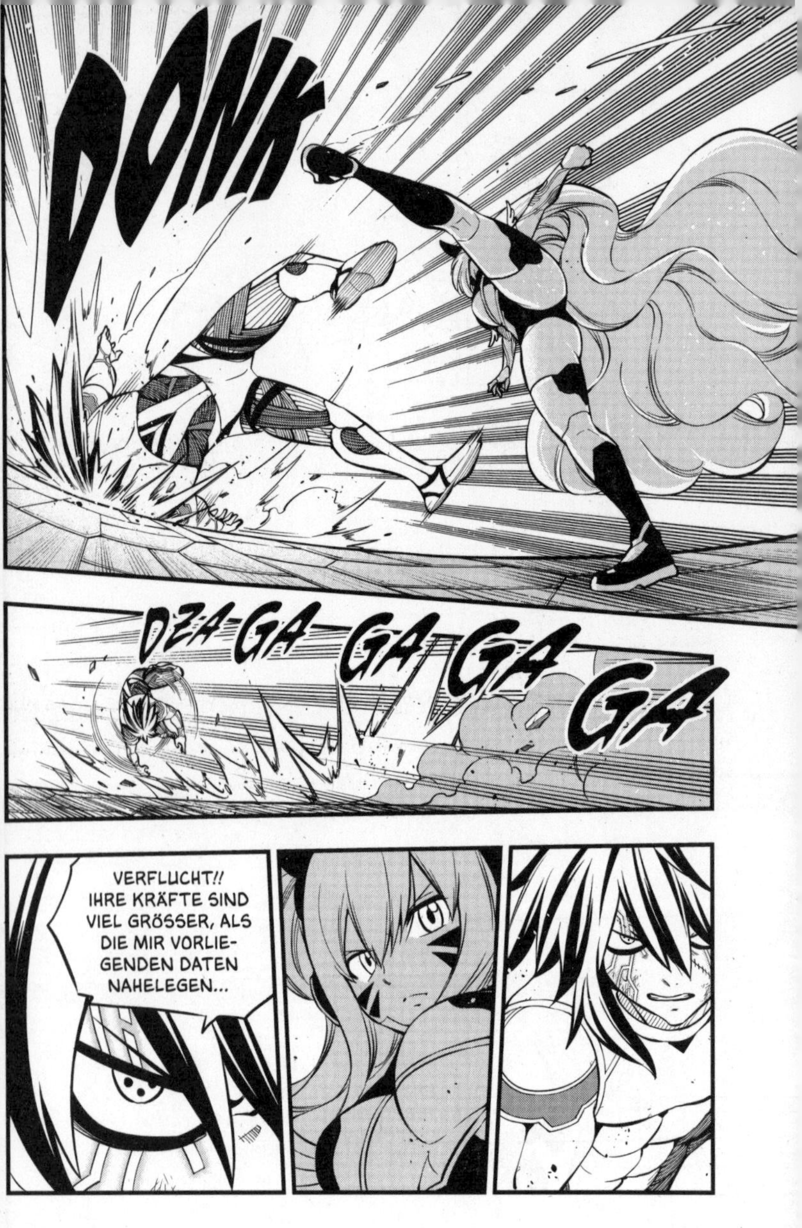
DONK
DZA GA GA GA GA
VERFLUCHT!! IHRE KRÄFTE SIND VIEL GRÖSSER, ALS DIE MIR VORLIEGENDEN DATEN NAHELEGEN...

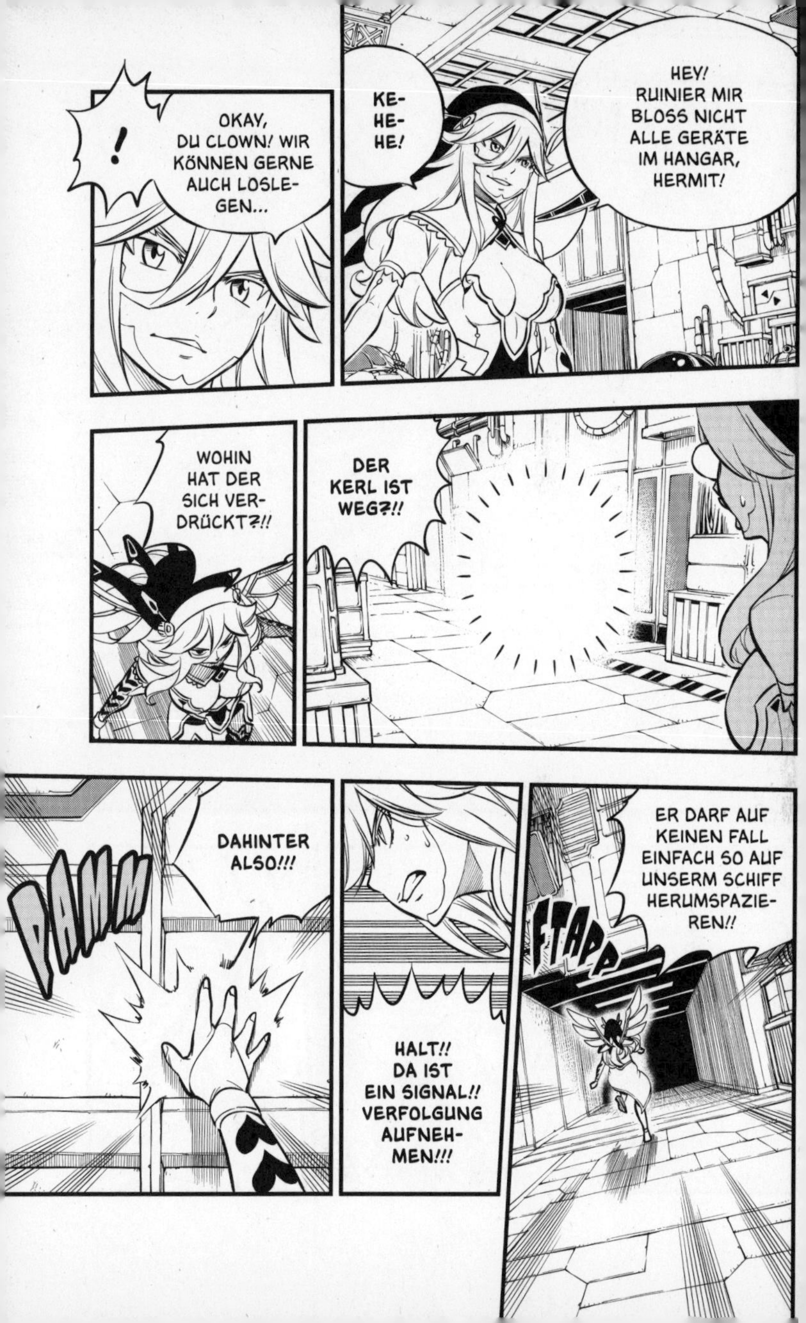
HEY!
RUINIER MIR BLOSS NICHT ALLE GERÄTE IM HANGAR, HERMIT!
KE-HE-HE!
!
OKAY, DU CLOWN! WIR KÖNNEN GERNE AUCH LOSLE-GEN...
DER KERL IST WEG?!!
WOHIN HAT DER SICH VER-DRÜCKT?!!
ER DARF AUF KEINEN FALL EINFACH SO AUF UNSERM SCHIFF HERUMSPAZIE-REN!!
TAPP
HALT!! DA IST EIN SIGNAL!! VERFOLGUNG AUFNEH-MEN!!!
DAHINTER ALSO!!!
PAMM

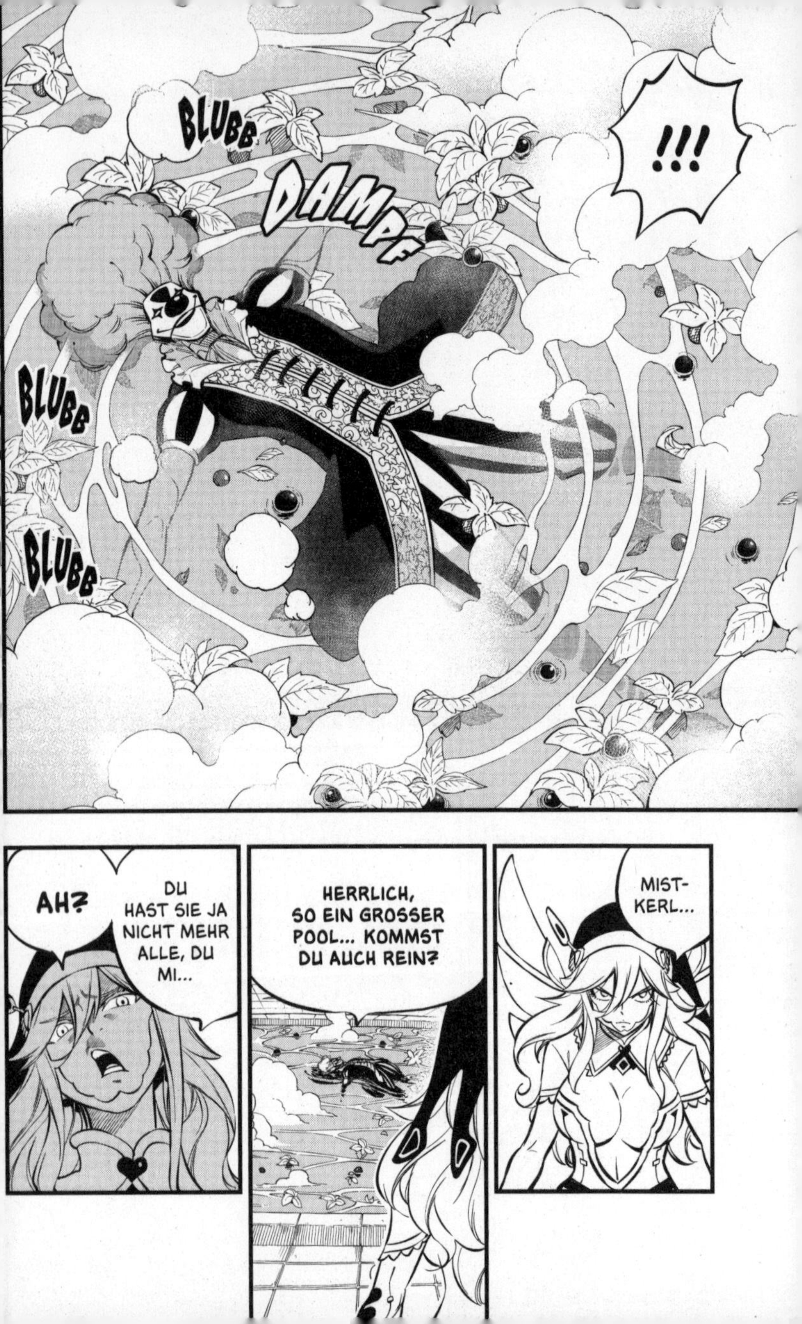
BLUBB
DAMPF
!!!
BLUBB
BLUBB
AH?
DU HAST SIE JA NICHT MEHR ALLE, DU MI...
HERRLICH, SO EIN GROSSER POOL... KOMMST DU AUCH REIN?
MIST-KERL...

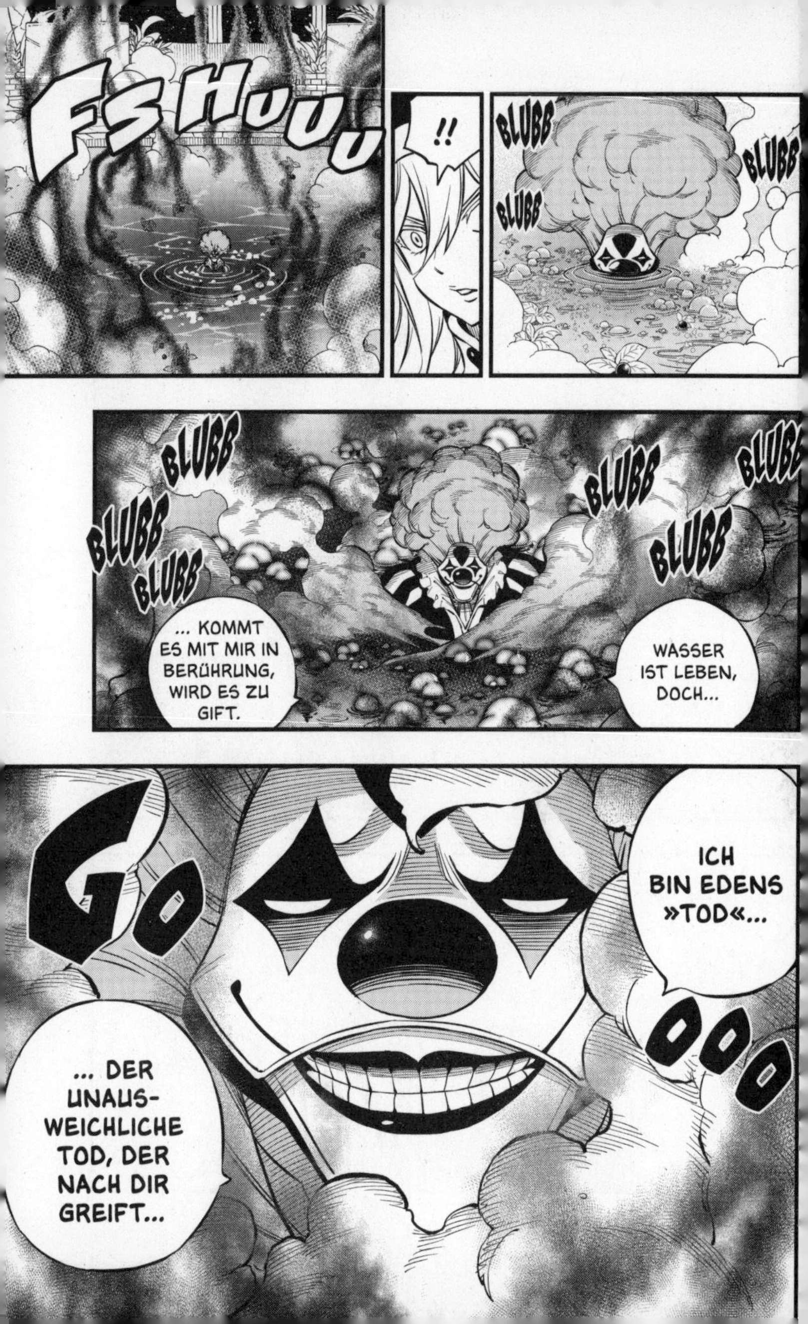
BLUBB
BLUBB
BLUBB
!!
FSHUUUU
BLUBB
BLUBB
BLUBB
BLUBB
BLUBB
BLUBB
BLUBB
WASSER IST LEBEN, DOCH...
... KOMMT ES MIT MIR IN BERÜHRUNG, WIRD ES ZU GIFT.
ICH BIN EDENS »TOD«...
GOOOO
... DER UNAUS-WEICHLICHE TOD, DER NACH DIR GREIFT...

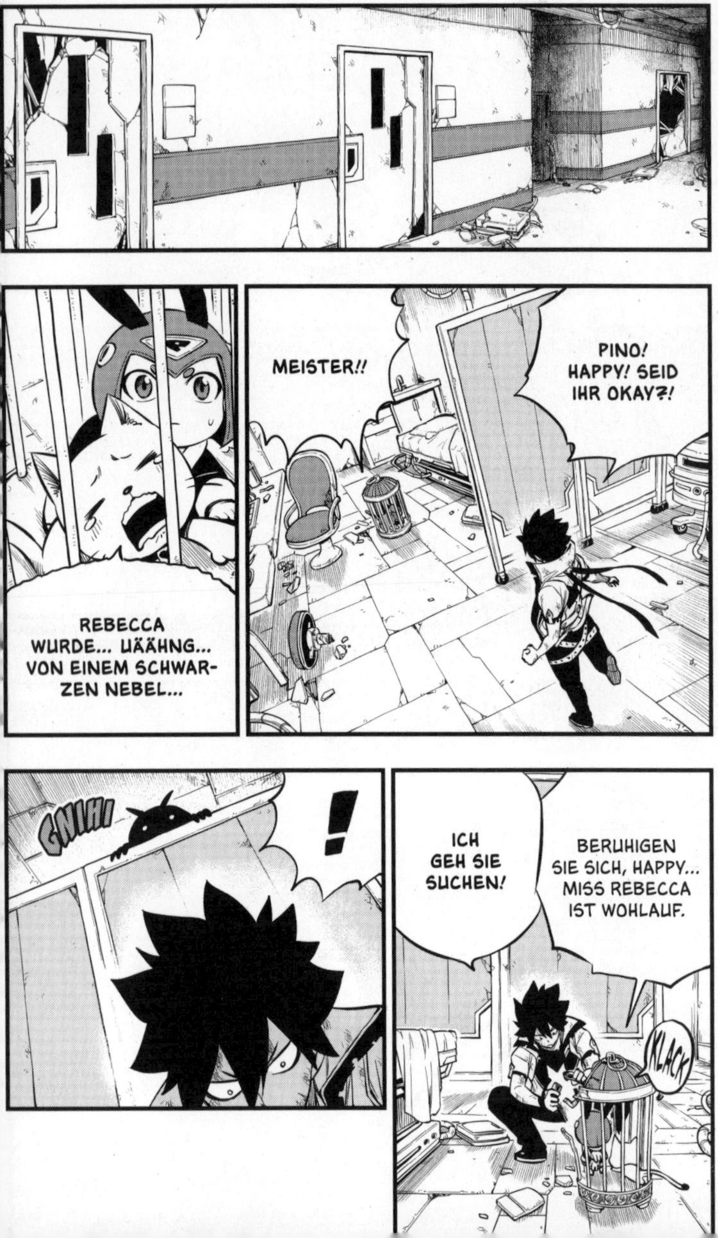
PINO!
HAPPY! SEID IHR OKAY?!
MEISTER!!
REBECCA WURDE... UÄÄHNG... VON EINEM SCHWARZEN NEBEL...
BERUHIGEN SIE SICH, HAPPY... MISS REBECCA IST WOHLAUF.
ICH GEH SIE SUCHEN!
KLACK
GNIHI
!

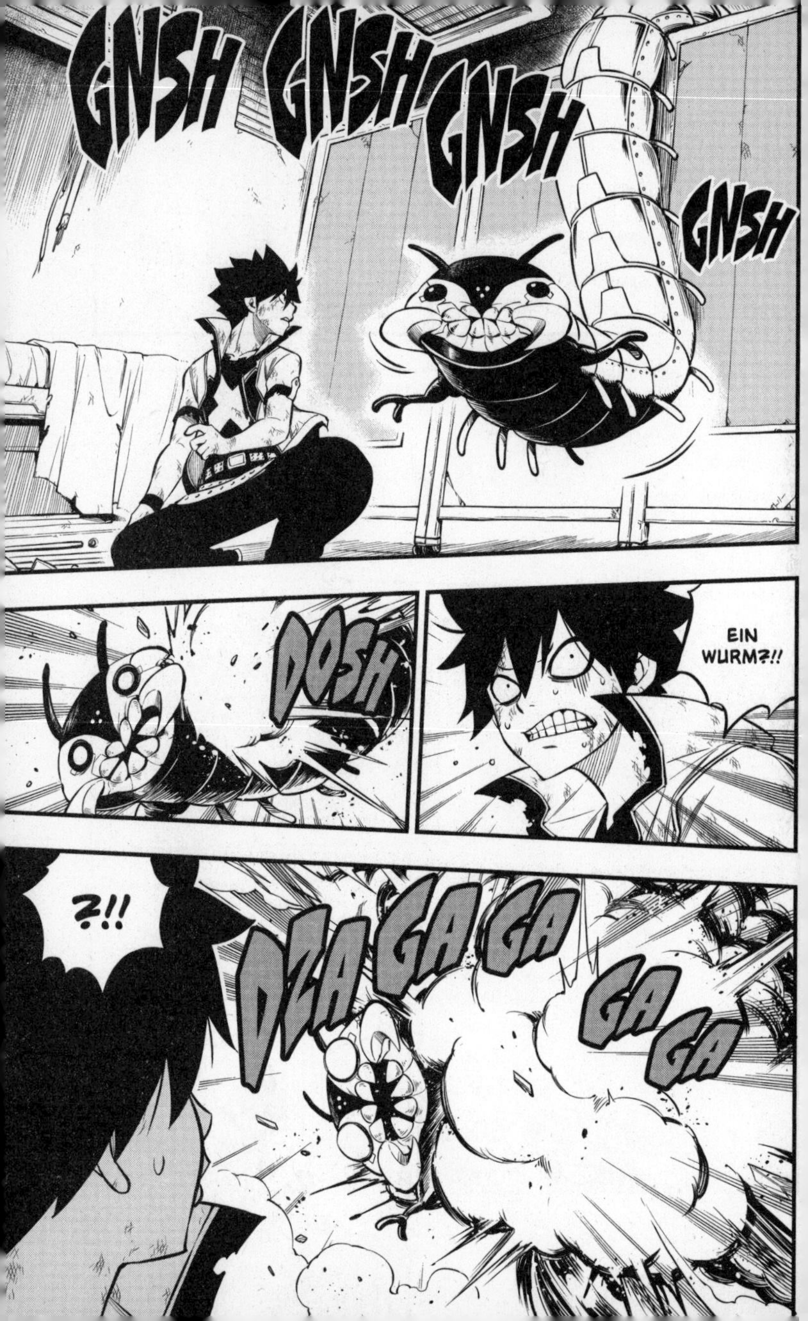
GNSH GNSH GNSH
GNSH
DOSH
EIN WURM?!!
?!!
DZA GA GA GA GA

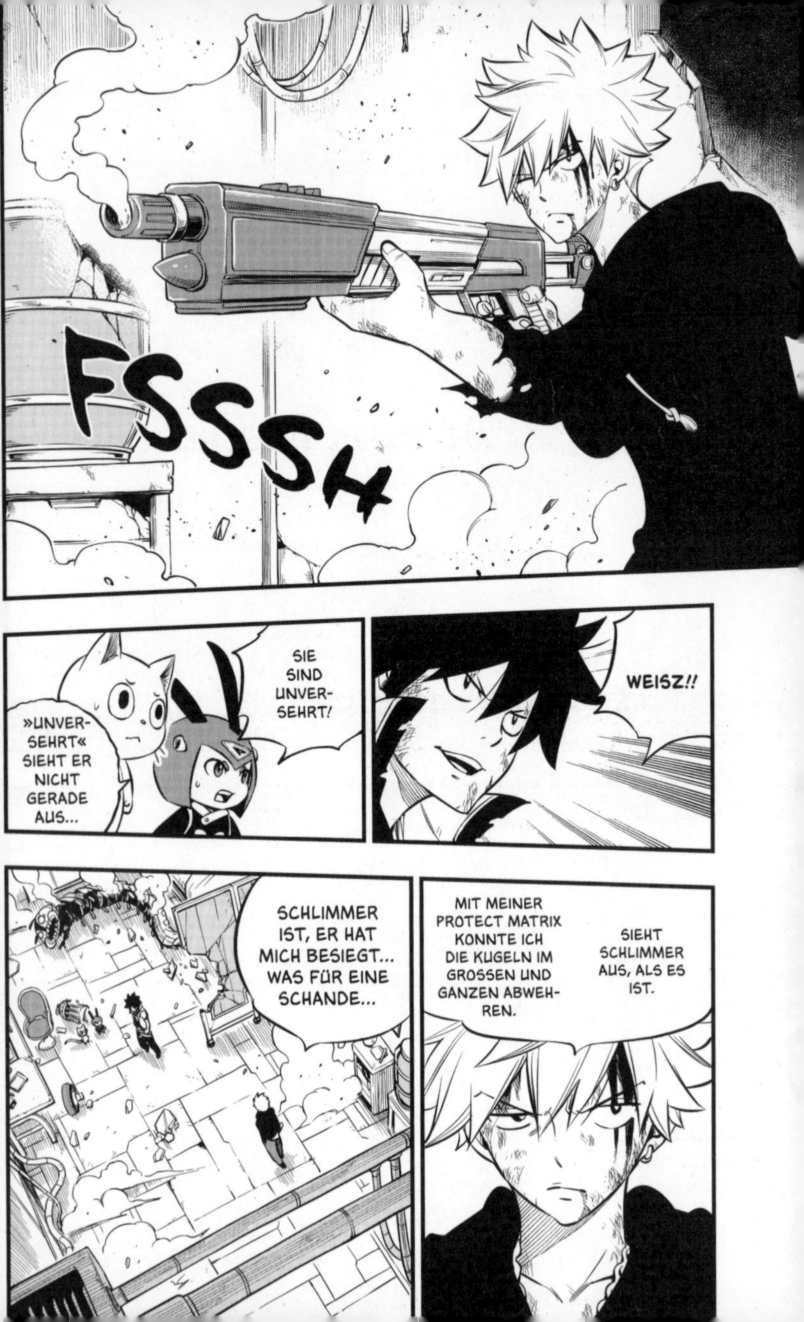
FSSSH
WEISZ!!
SIE SIND UNVERSEHRT!
»UNVERSEHRT« SIEHT ER NICHT GERADE AUS...
SIEHT SCHLIMMER AUS, ALS ES IST.
MIT MEINER PROTECT MATRIX KONNTE ICH DIE KUGELN IM GROSSEN UND GANZEN ABWEHREN.
SCHLIMMER IST, ER HAT MICH BESIEGT... WAS FÜR EINE SCHANDE...

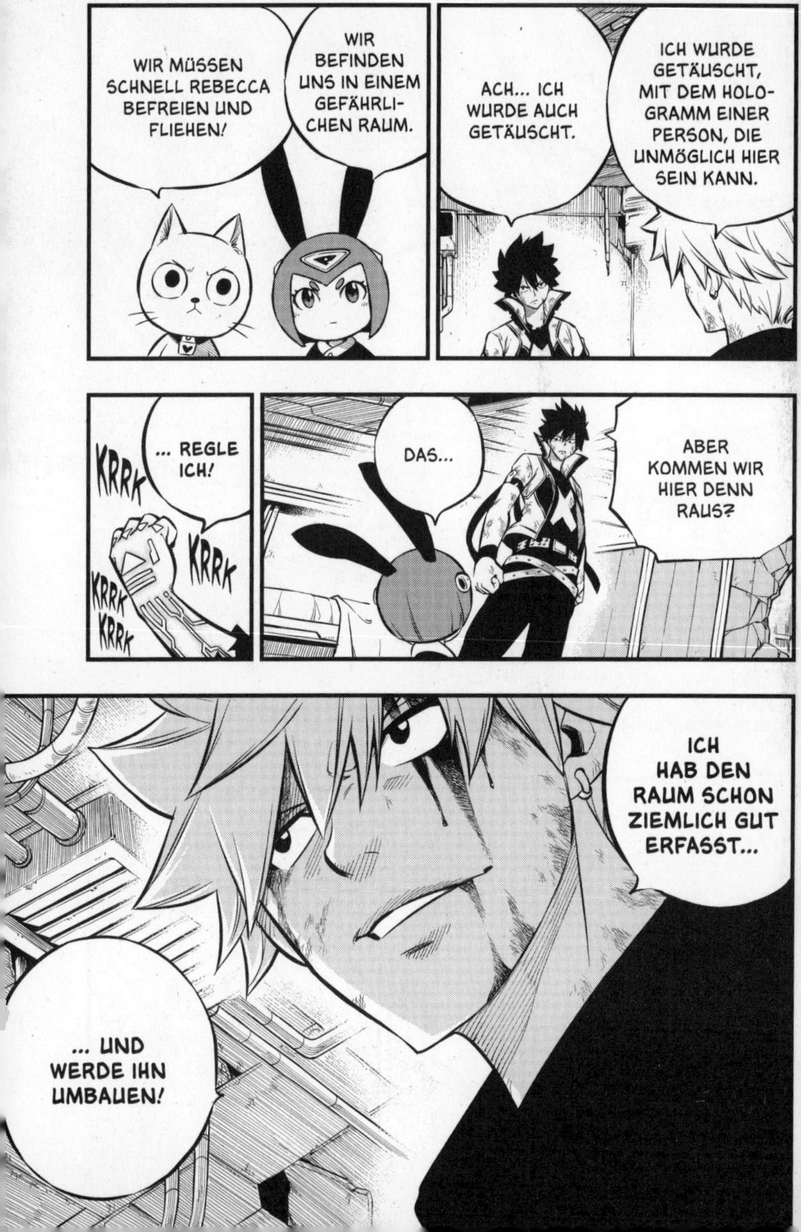
WIR MÜSSEN SCHNELL REBECCA BEFREIEN UND FLIEHEN!
WIR BEFINDEN UNS IN EINEM GEFÄHRLICHEN RAUM.
ACH... ICH WURDE AUCH GETÄUSCHT.
ICH WURDE GETÄUSCHT, MIT DEM HOLOGRAMM EINER PERSON, DIE UNMÖGLICH HIER SEIN KANN.
... REGLE ICH!
KRRK
KRRK
KRRK
KRRK
DAS...
ABER KOMMEN WIR HIER DENN RAUS?
ICH HAB DEN RAUM SCHON ZIEMLICH GUT ERFASST...
... UND WERDE IHN UMBAUEN!

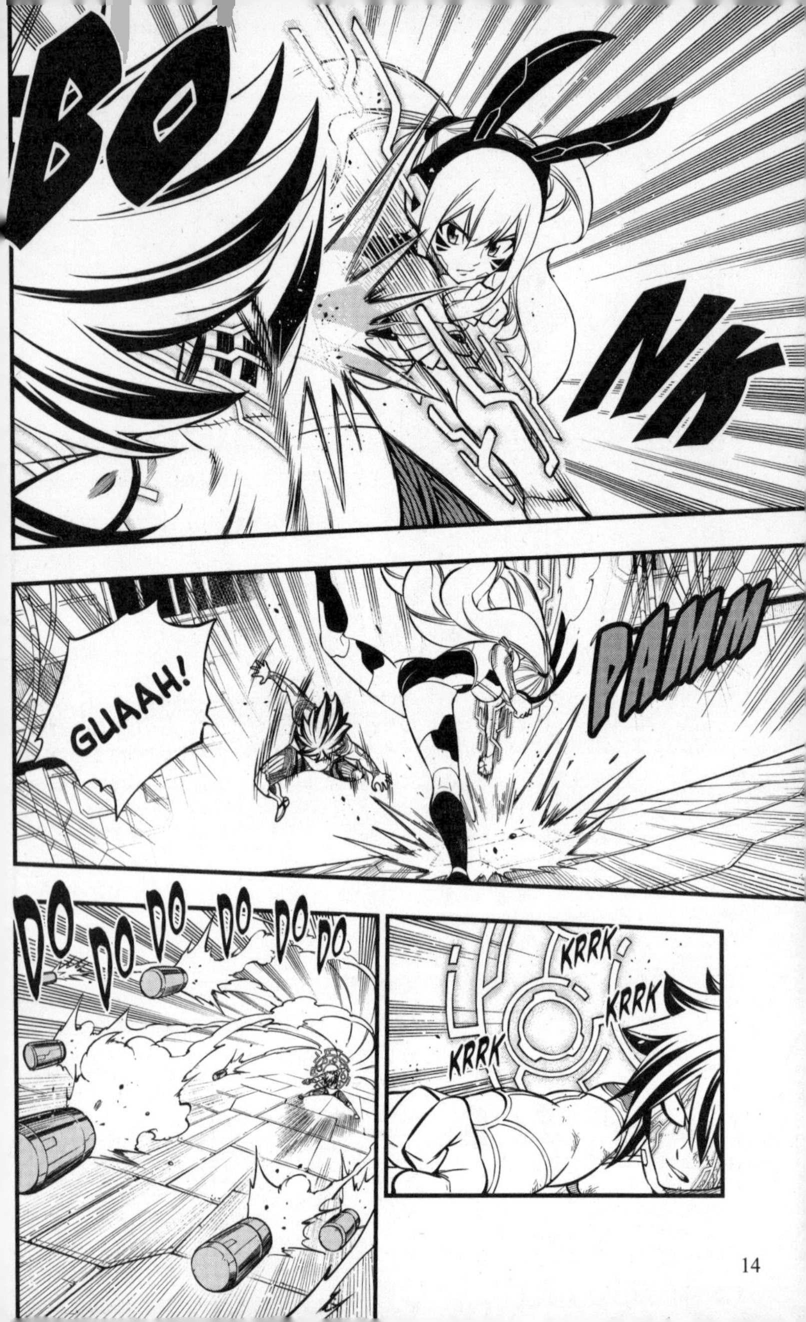
BO
NK
GUAAH!
PAMM
DO DO DO DO DO DO
KRRK
KRRK
KRRK

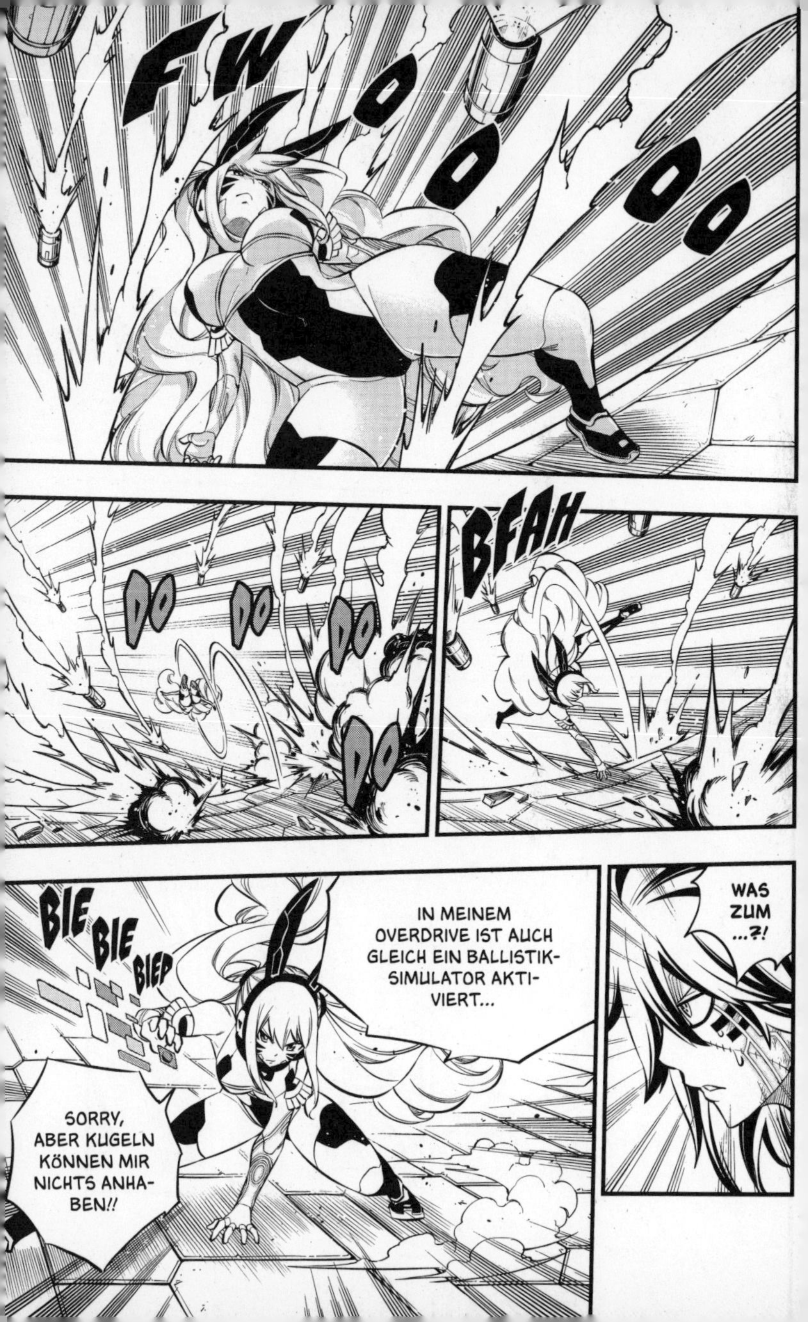
FWOOOOO
DO DO DO DO
BFAH
BIE BIE BIEP
IN MEINEM OVERDRIVE IST AUCH GLEICH EIN BALLISTIK-SIMULATOR AKTI-VIERT...
SORRY, ABER KUGELN KÖNNEN MIR NICHTS ANHA-BEN!!
WAS ZUM ...?!

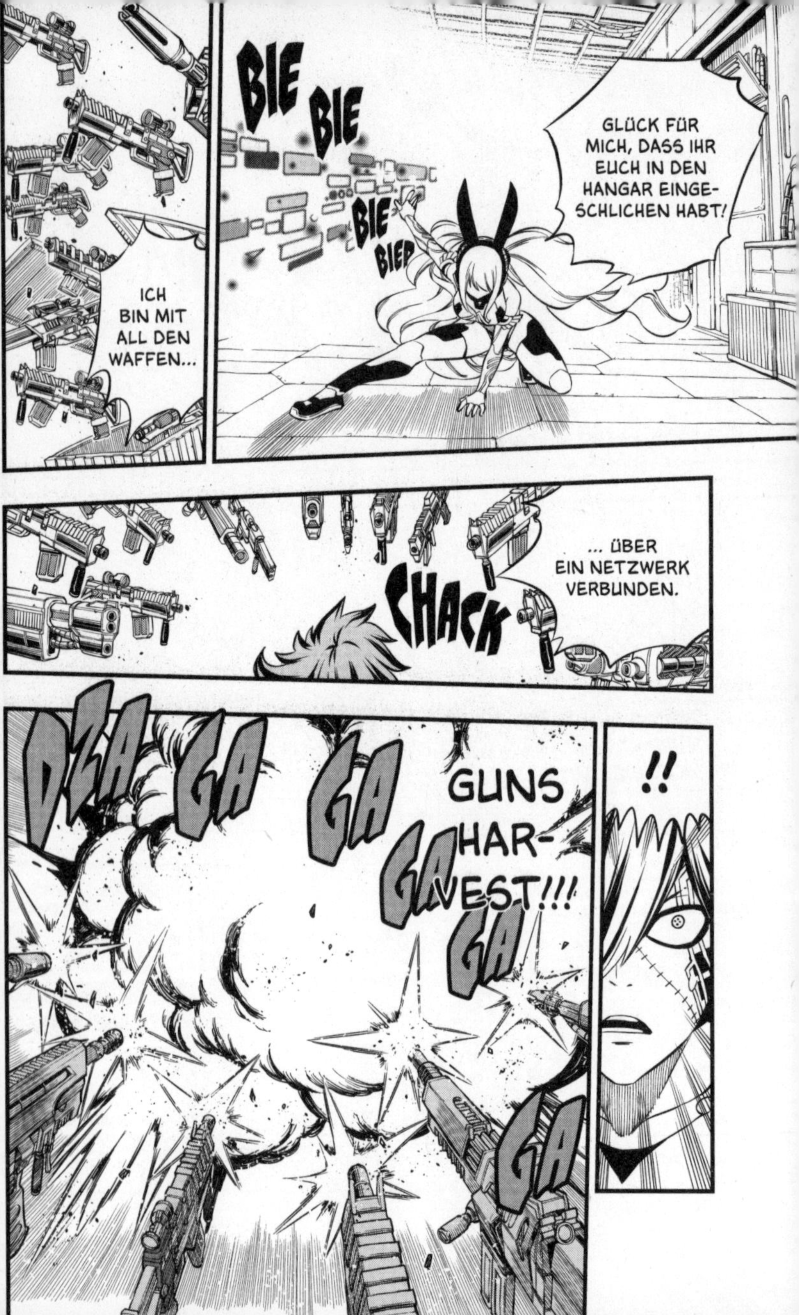
BIE BIE BIE BIEP
GLÜCK FÜR MICH, DASS IHR EUCH IN DEN HANGAR EINGE-SCHLICHEN HABT!
ICH BIN MIT ALL DEN WAFFEN...
... ÜBER EIN NETZWERK VERBUNDEN.
CHACK
DZA GA GA GA GA GA
GUNS HAR-VEST!!!
!!

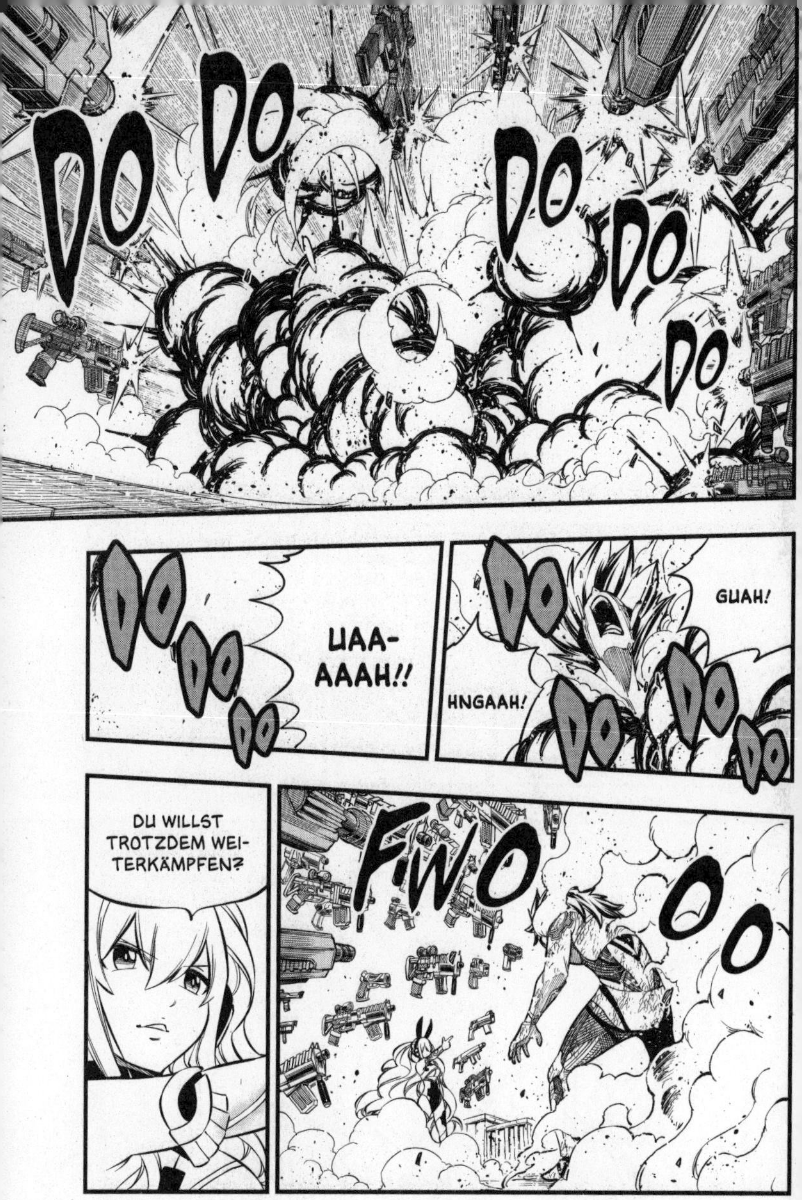
DO DO
DO DO DO
GUAH!
HNGAAH!
DO DO DO DO
UAA-AAAH!!
DO DO DO
FWOOO
DU WILLST TROTZDEM WEITERKÄMPFEN?

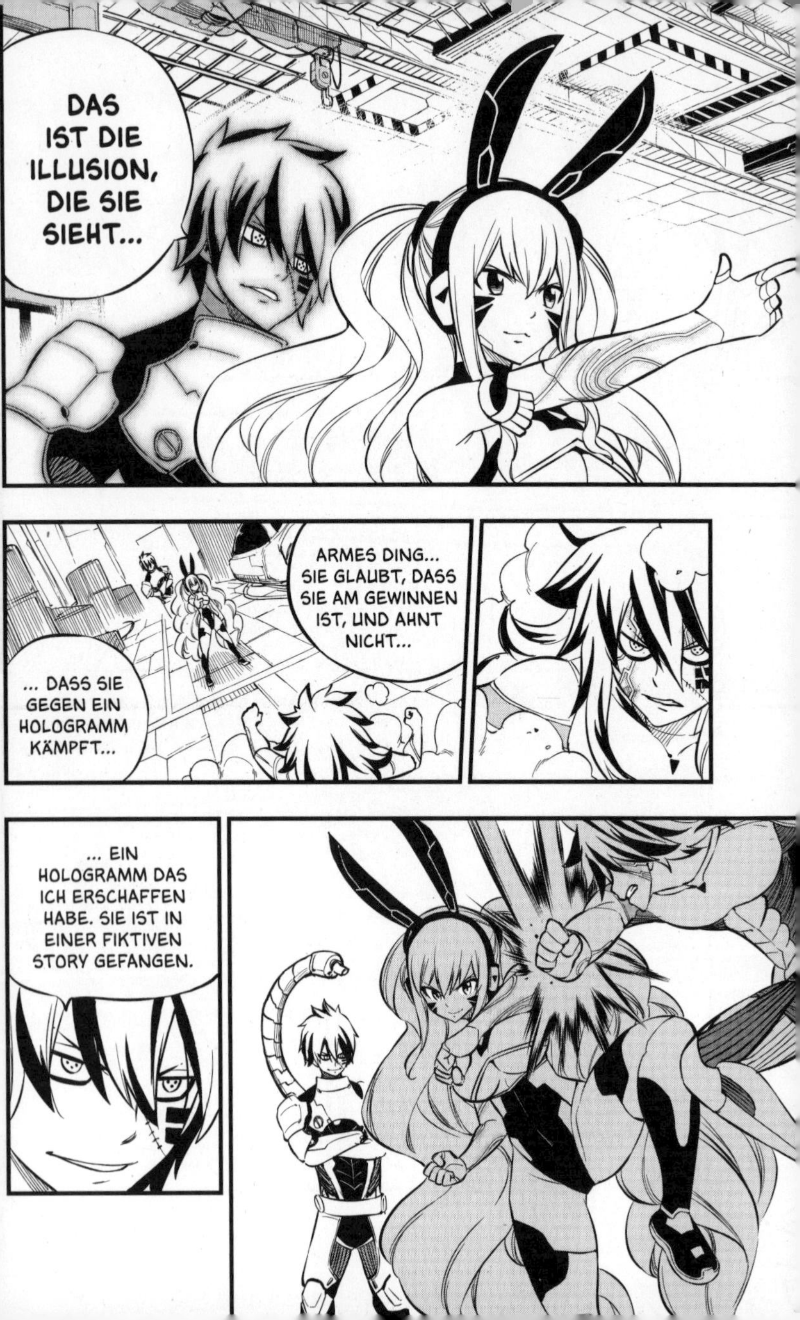
DAS IST DIE ILLUSION, DIE SIE SIEHT...
ARMES DING... SIE GLAUBT, DASS SIE AM GEWINNEN IST, UND AHNT NICHT...
... DASS SIE GEGEN EIN HOLOGRAMM KÄMPFT...
... EIN HOLOGRAMM DAS ICH ERSCHAFFEN HABE. SIE IST IN EINER FIKTIVEN STORY GEFANGEN.

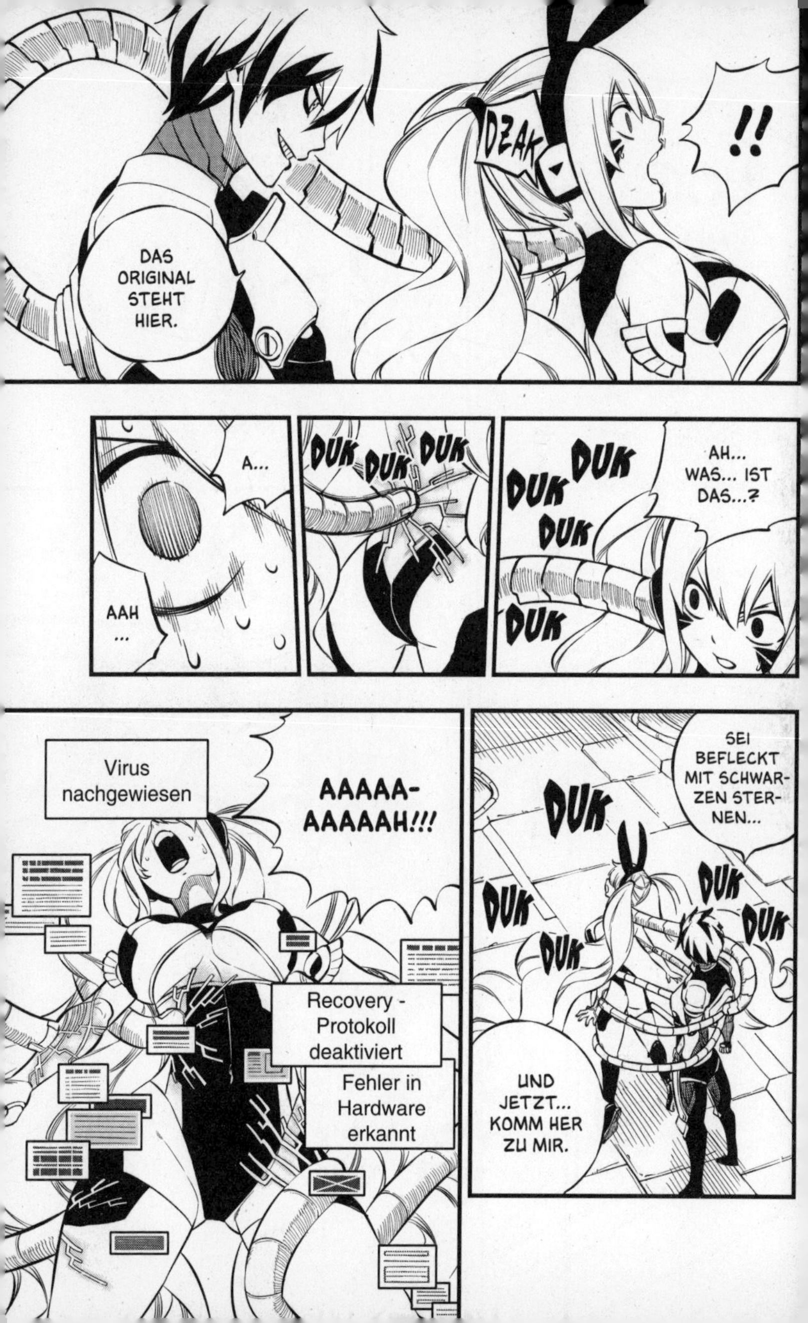
DAS ORIGINAL STEHT HIER.
DZAK
!!
A...
AAH ...
DUK DUK DUK
DUK DUK DUK DUK
AH... WAS... IST DAS...?
Virus nachgewiesen
AAAAA-AAAAAH!!!
Recovery - Protokoll deaktiviert
Fehler in Hardware erkannt
SEI BEFLECKT MIT SCHWARZEN STERNEN...
DUK DUK DUK DUK DUK
UND JETZT... KOMM HER ZU MIR.

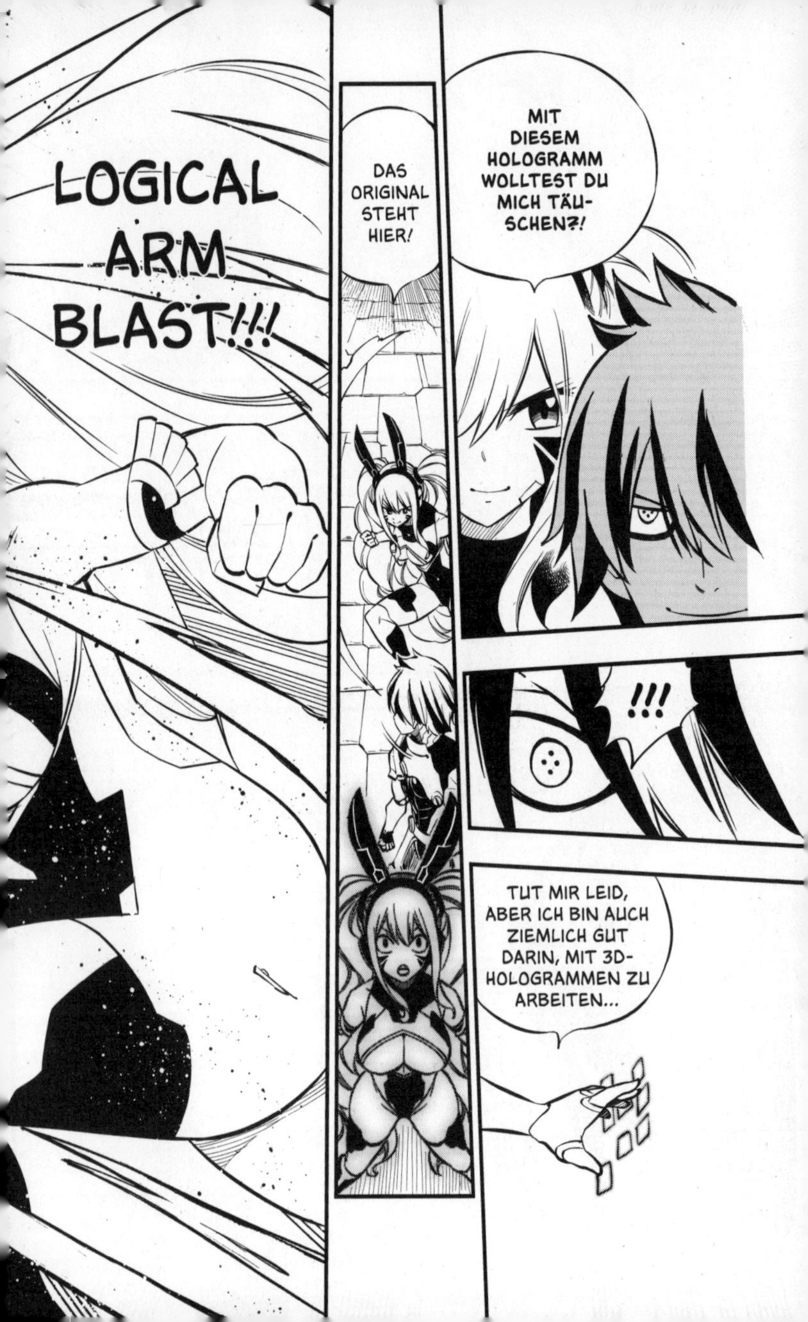
MIT DIESEM HOLOGRAMM WOLLTEST DU MICH TÄU-SCHEN?!
DAS ORIGINAL STEHT HIER!
LOGICAL ARM BLAST!!!
!!!
TUT MIR LEID, ABER ICH BIN AUCH ZIEMLICH GUT DARIN, MIT 3D-HOLOGRAMMEN ZU ARBEITEN...

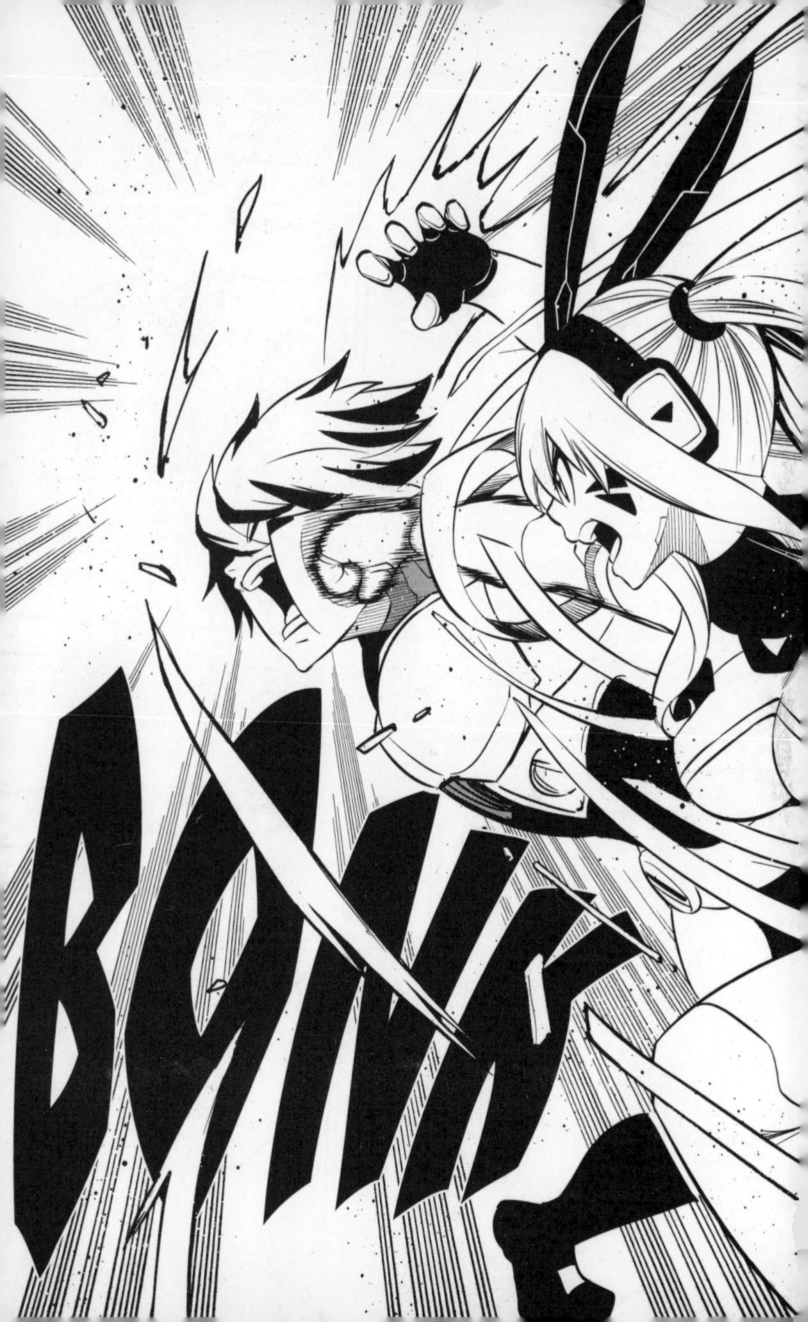

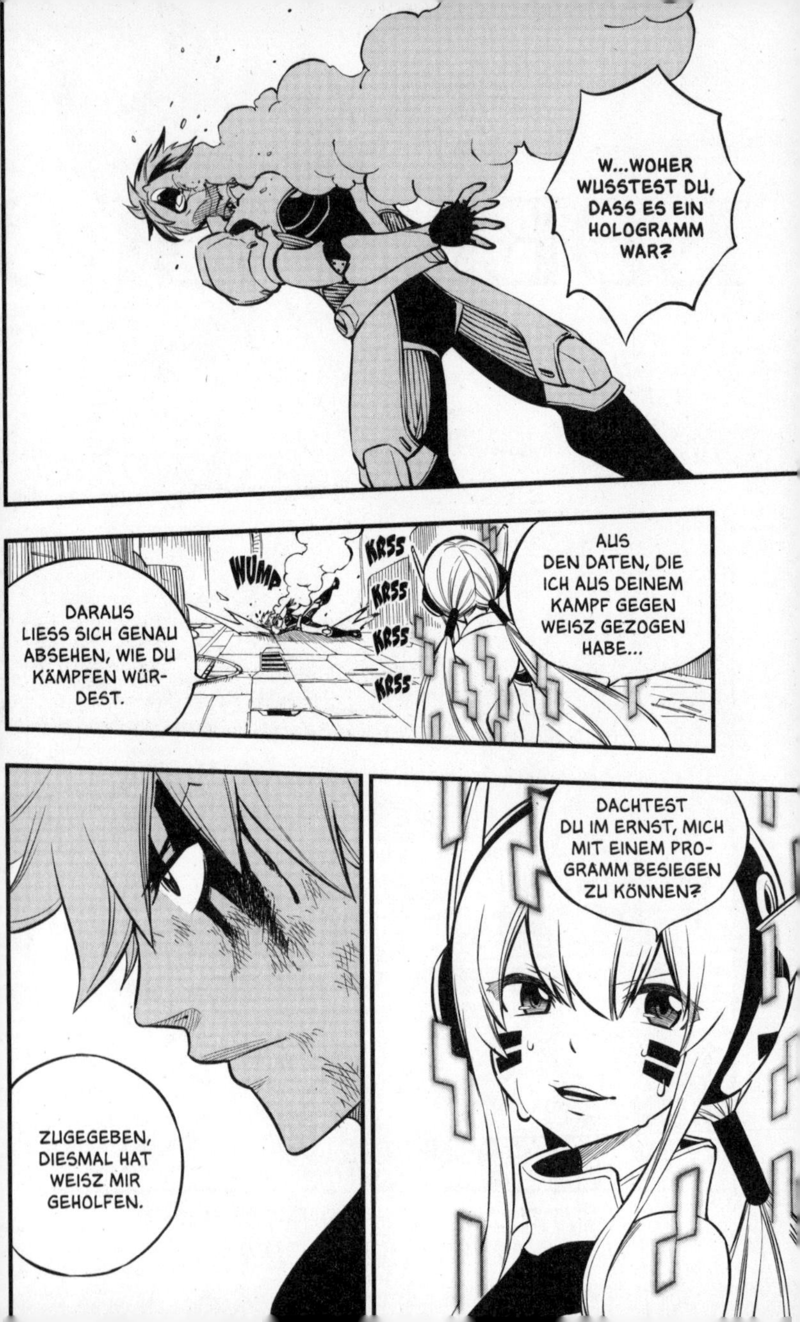
W...WOHER WUSSTEST DU, DASS ES EIN HOLOGRAMM WAR?
WUMP
KRSS
KRSS
KRSS
KRSS
AUS DEN DATEN, DIE ICH AUS DEINEM KAMPF GEGEN WEISZ GEZOGEN HABE...
DARAUS LIESS SICH GENAU ABSEHEN, WIE DU KÄMPFEN WÜR-DEST.
DACHTEST DU IM ERNST, MICH MIT EINEM PRO-GRAMM BESIEGEN ZU KÖNNEN?
ZUGEGEBEN, DIESMAL HAT WEISZ MIR GEHOLFEN.

EDENS ZERO

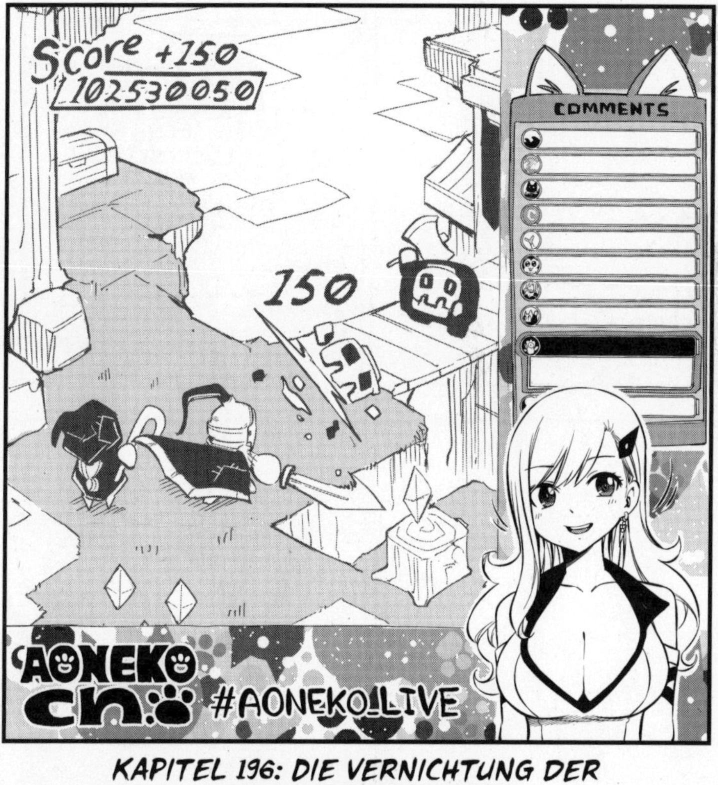

KAPITEL 196: DIE VERNICHTUNG DER FOUR SHINING STARS

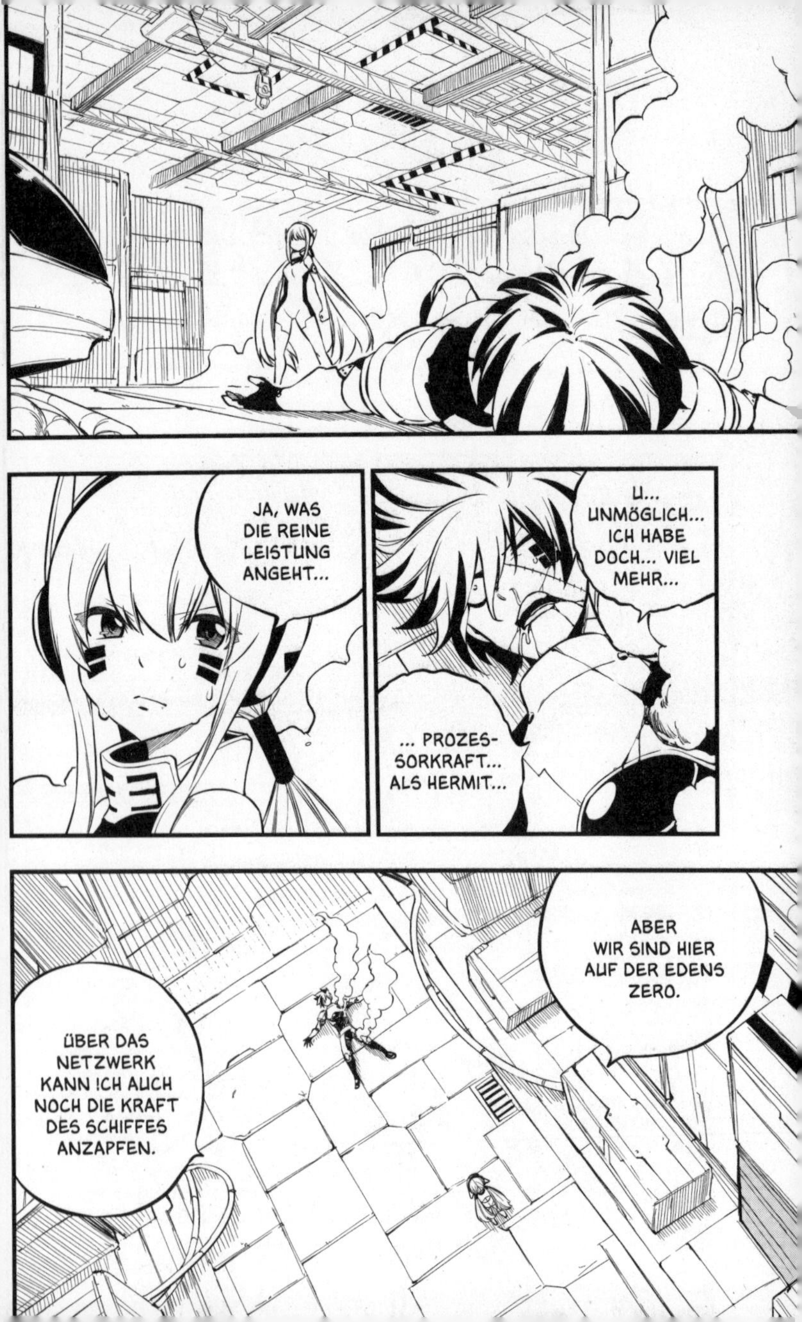
JA, WAS DIE REINE LEISTUNG ANGEHT...
U... UNMÖGLICH... ICH HABE DOCH... VIEL MEHR...
... PROZESSORKRAFT... ALS HERMIT...
ABER WIR SIND HIER AUF DER EDENS ZERO.
ÜBER DAS NETZWERK KANN ICH AUCH NOCH DIE KRAFT DES SCHIFFES ANZAPFEN.

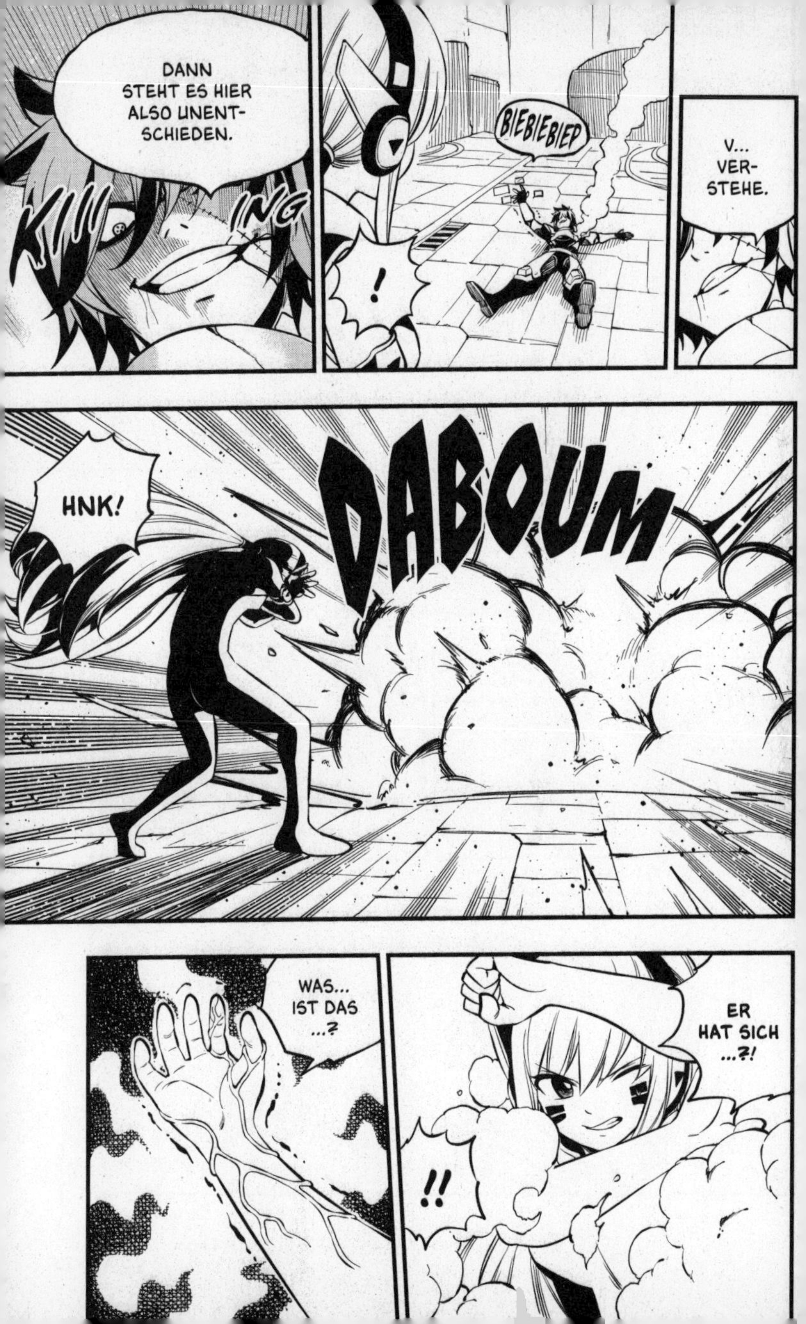
V...
VER-
STEHE.
BIEBIEBIEP
!
DANN
STEHT ES HIER
ALSO UNENT-
SCHIEDEN.
KIN
ING
DABOUM
HNK!
ER
HAT SICH
...?!
!!
WAS...
IST DAS
...?

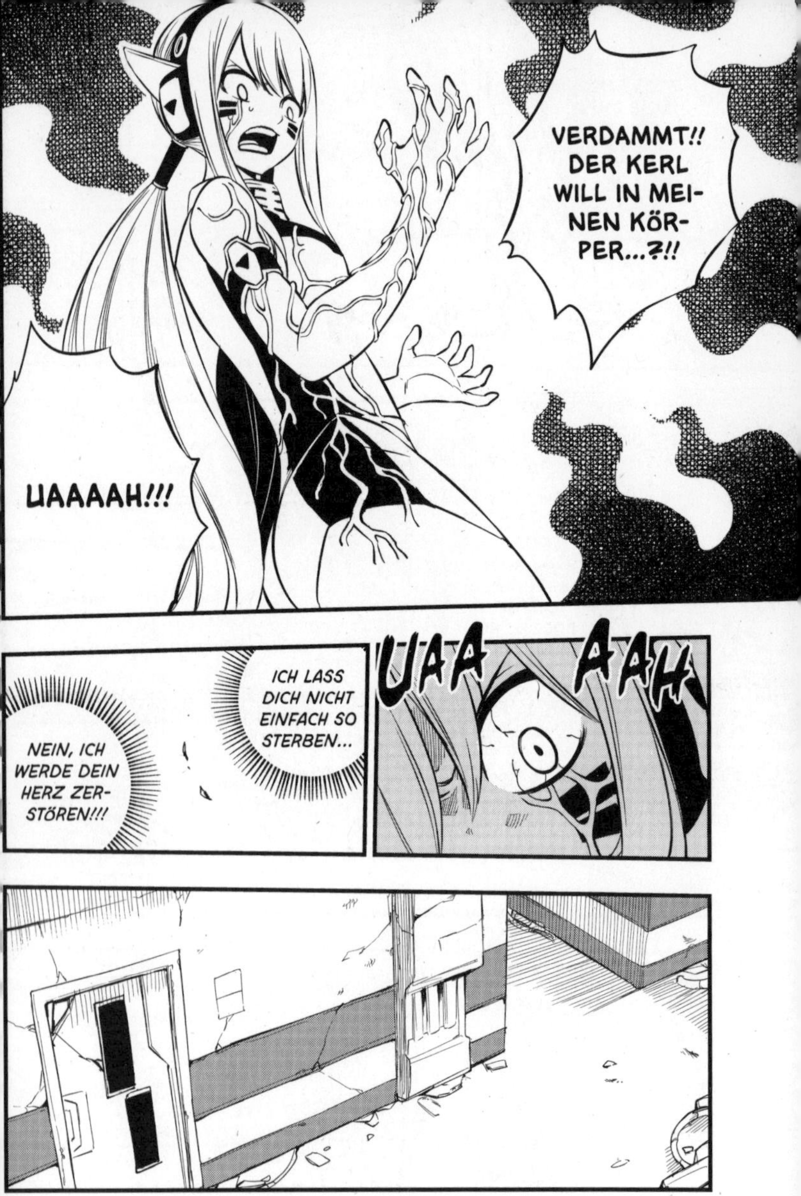
VERDAMMT!! DER KERL WILL IN MEINEN KÖRPER...?!!
UAAAAH!!!
ICH LASS DICH NICHT EINFACH SO STERBEN...
NEIN, ICH WERDE DEIN HERZ ZERSTÖREN!!!
UAA AAH

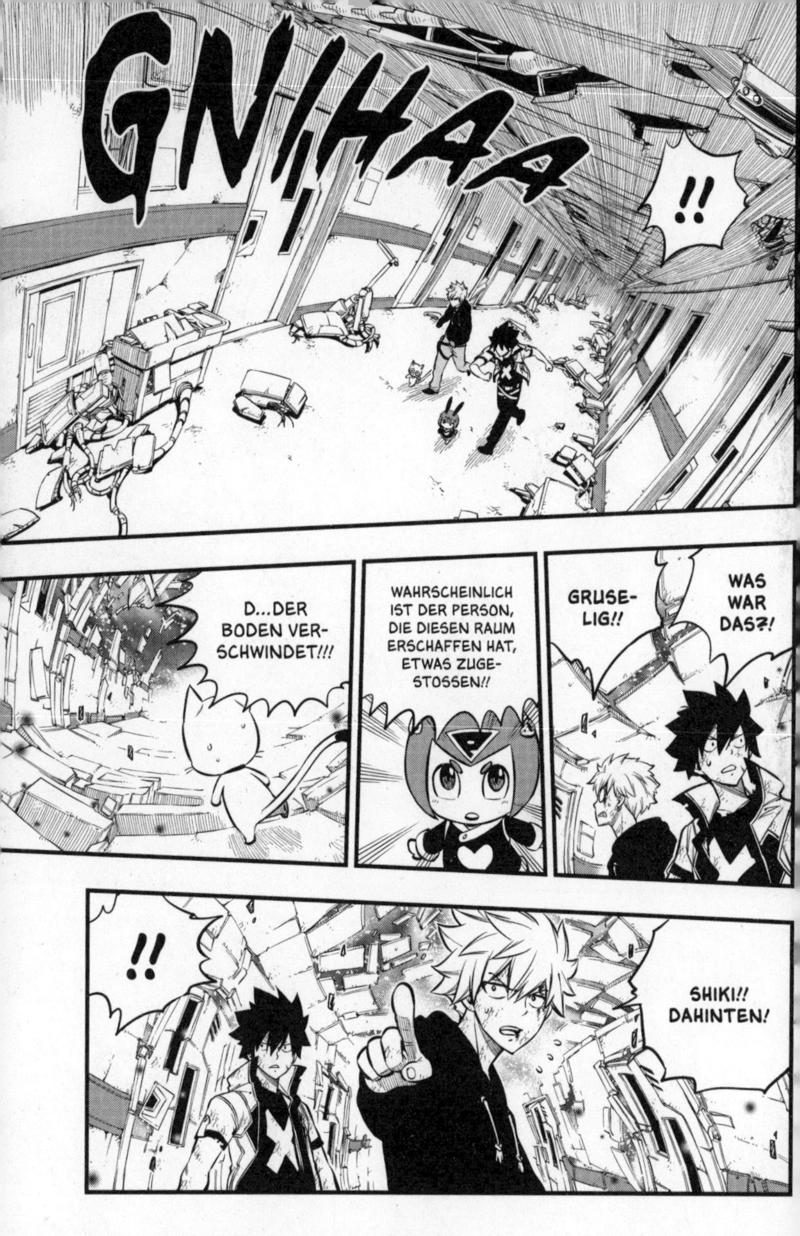
GNIHAA
!!
D...DER BODEN VERSCHWINDET!!!
WAHRSCHEINLICH IST DER PERSON, DIE DIESEN RAUM ERSCHAFFEN HAT, ETWAS ZUGESTOSSEN!!
GRUSELIG!!
WAS WAR DAS?!
!!
SHIKI!! DAHINTEN!

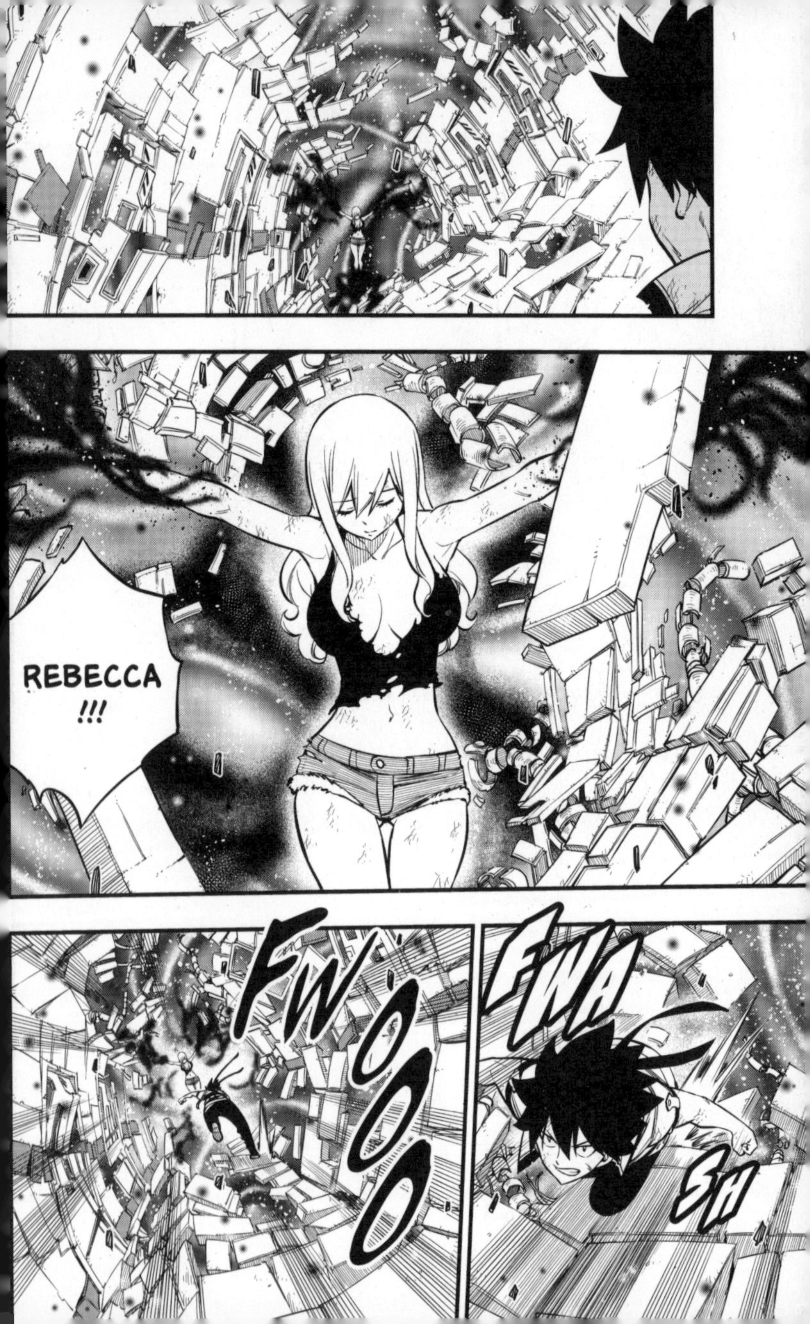
REBECCA
!!!
FWOOOO
FWA
SH

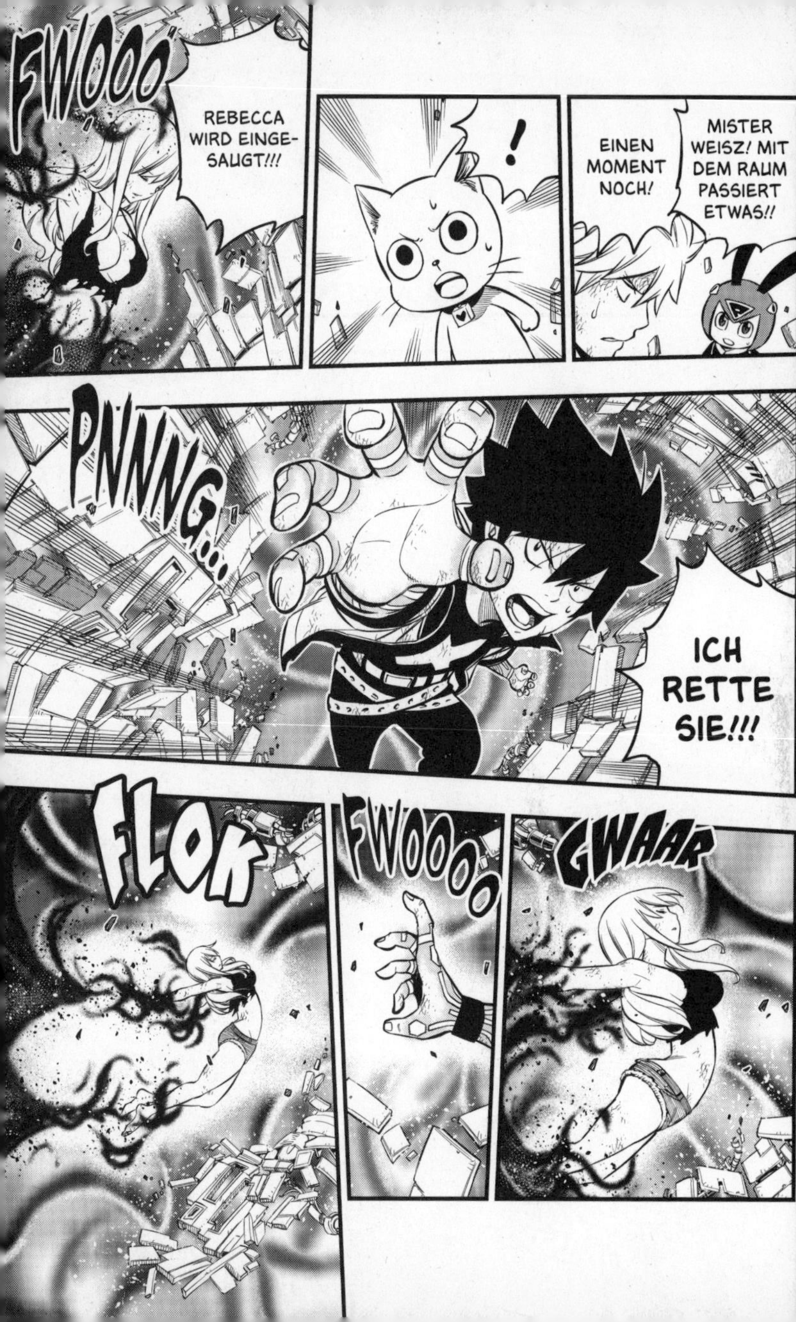
FWOOO
REBECCA WIRD EINGE-SAUGT!!!
!
MISTER WEISZ! MIT DEM RAUM PASSIERT ETWAS!!
EINEN MOMENT NOCH!
PNNNG...
ICH RETTE SIE!!!
FLOK
FWOOOO
GWAAR

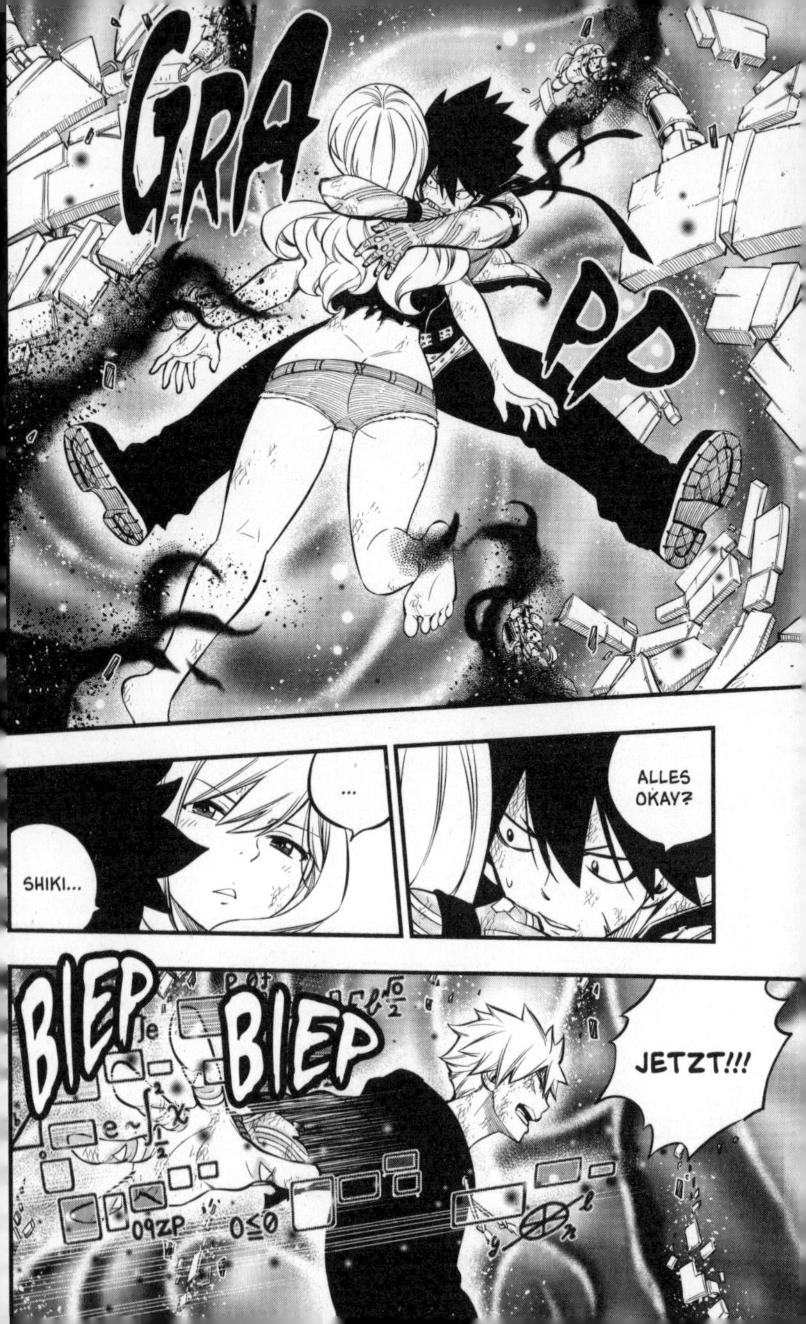
GRAPP
ALLES OKAY?
...
SHIKI...
JETZT!!!
BIEP BIEP

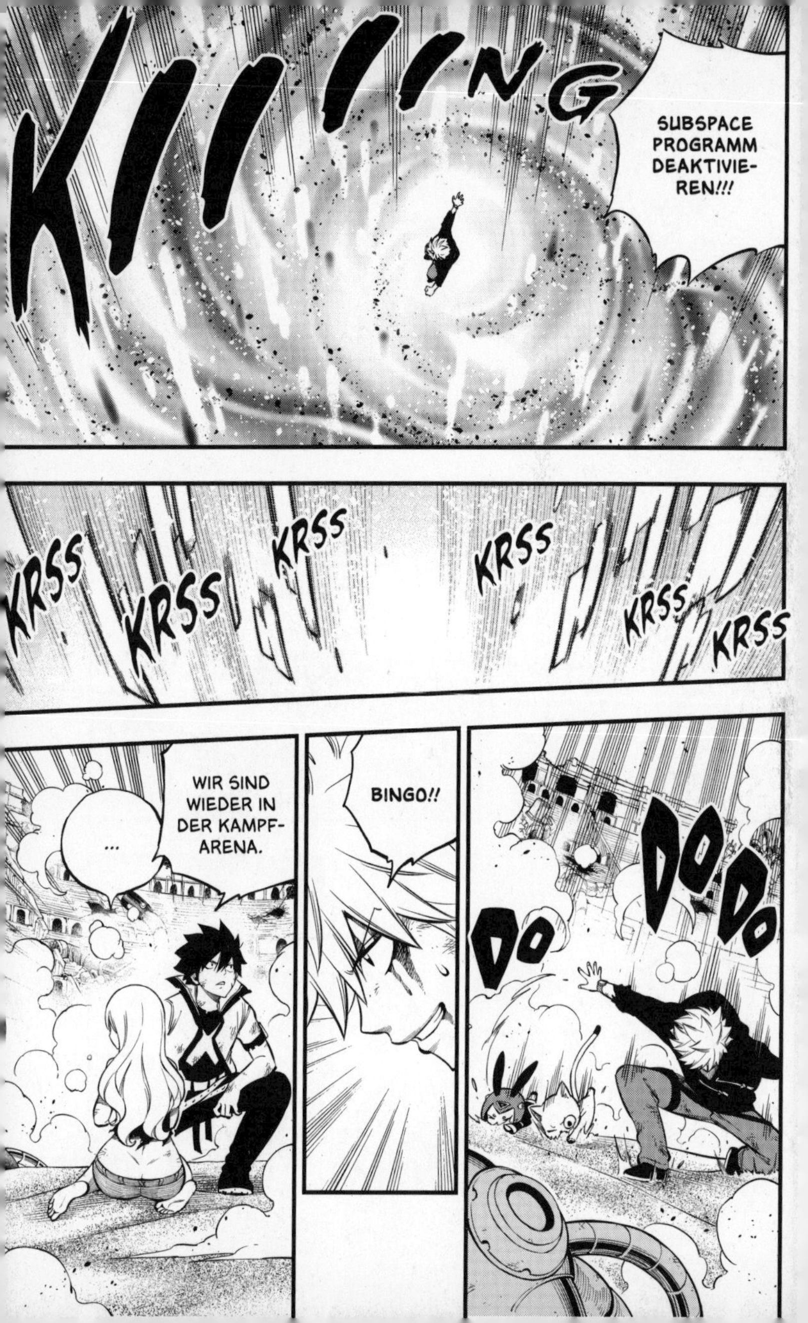
SUBSPACE PROGRAMM DEAKTIVIEREN!!!
KIIIING
KRSS
KRSS
KRSS
KRSS
KRSS
KRSS
DODODO
BINGO!!
WIR SIND WIEDER IN DER KAMPF-ARENA.
...

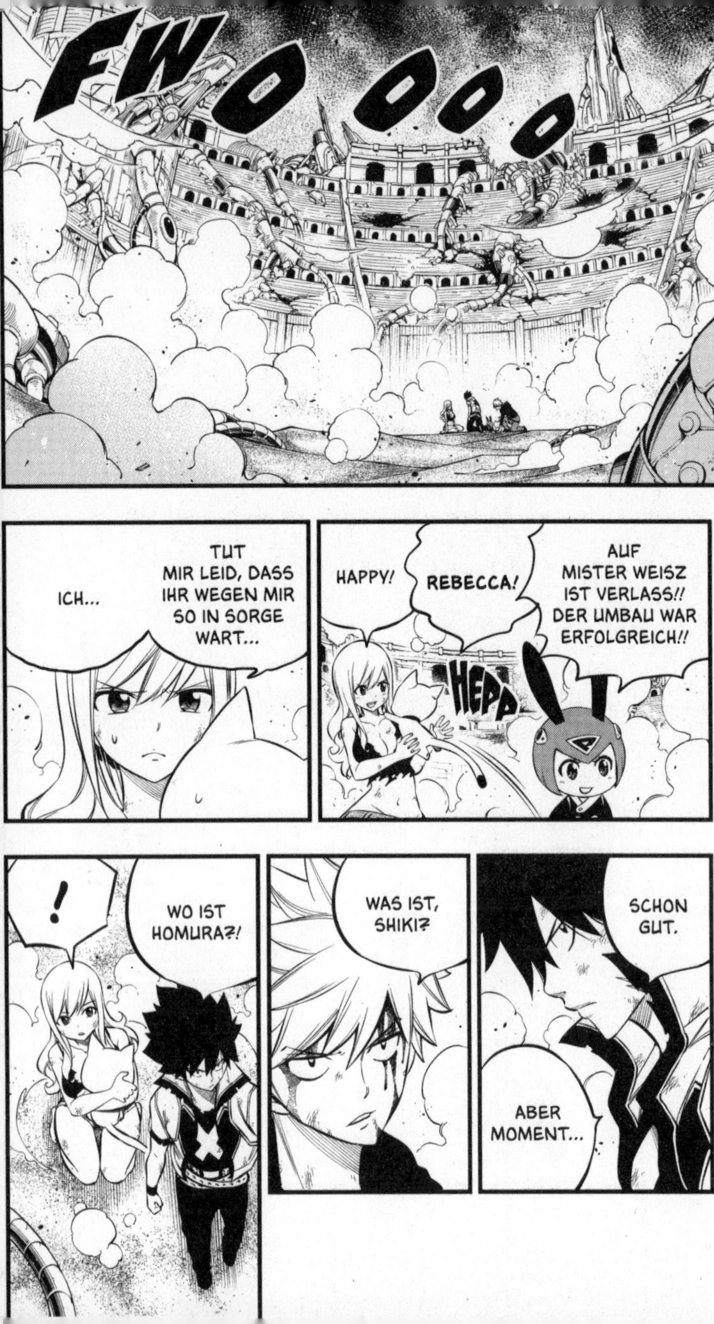
FWOOOO
AUF MISTER WEISZ IST VERLASS!! DER UMBAU WAR ERFOLGREICH!!
HEPP
REBECCA!
HAPPY!
TUT MIR LEID, DASS IHR WEGEN MIR SO IN SORGE WART...
ICH...
SCHON GUT.
ABER MOMENT...
WAS IST, SHIKI?
WO IST HOMURA?!
!

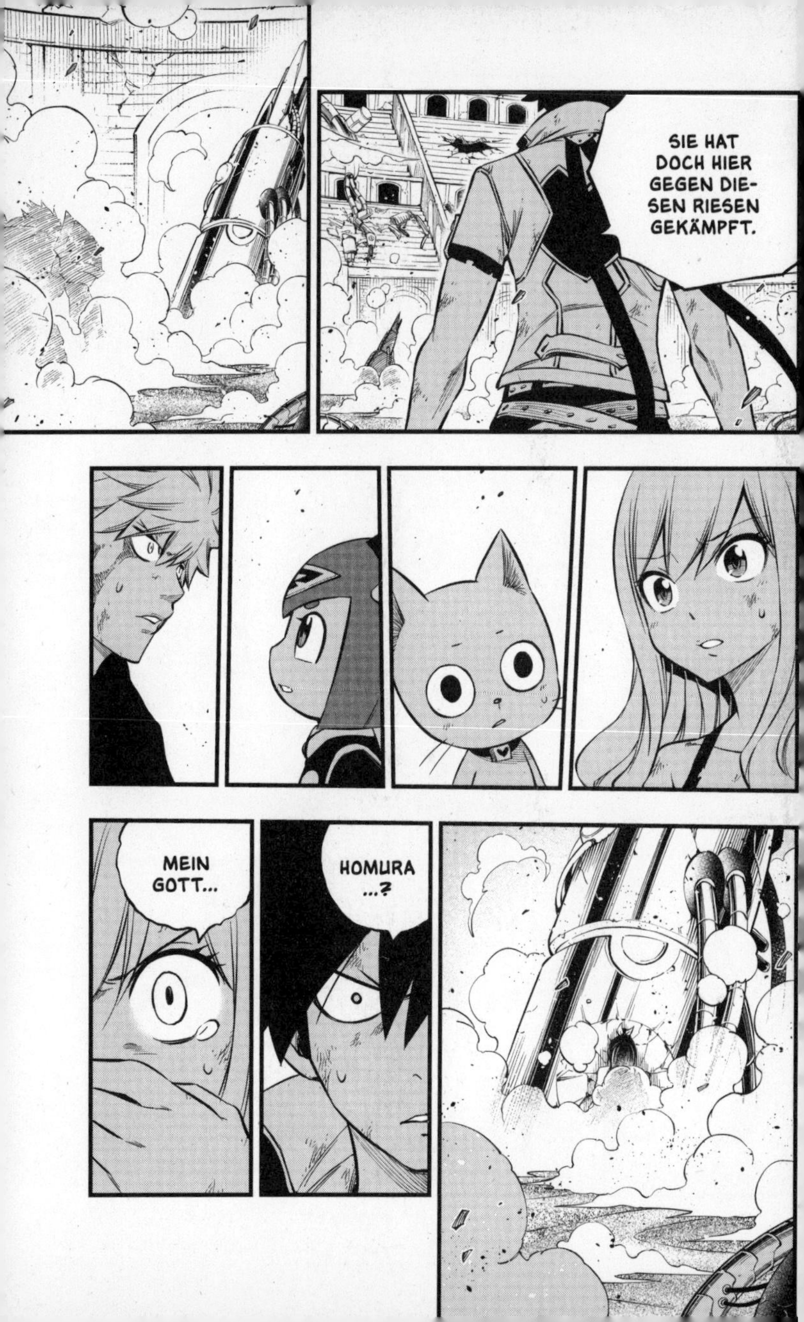
SIE HAT DOCH HIER GEGEN DIESEN RIESEN GEKÄMPFT.
HOMURA ...?
MEIN GOTT...

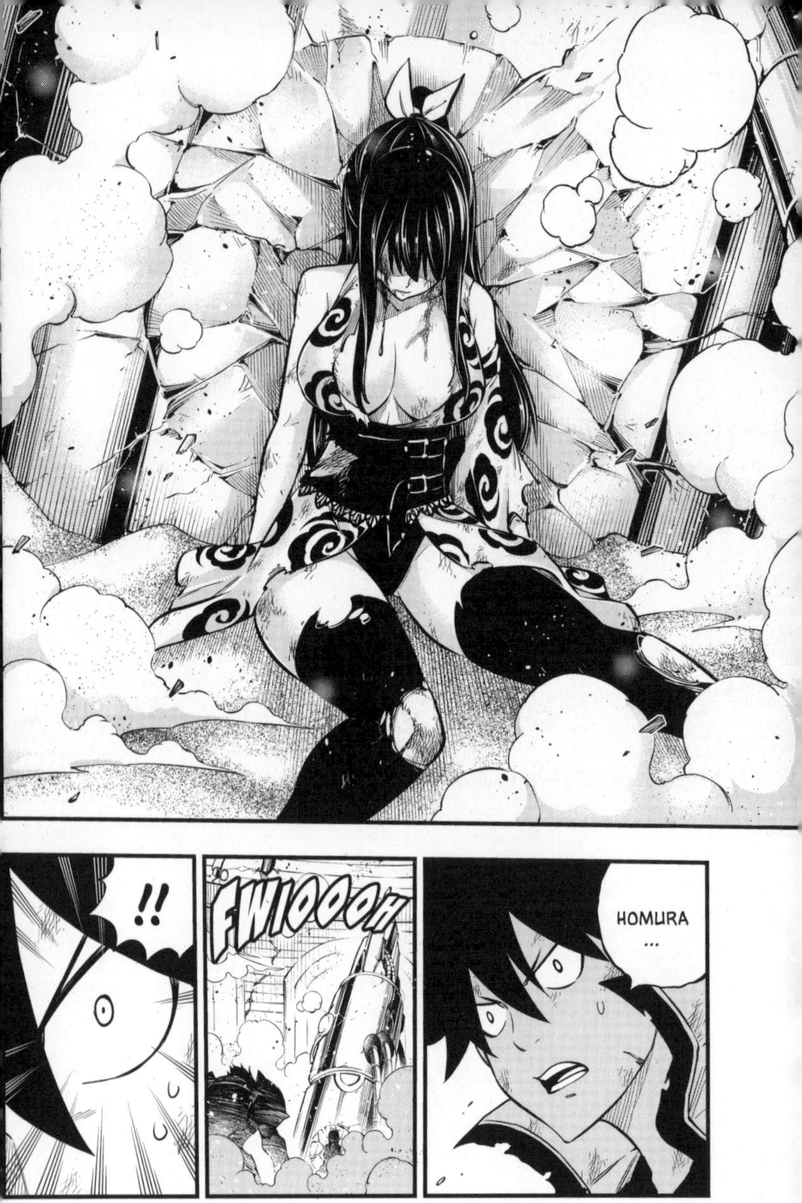
HOMURA
...
FWIOOOH
!!

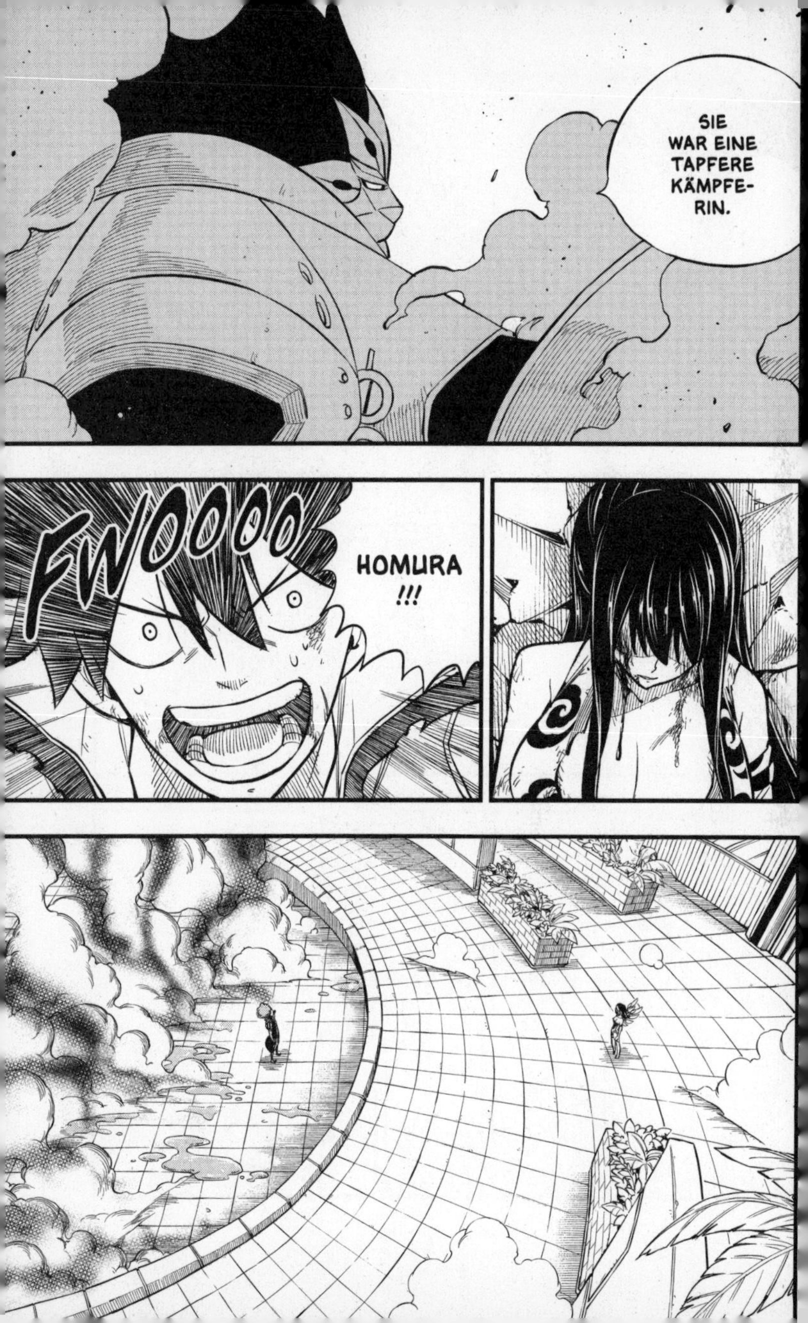
SIE WAR EINE TAPFERE KÄMPFE-RIN.
FWOOOO
HOMURA !!!

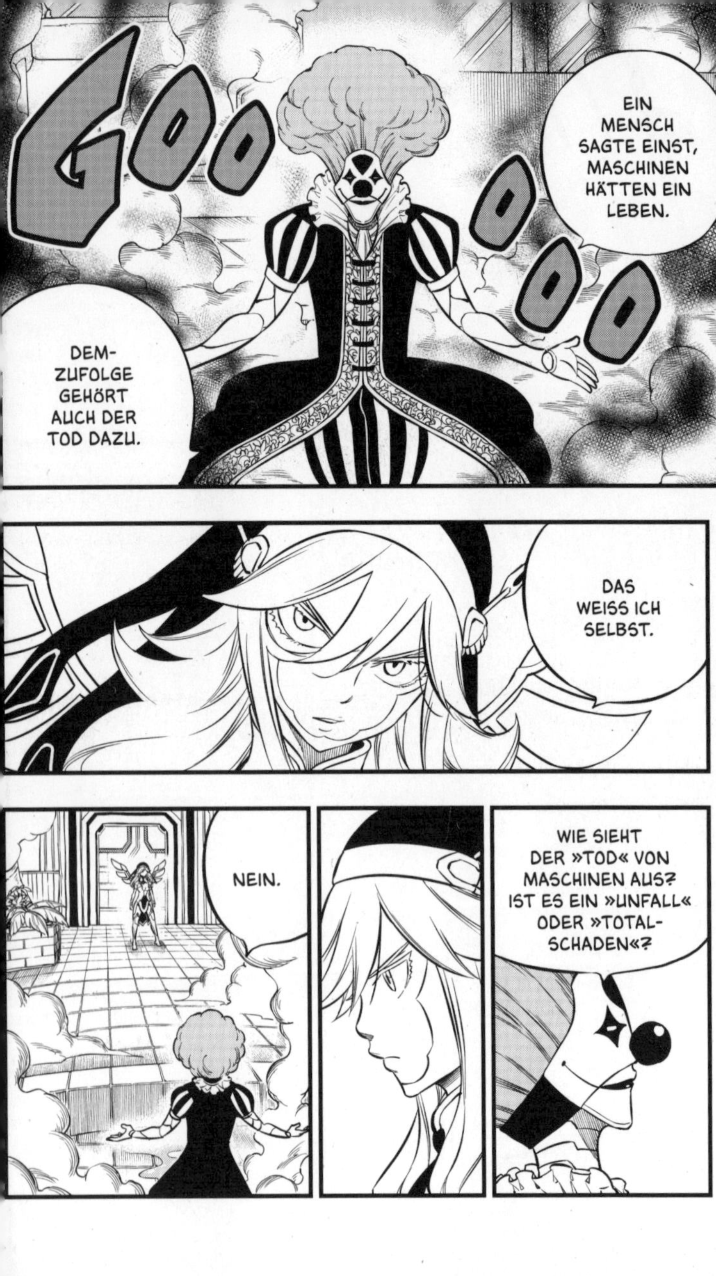
GOOOOOO
EIN MENSCH SAGTE EINST, MASCHINEN HÄTTEN EIN LEBEN.
DEM-ZUFOLGE GEHÖRT AUCH DER TOD DAZU.
DAS WEISS ICH SELBST.
WIE SIEHT DER »TOD« VON MASCHINEN AUS? IST ES EIN »UNFALL« ODER »TOTAL-SCHADEN«?
NEIN.

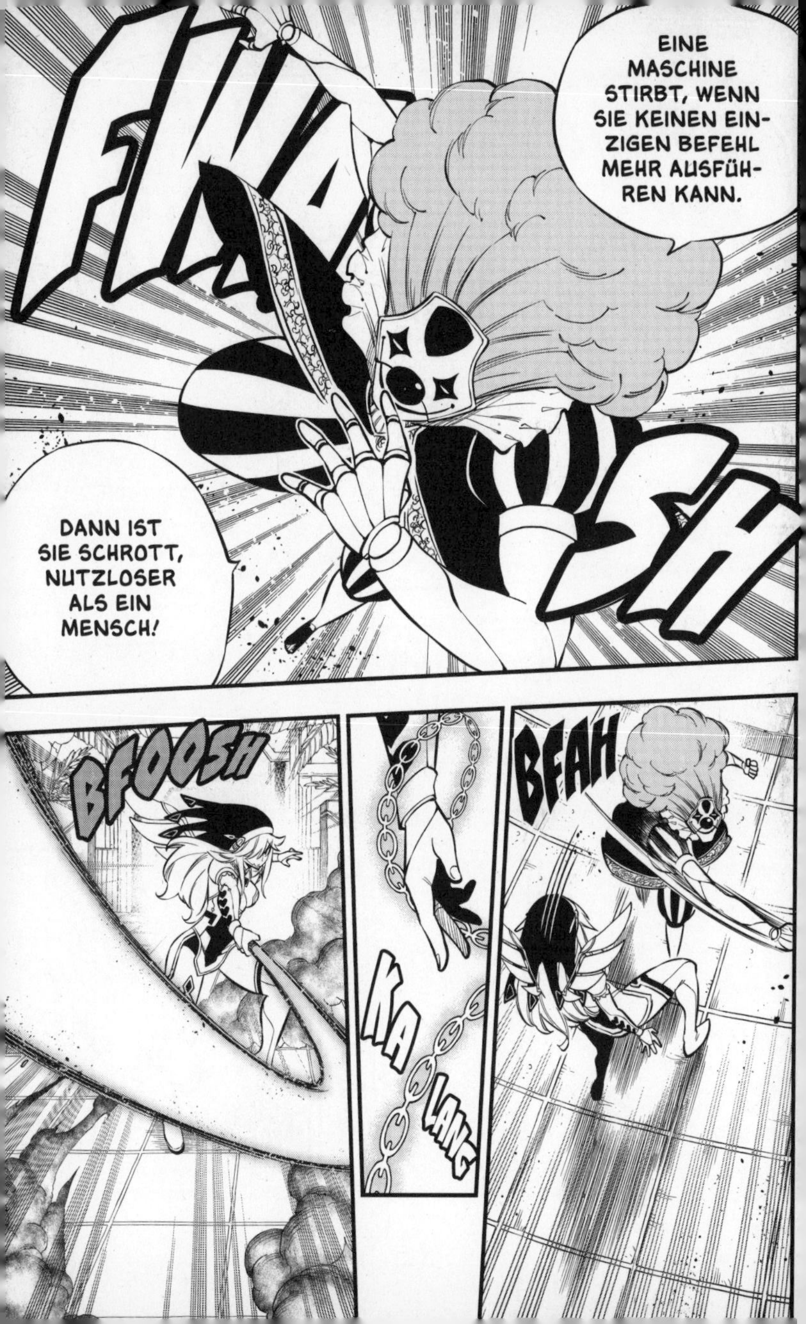
EINE MASCHINE STIRBT, WENN SIE KEINEN EIN-ZIGEN BEFEHL MEHR AUSFÜH-REN KANN.
FWA
SH
DANN IST SIE SCHROTT, NUTZLOSER ALS EIN MENSCH!
BFAH
KA LANG
BFOOSH

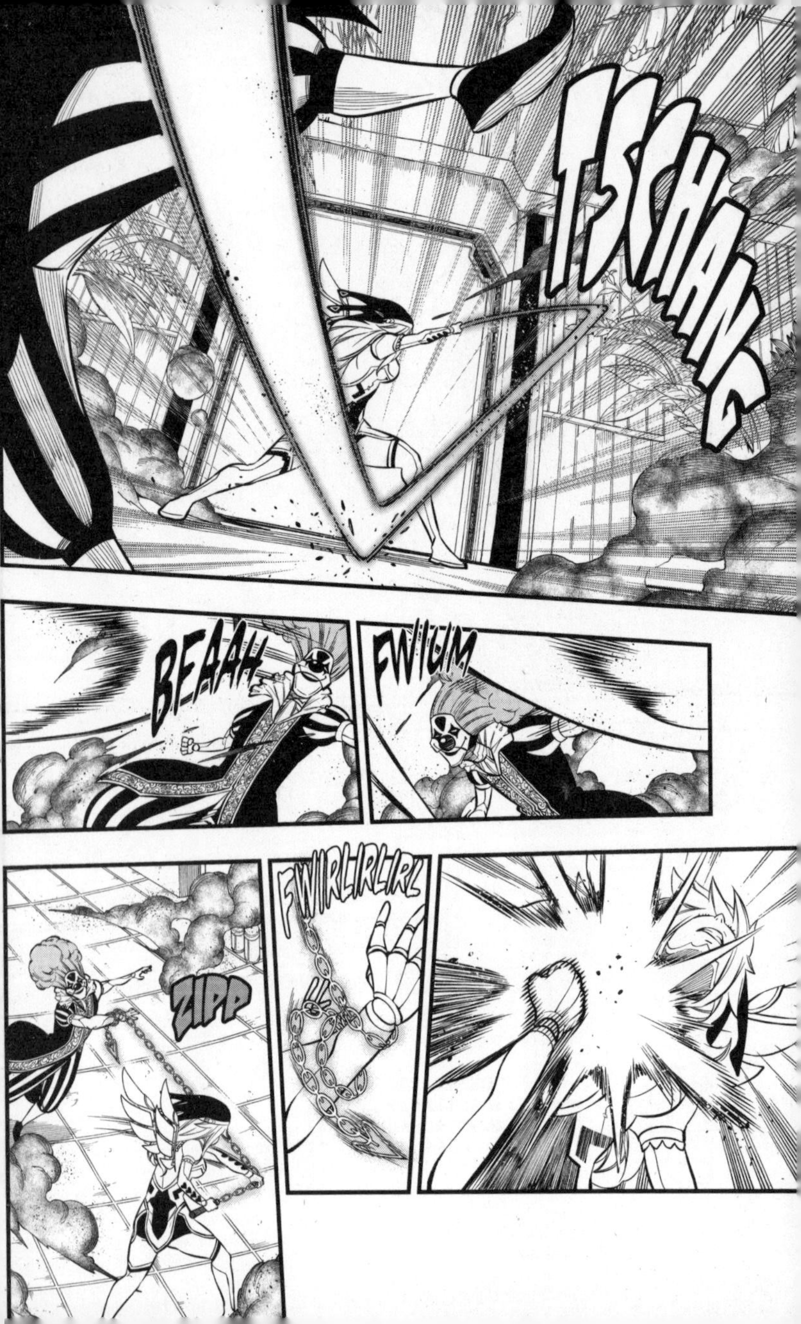
TSCHANG
BFAAH
FWIUM
ZIPP
FWIRLIRLIRL

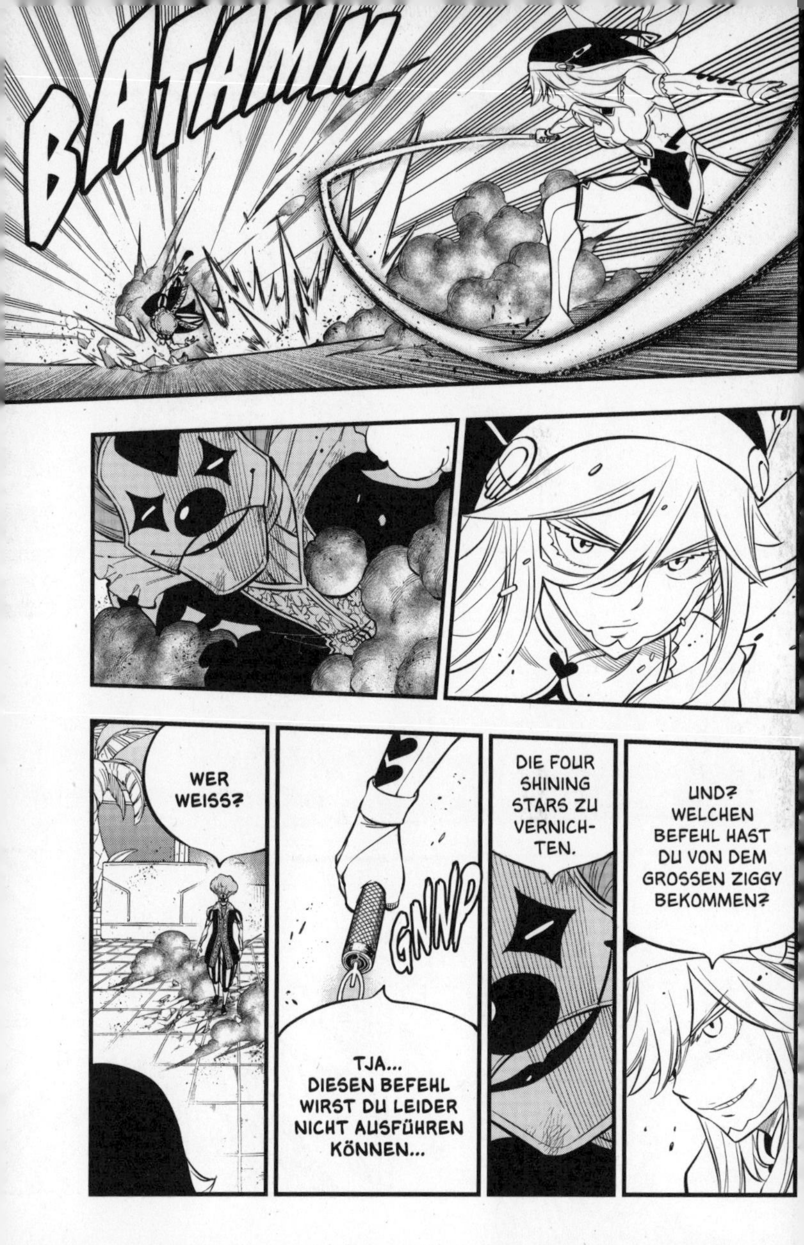
BATAMM
UND? WELCHEN BEFEHL HAST DU VON DEM GROSSEN ZIGGY BEKOMMEN?
DIE FOUR SHINING STARS ZU VERNICH-TEN.
GNNP
TJA... DIESEN BEFEHL WIRST DU LEIDER NICHT AUSFÜHREN KÖNNEN...
WER WEISS?

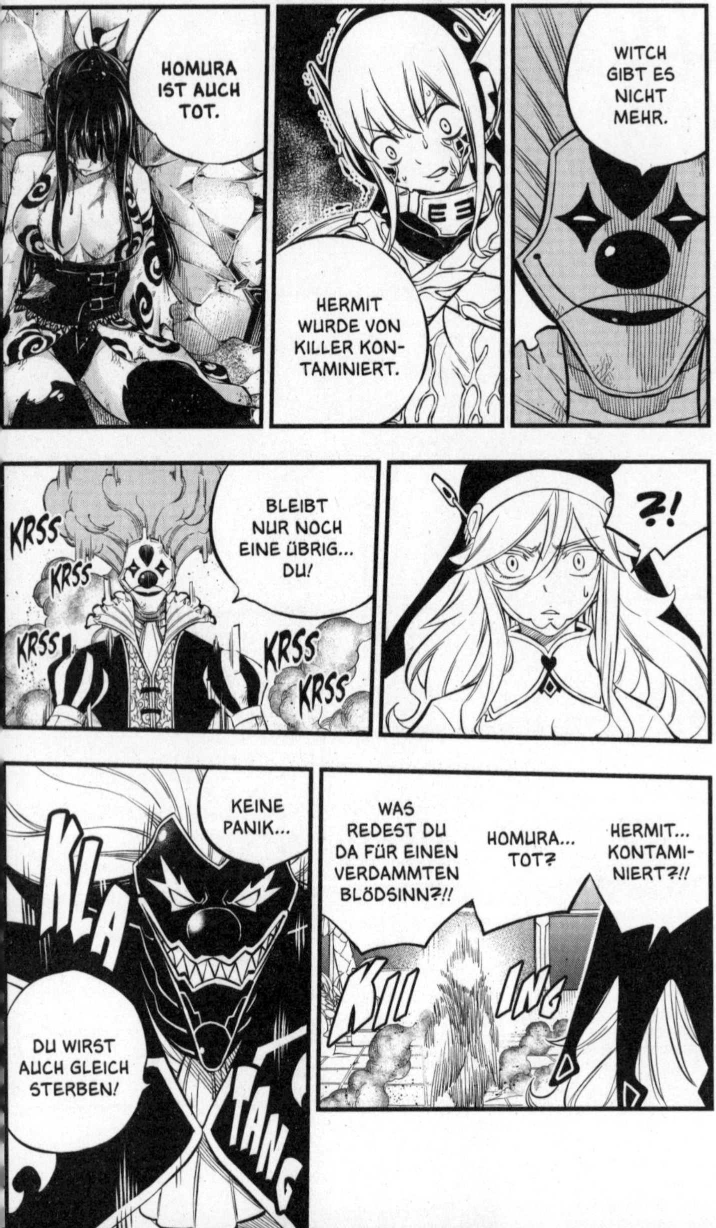
WITCH GIBT ES NICHT MEHR.
HERMIT WURDE VON KILLER KONTAMINIERT.
HOMURA IST AUCH TOT.
?!
BLEIBT NUR NOCH EINE ÜBRIG... DU!
KRSS
KRSS
KRSS
KRSS
KRSS
HERMIT... KONTAMINIERT?!!
HOMURA... TOT?
WAS REDEST DU DA FÜR EINEN VERDAMMTEN BLÖDSINN?!!
KIIING
KEINE PANIK...
DU WIRST AUCH GLEICH STERBEN!
KLA
TANG

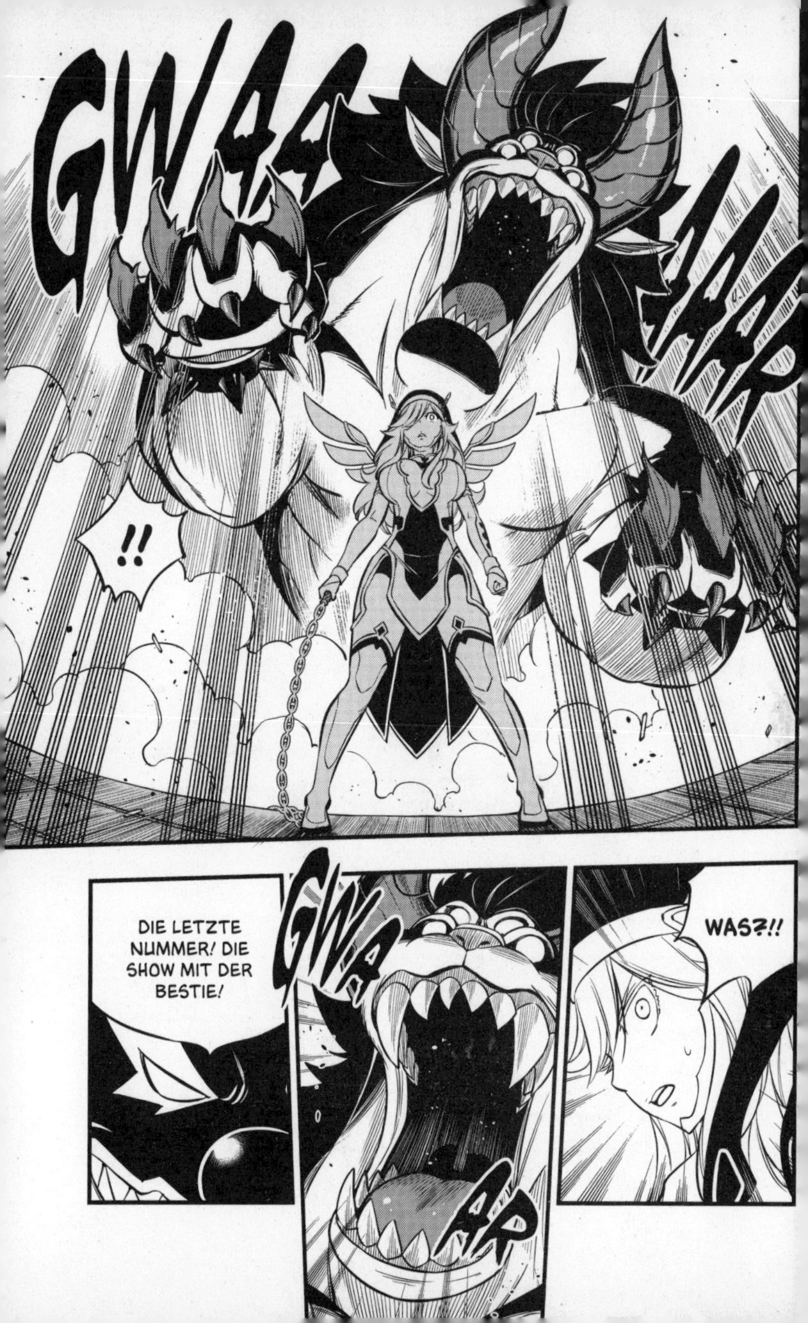
GWAA
AAR
!!
WAS?!!
GWA
AR
DIE LETZTE NUMMER! DIE SHOW MIT DER BESTIE!

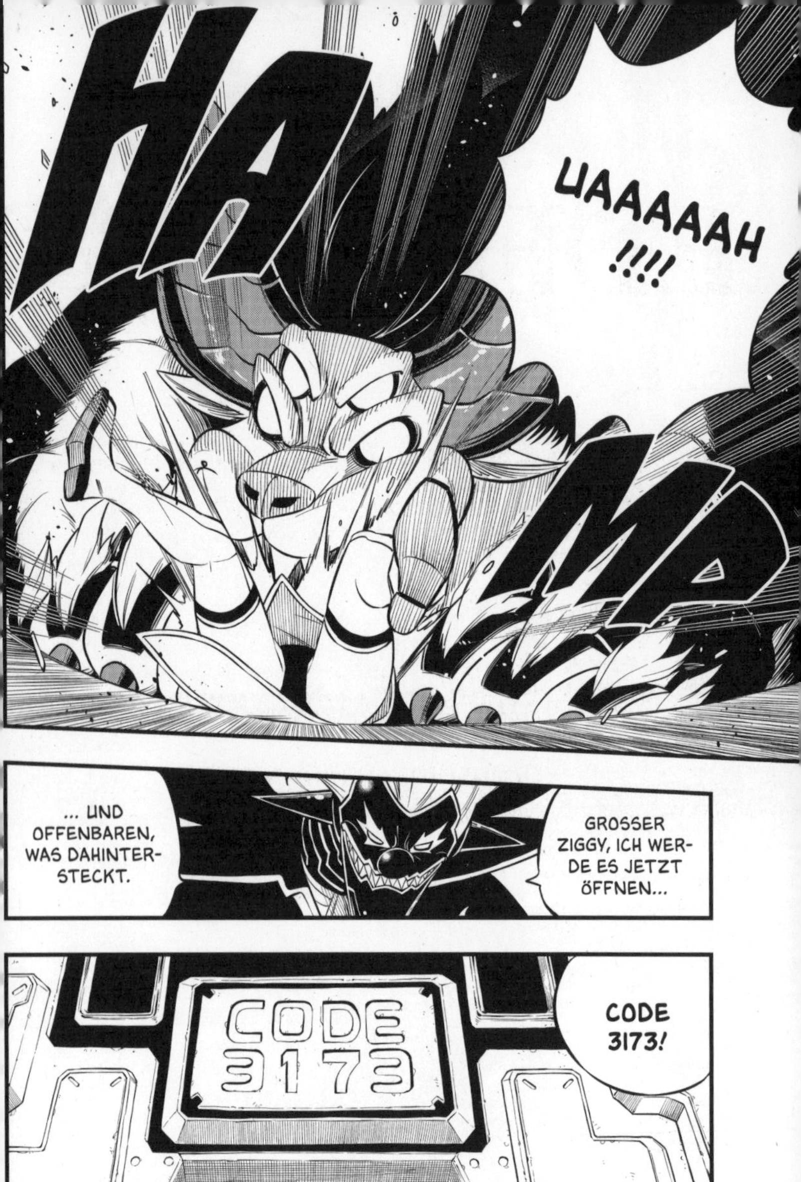
HAWUMP
UAAAAAAH !!!!
GROSSER ZIGGY, ICH WER-DE ES JETZT ÖFFNEN...
... UND OFFENBAREN, WAS DAHINTER-STECKT.
CODE 3173
CODE 3173!

EDENS ZERO

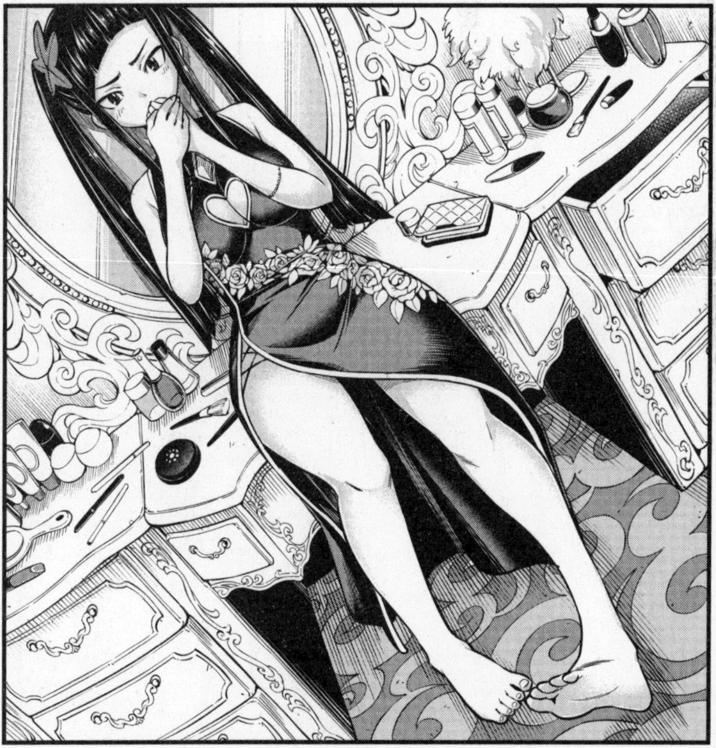

KAPITEL 197: SELBSTVERTRAUEN

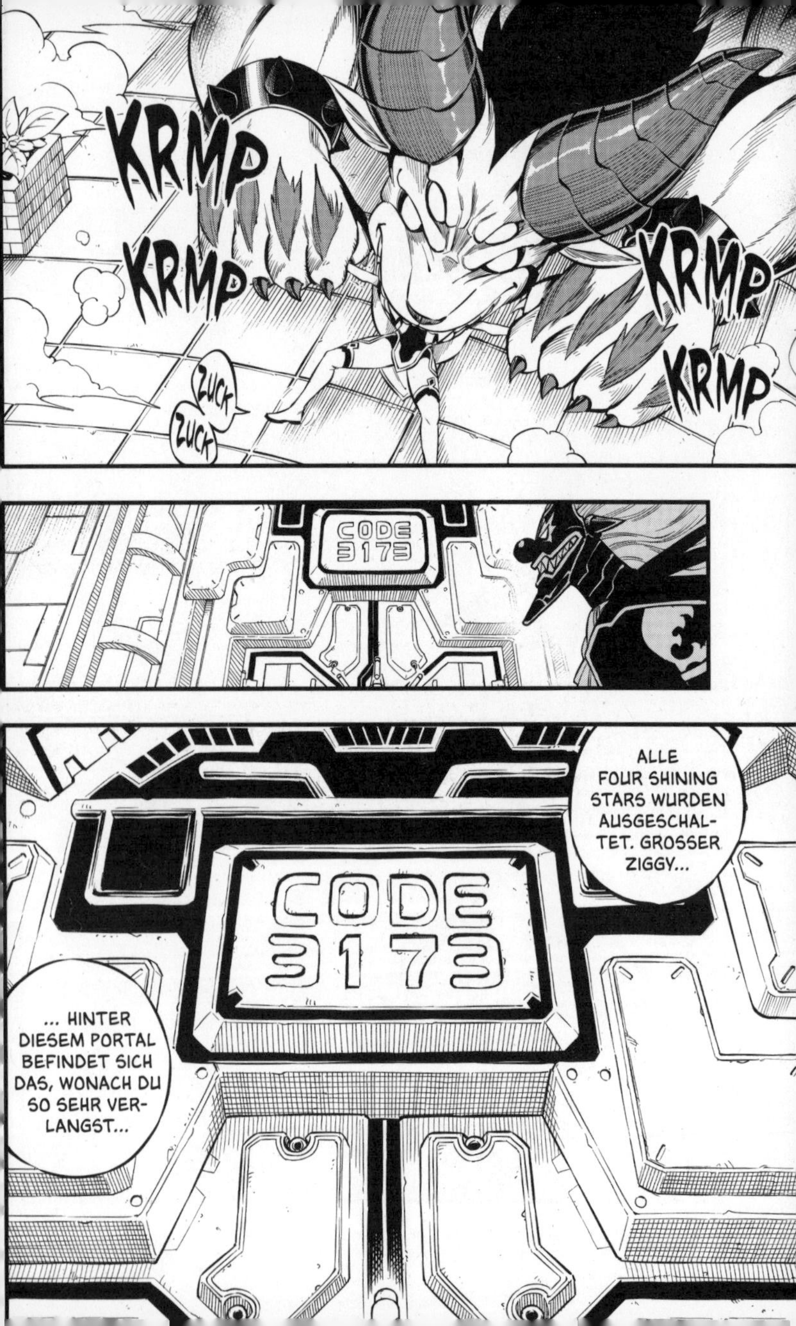
KRMP
KRMP
KRMP
KRMP
ZUCK
ZUCK
CODE 3173
CODE 3173
ALLE FOUR SHINING STARS WURDEN AUSGESCHAL-TET. GROSSER ZIGGY...
... HINTER DIESEM PORTAL BEFINDET SICH DAS, WONACH DU SO SEHR VER-LANGST...

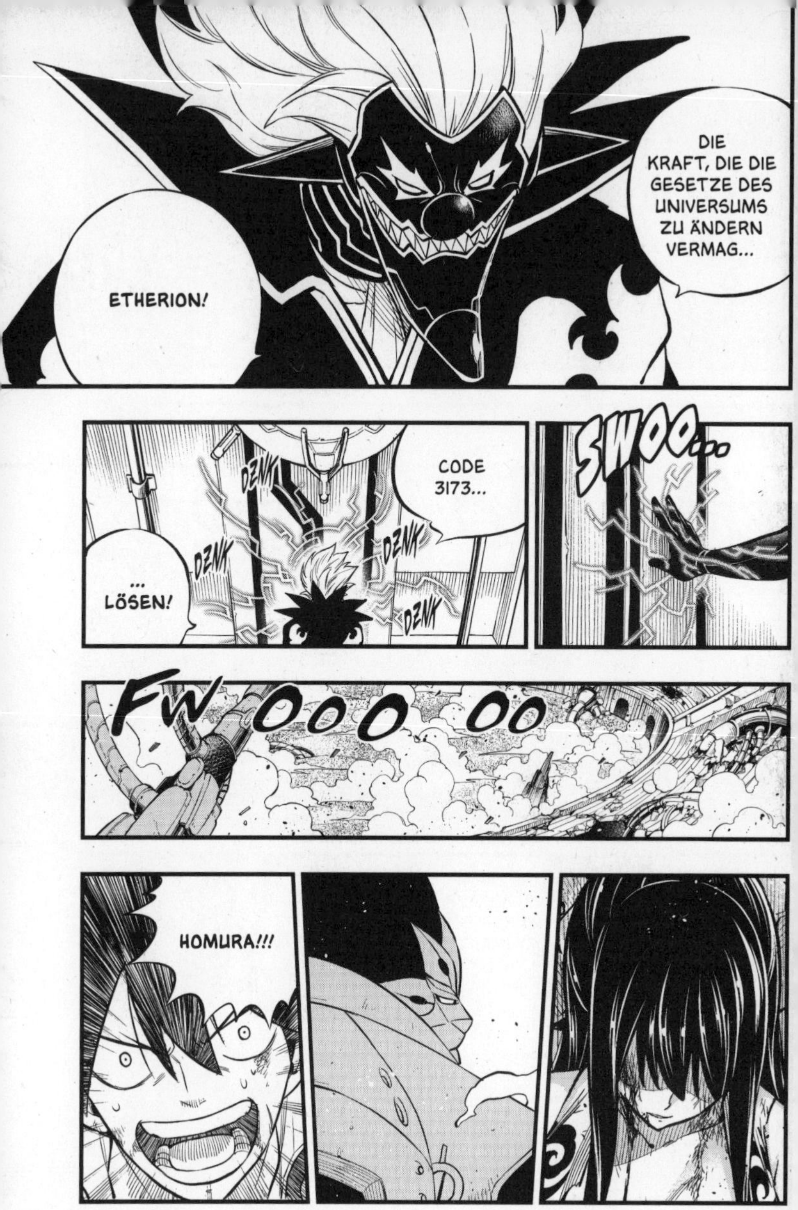
DIE KRAFT, DIE DIE GESETZE DES UNIVERSUMS ZU ÄNDERN VERMAG...
ETHERION!
SWOO...
CODE 3173...
DZNK
DZNK
DZNK
DZNK
... LÖSEN!
FWOOOOO
HOMURA!!!

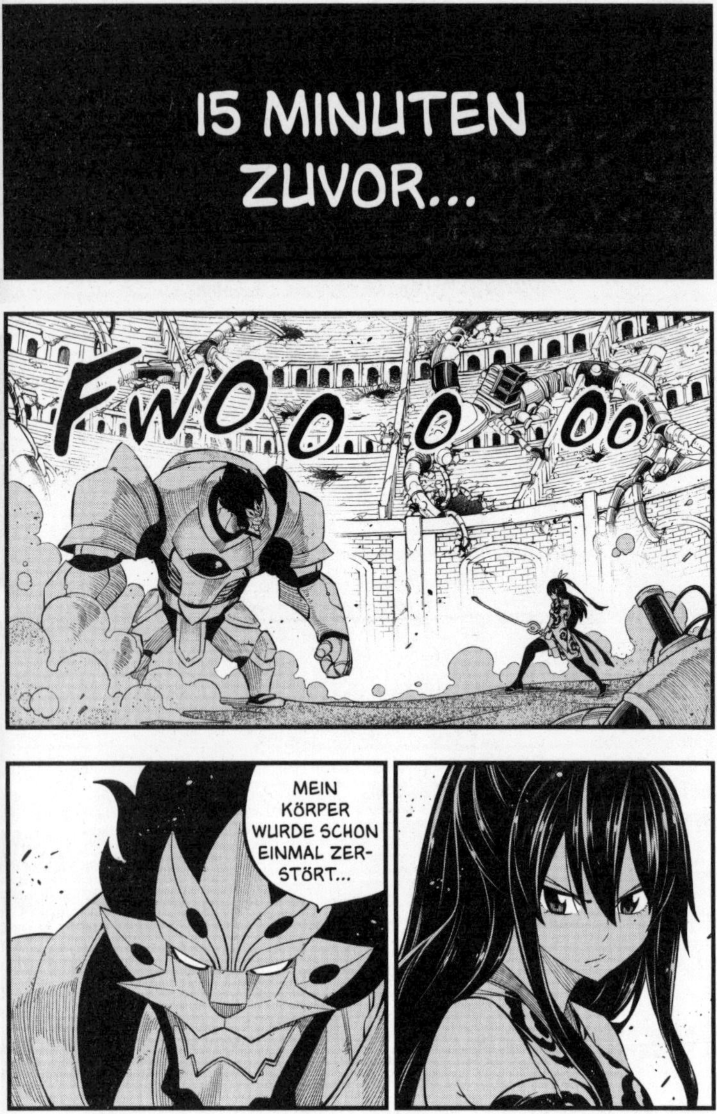
15 MINUTEN ZUVOR...
FWOOOOOO
MEIN KÖRPER WURDE SCHON EINMAL ZER-STÖRT...

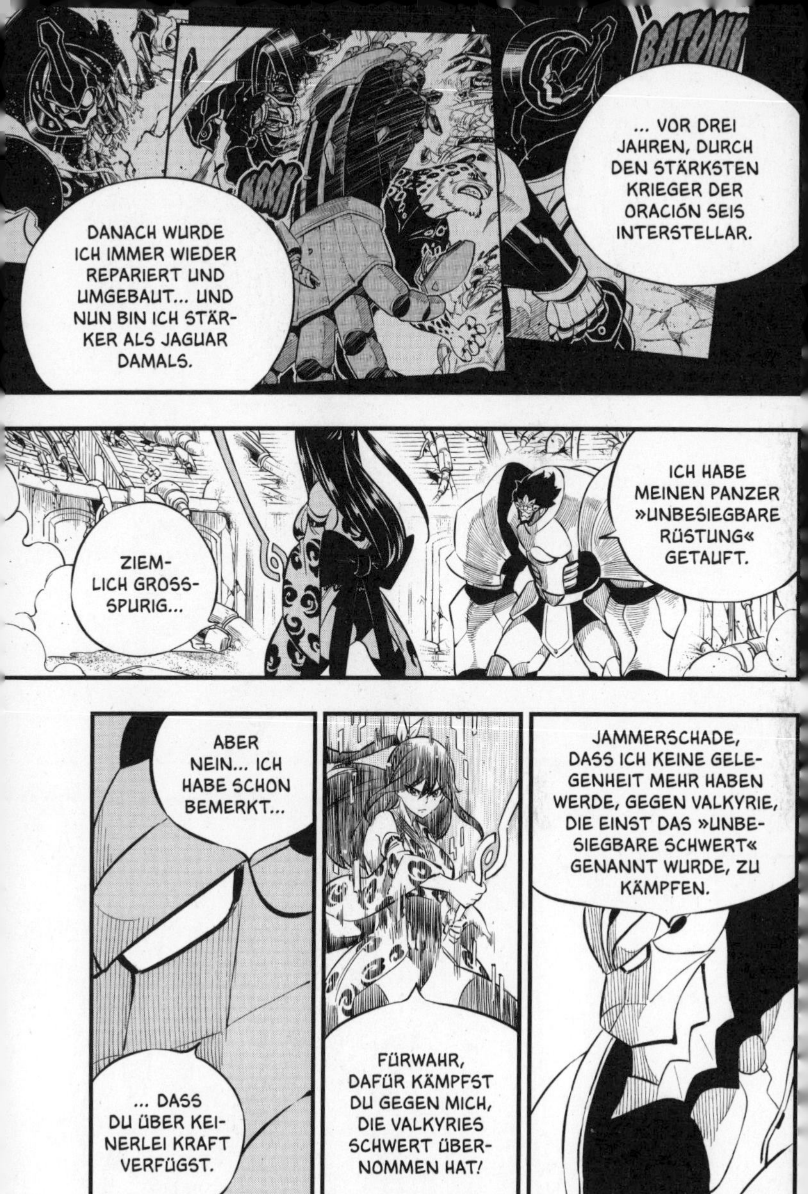
BATONK
... VOR DREI JAHREN, DURCH DEN STÄRKSTEN KRIEGER DER ORACIÓN SEIS INTERSTELLAR.
DANACH WURDE ICH IMMER WIEDER REPARIERT UND UMGEBAUT... UND NUN BIN ICH STÄRKER ALS JAGUAR DAMALS.
ICH HABE MEINEN PANZER »UNBESIEGBARE RÜSTUNG« GETAUFT.
ZIEMLICH GROSSSPURIG...
JAMMERSCHADE, DASS ICH KEINE GELEGENHEIT MEHR HABEN WERDE, GEGEN VALKYRIE, DIE EINST DAS »UNBESIEGBARE SCHWERT« GENANNT WURDE, ZU KÄMPFEN.
FÜRWAHR, DAFÜR KÄMPFST DU GEGEN MICH, DIE VALKYRIES SCHWERT ÜBERNOMMEN HAT!
ABER NEIN... ICH HABE SCHON BEMERKT...
... DASS DU ÜBER KEINERLEI KRAFT VERFÜGST.

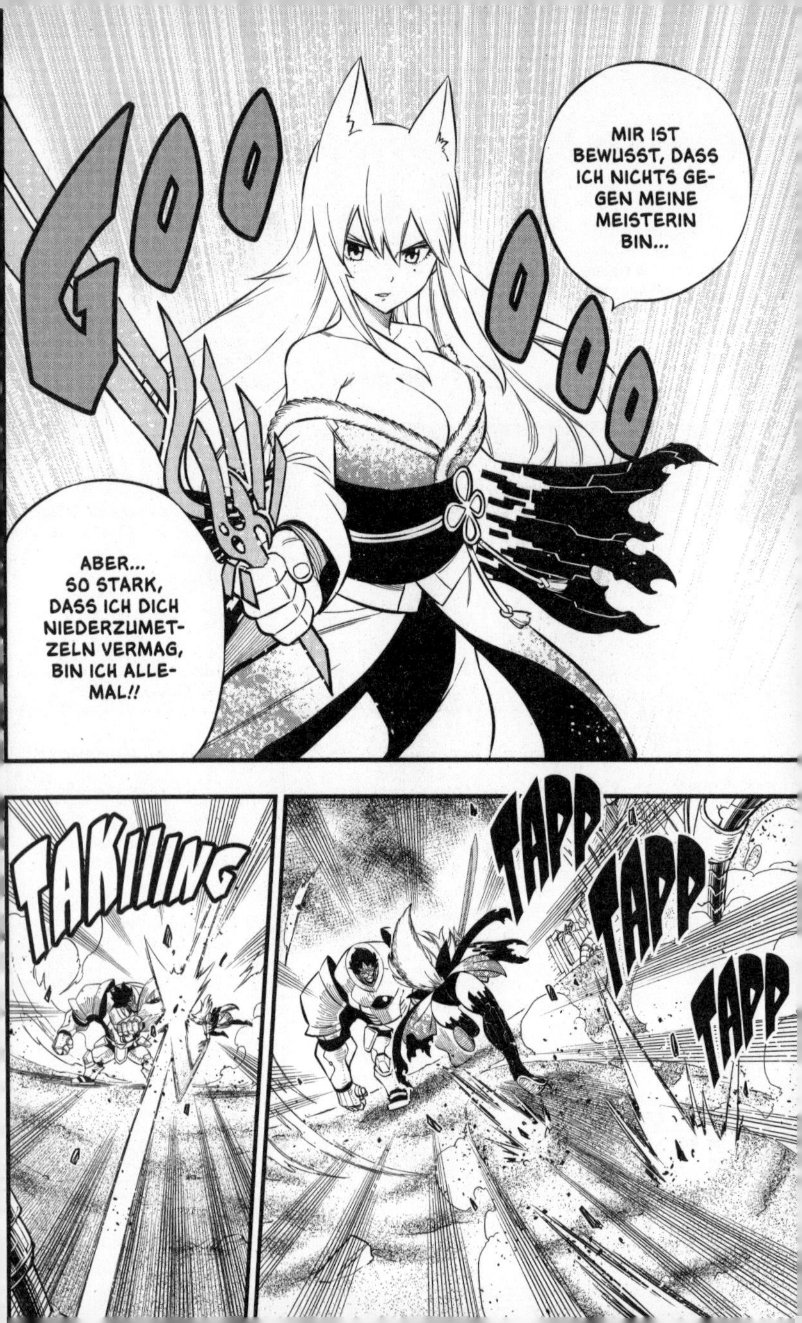
MIR IST BEWUSST, DASS ICH NICHTS GEGEN MEINE MEISTERIN BIN...
GOOOOOO
ABER... SO STARK, DASS ICH DICH NIEDERZUMETZELN VERMAG, BIN ICH ALLEMAL!!
TAPP TAPP TAPP
TAKIIING

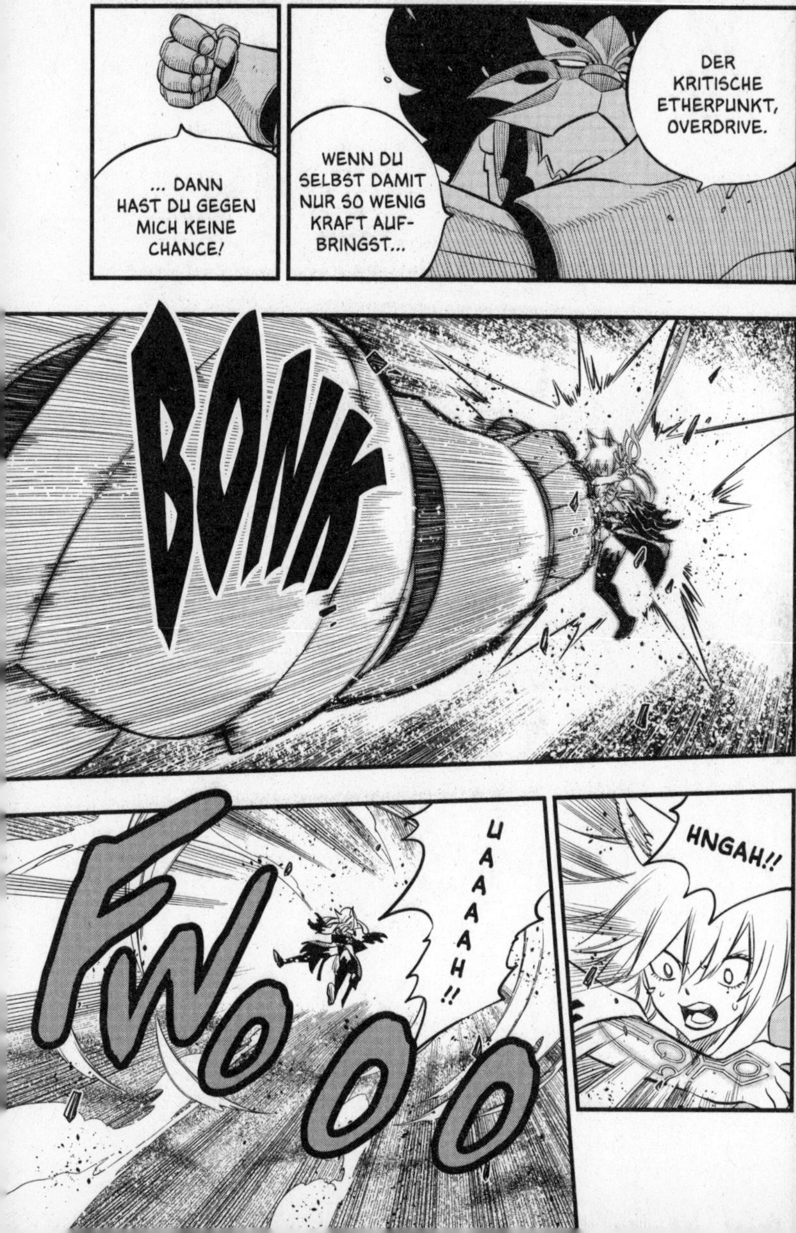
DER KRITISCHE ETHERPUNKT, OVERDRIVE.
WENN DU SELBST DAMIT NUR SO WENIG KRAFT AUF-BRINGST...
... DANN HAST DU GEGEN MICH KEINE CHANCE!
BONK
HNGAH!!
UAAAAAH!!
FWOOOO

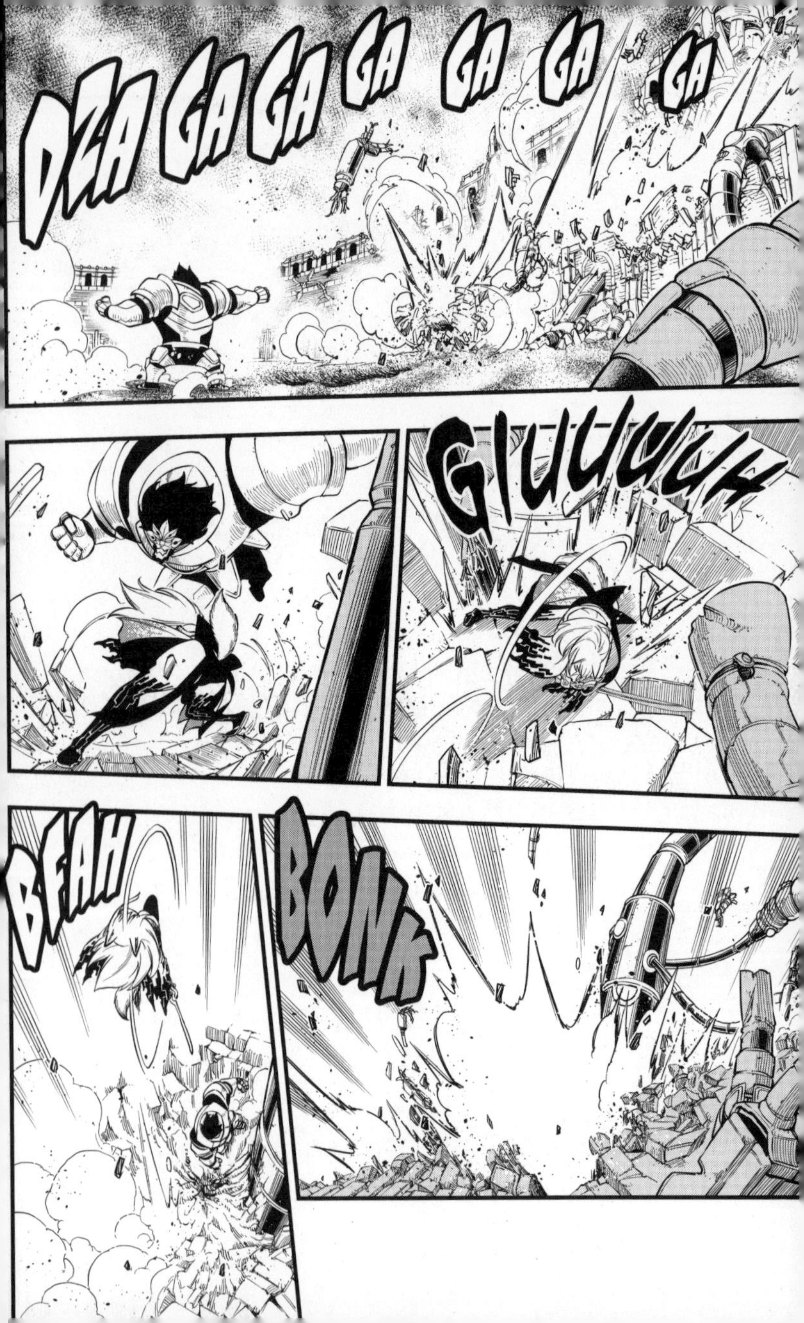
DZA GA GA GA GA GA GA
GIUUUUH
BONK
BFAH

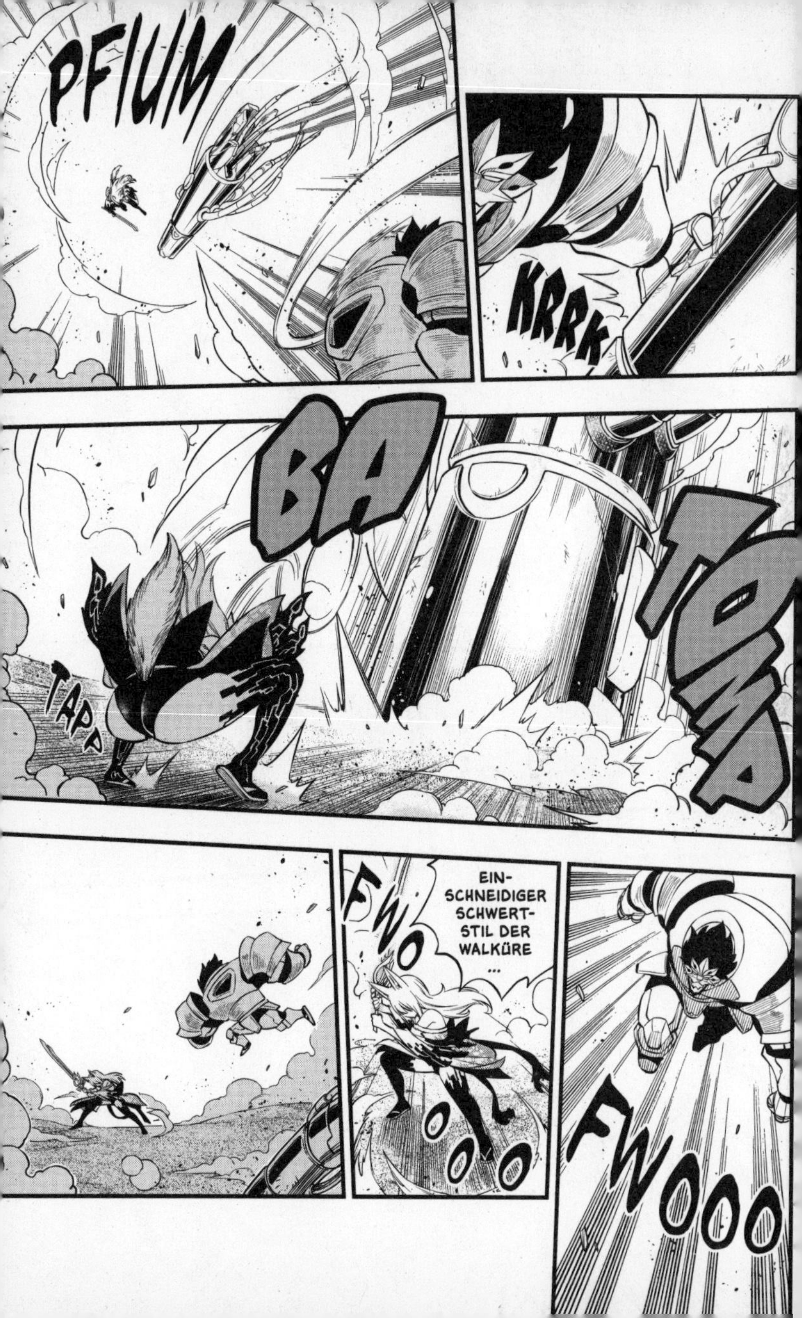
PFIUM
KRRK
BA
TOMP
TAPP
EIN-SCHNEIDIGER SCHWERT-STIL DER WALKÜRE ...
FWOOOO
FWOOO

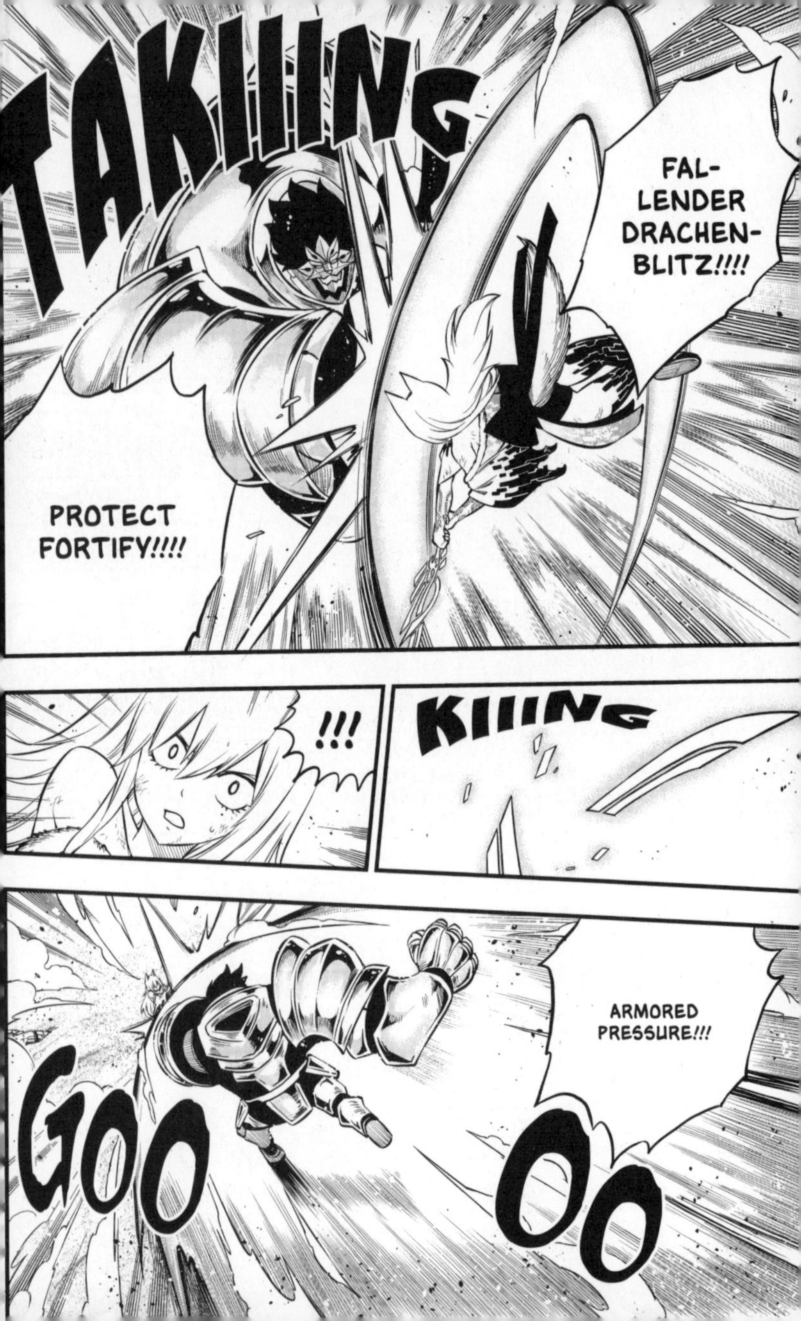
TAKIIING
FAL-
LENDER
DRACHEN-
BLITZ!!!!
PROTECT
FORTIFY!!!!
KIIING
!!!
ARMORED
PRESSURE!!!
GOOOO

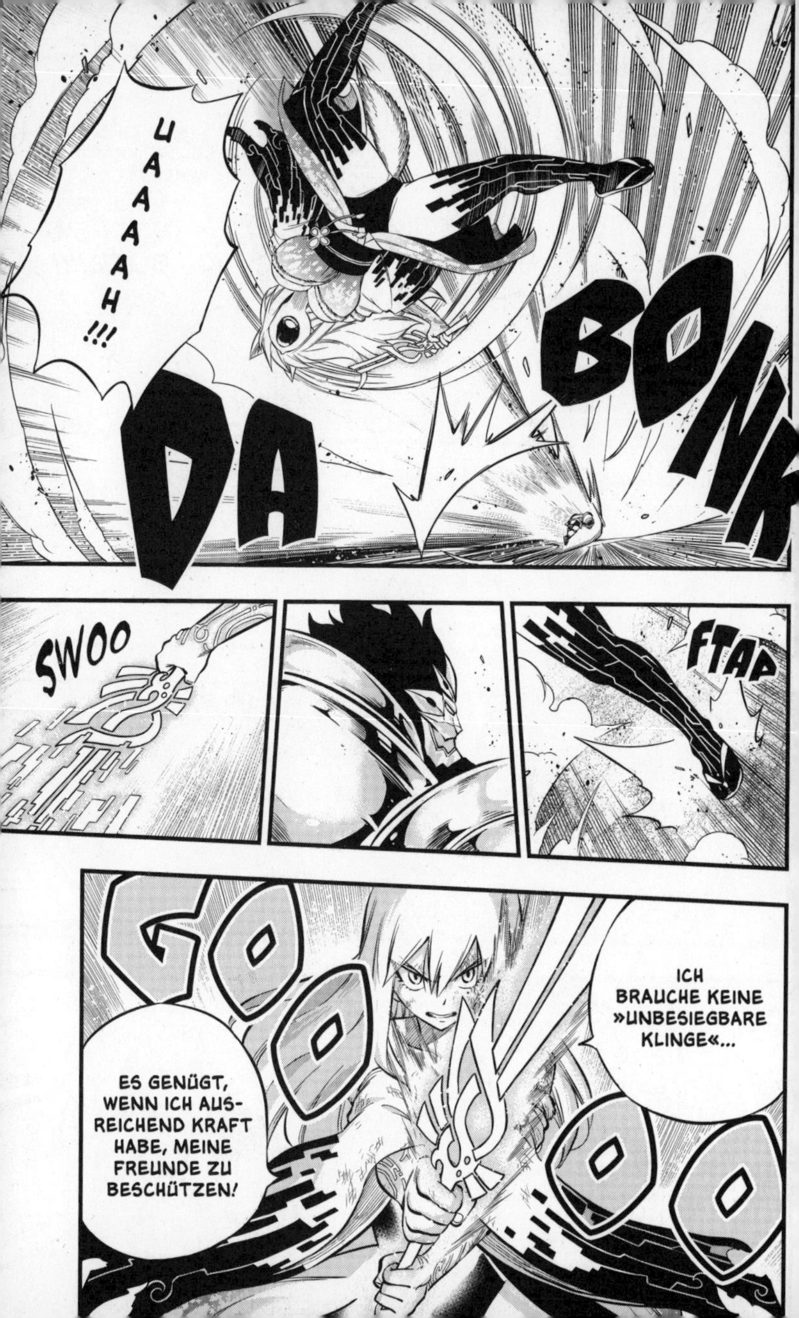
UAAAAAH!!!
BONK
DA
FTAP
SWOO
ICH BRAUCHE KEINE »UNBESIEGBARE KLINGE«...
ES GENÜGT, WENN ICH AUS-REICHEND KRAFT HABE, MEINE FREUNDE ZU BESCHÜTZEN!
GOOOOO

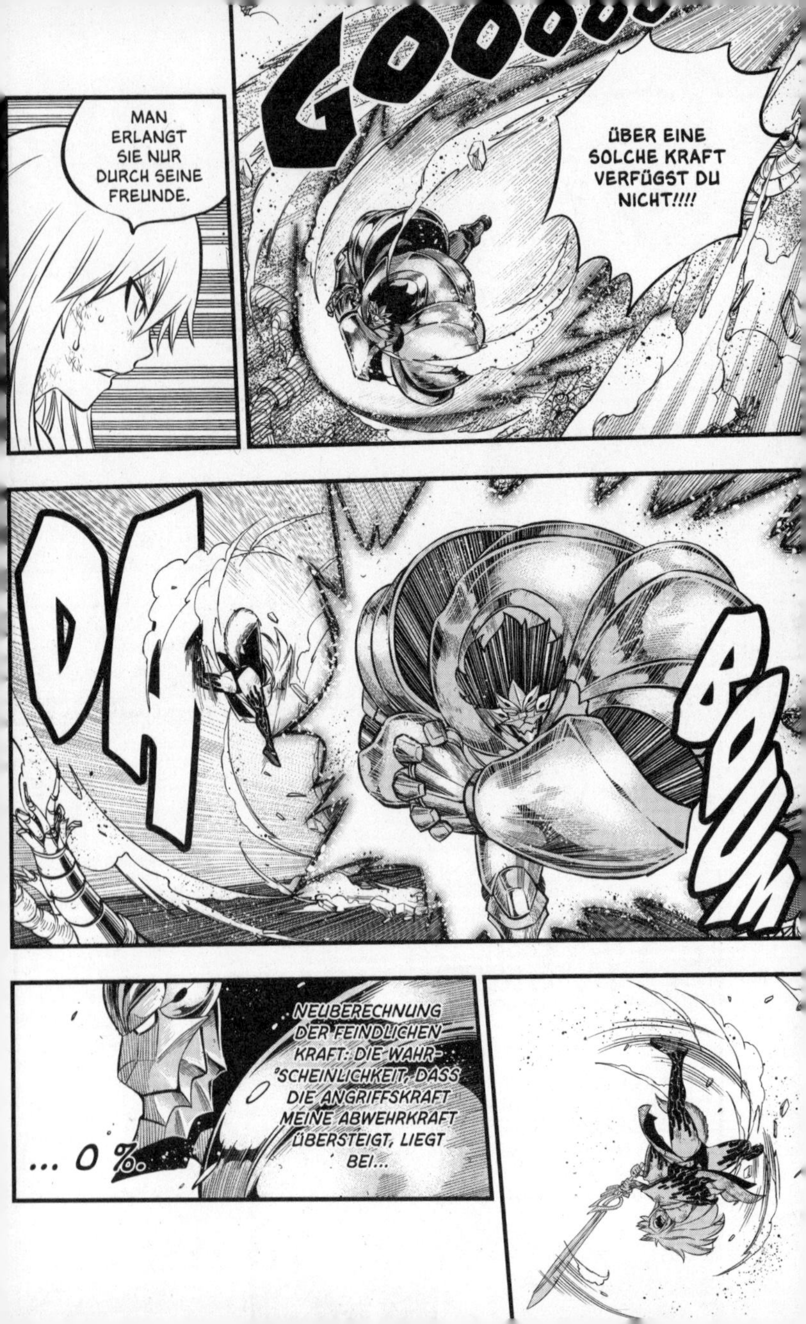
MAN ERLANGT SIE NUR DURCH SEINE FREUNDE.
GOOOO
ÜBER EINE SOLCHE KRAFT VERFÜGST DU NICHT!!!!
DA
BOUM
NEUBERECHNUNG DER FEINDLICHEN KRAFT: DIE WAHRSCHEINLICHKEIT, DASS DIE ANGRIFFSKRAFT MEINE ABWEHRKRAFT ÜBERSTEIGT, LIEGT BEI...
... 0 %.

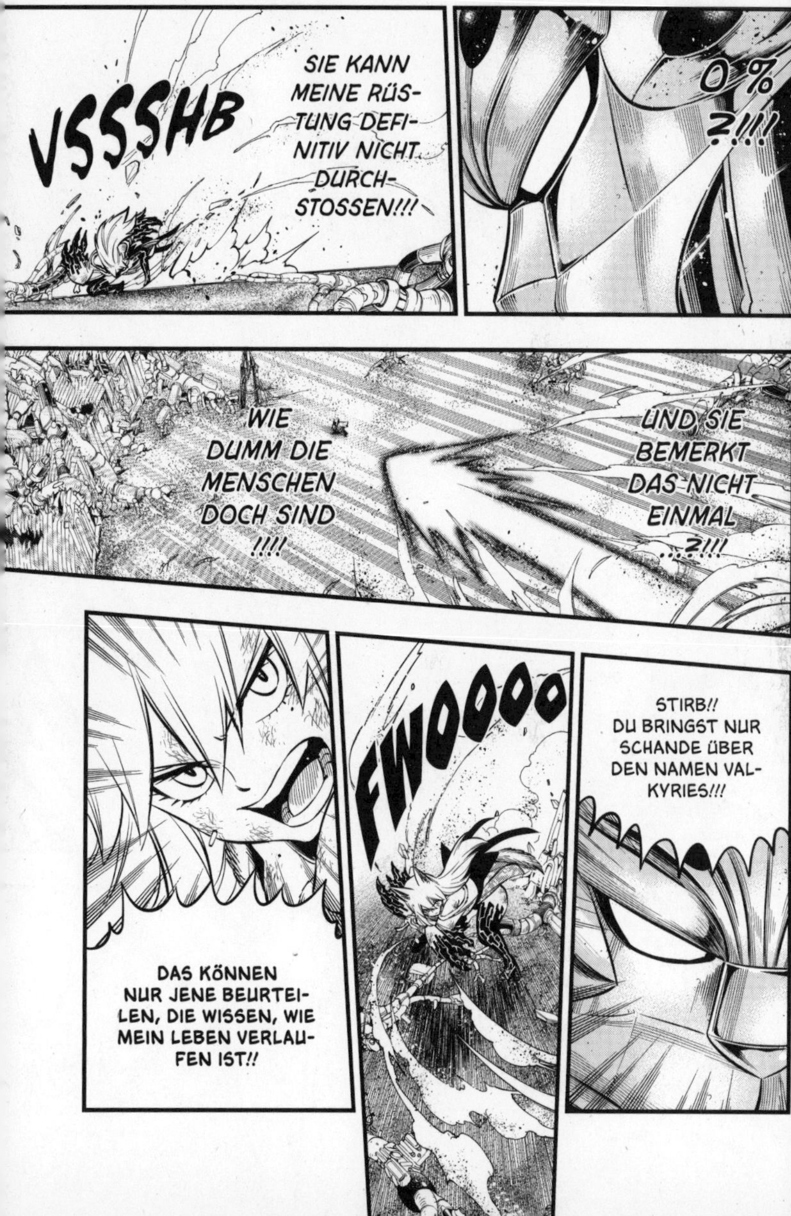
VSSSHB
SIE KANN MEINE RÜS-TUNG DEFI-NITIV NICHT DURCH-STOSSEN!!!
0 % ?!!!
WIE DUMM DIE MENSCHEN DOCH SIND !!!!
UND SIE BEMERKT DAS NICHT EINMAL ...?!!!
DAS KÖNNEN NUR JENE BEURTEI-LEN, DIE WISSEN, WIE MEIN LEBEN VERLAU-FEN IST!!
FWOOOOO
STIRB!! DU BRINGST NUR SCHANDE ÜBER DEN NAMEN VAL-KYRIES!!!

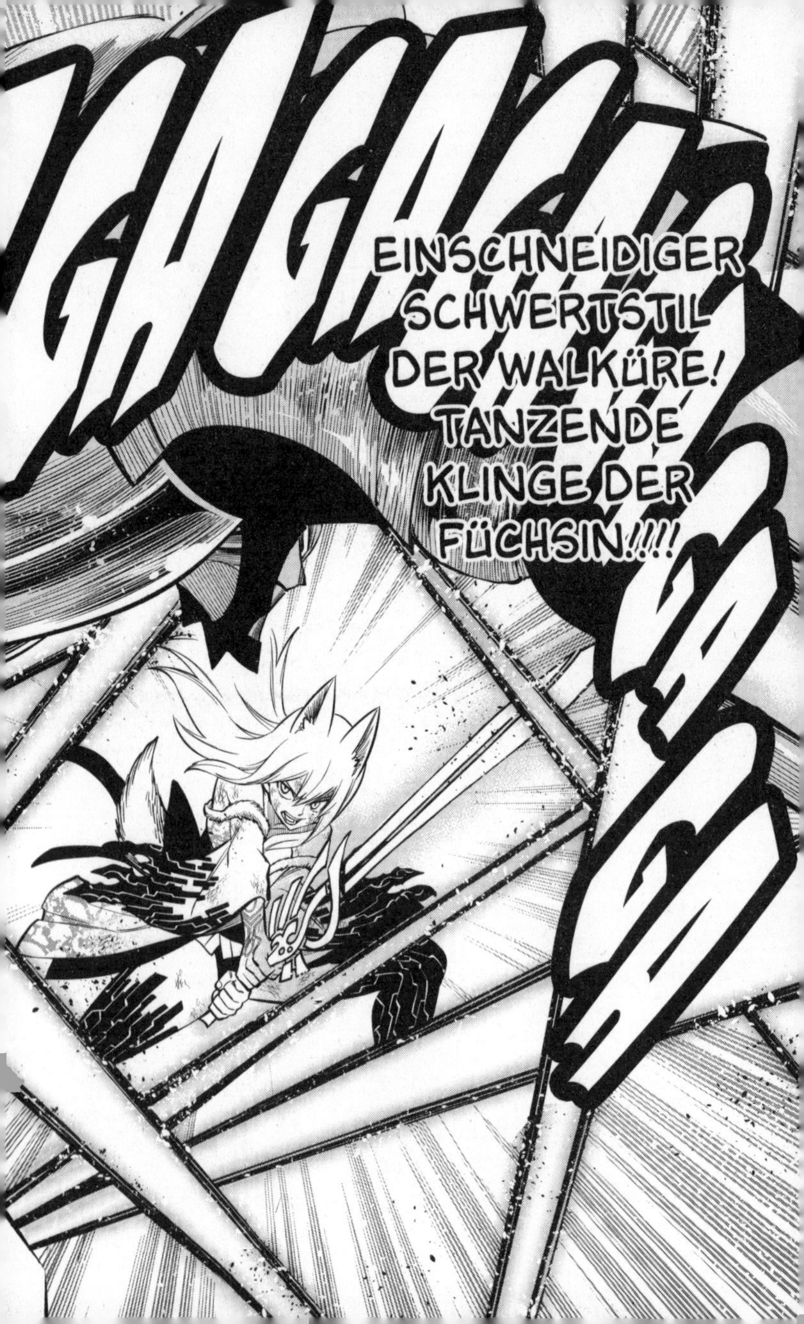
EINSCHNEIDIGER SCHWERTSTIL DER WALKÜRE! TANZENDE KLINGE DER FÜCHSIN!!!!

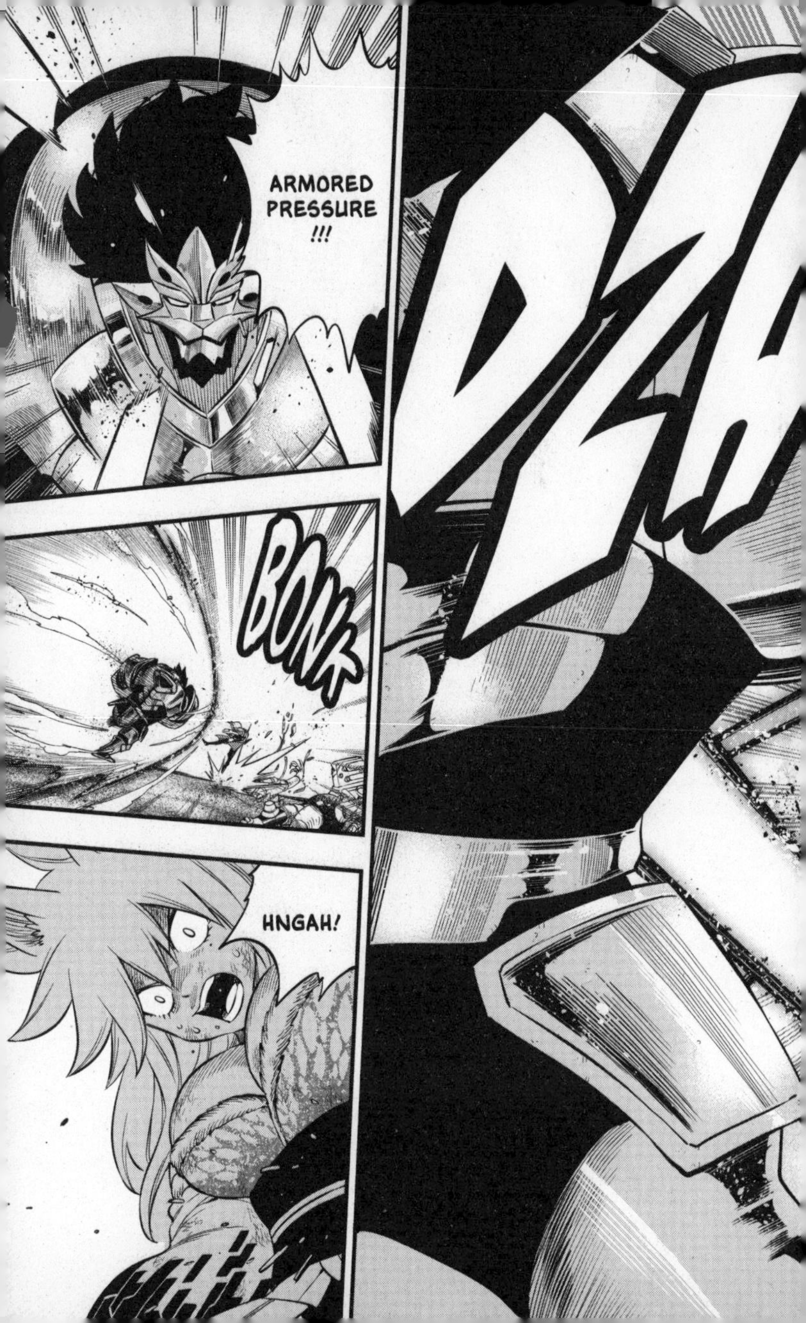
ARMORED PRESSURE !!!
BONK
HNGAH!

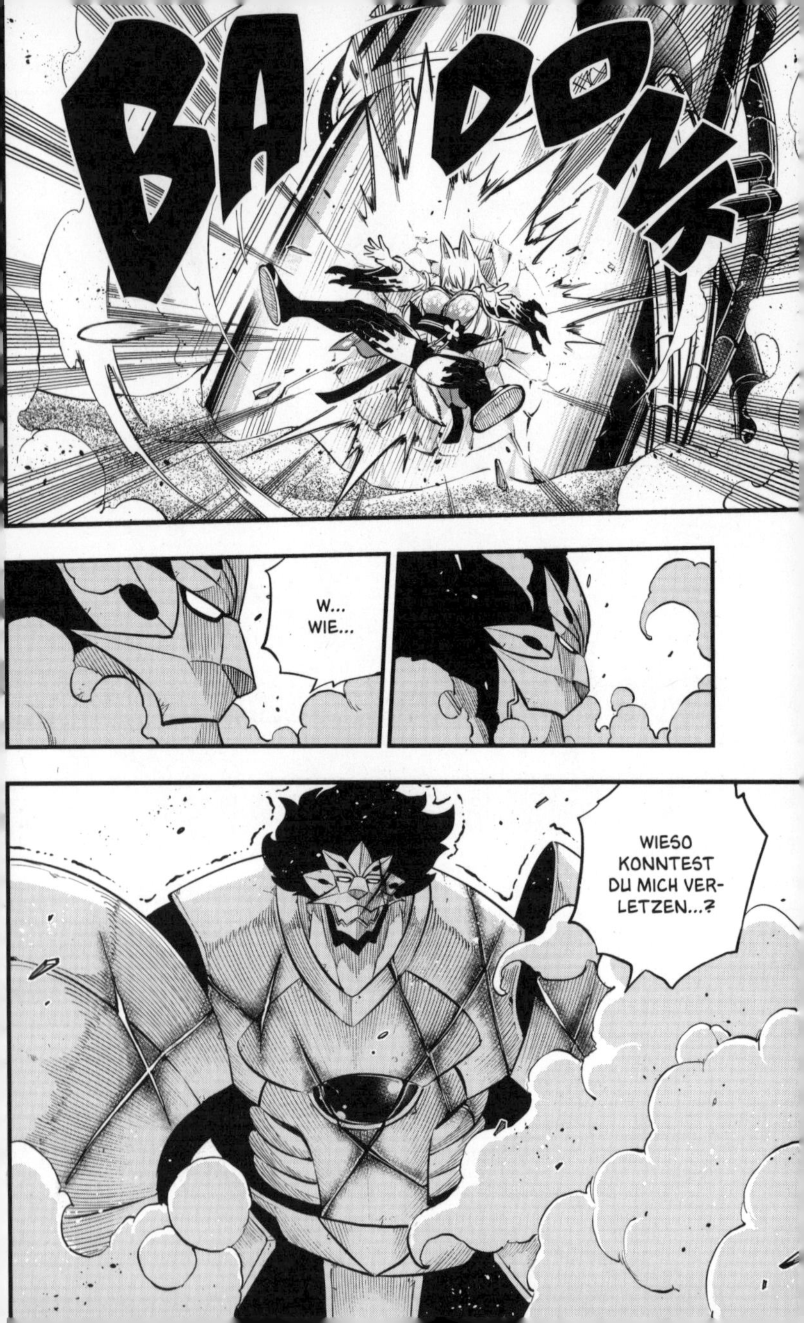
BADOOM
W... WIE...
WIESO KONNTEST DU MICH VER-LETZEN...?

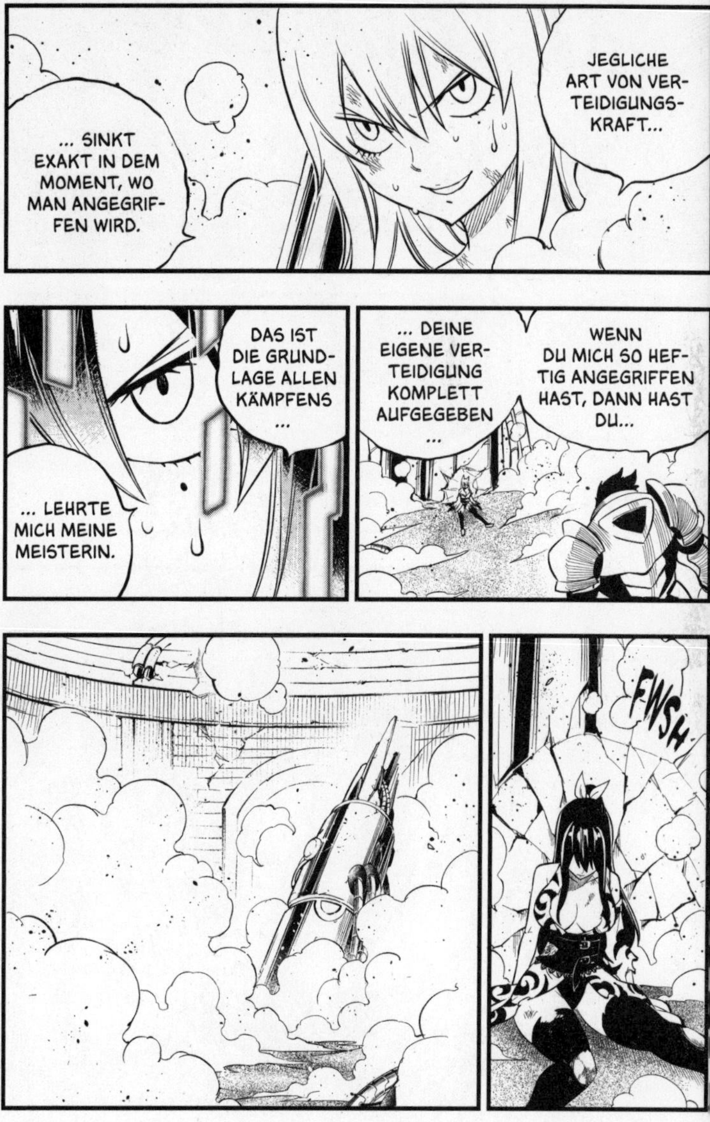
JEGLICHE ART VON VERTEIDIGUNGSKRAFT...
... SINKT EXAKT IN DEM MOMENT, WO MAN ANGEGRIFFEN WIRD.
WENN DU MICH SO HEFTIG ANGEGRIFFEN HAST, DANN HAST DU...
... DEINE EIGENE VERTEIDIGUNG KOMPLETT AUFGEGEBEN ...
DAS IST DIE GRUNDLAGE ALLEN KÄMPFENS ...
... LEHRTE MICH MEINE MEISTERIN.
FWSH

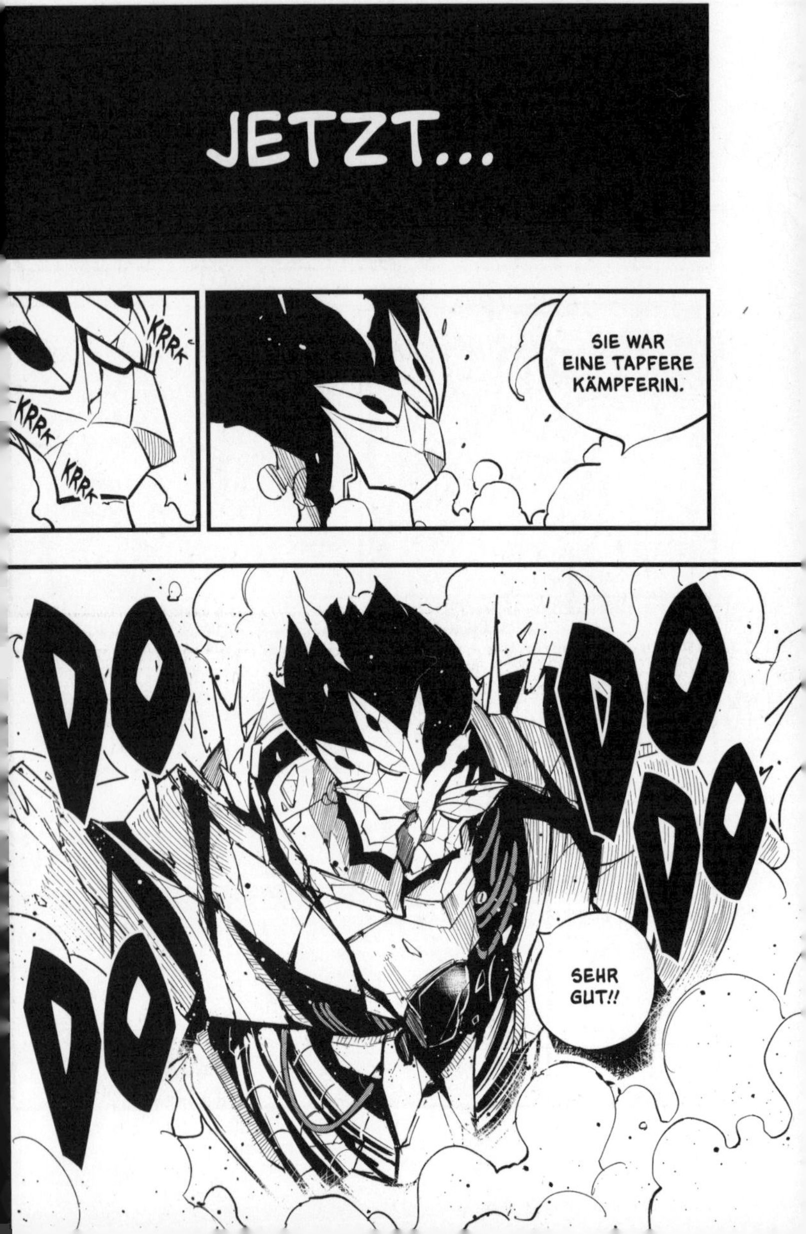

JETZT...
KRRK
KRRK
KRRK
SIE WAR EINE TAPFERE KÄMPFERIN.
DO
DO
DO
DO
SEHR GUT!!

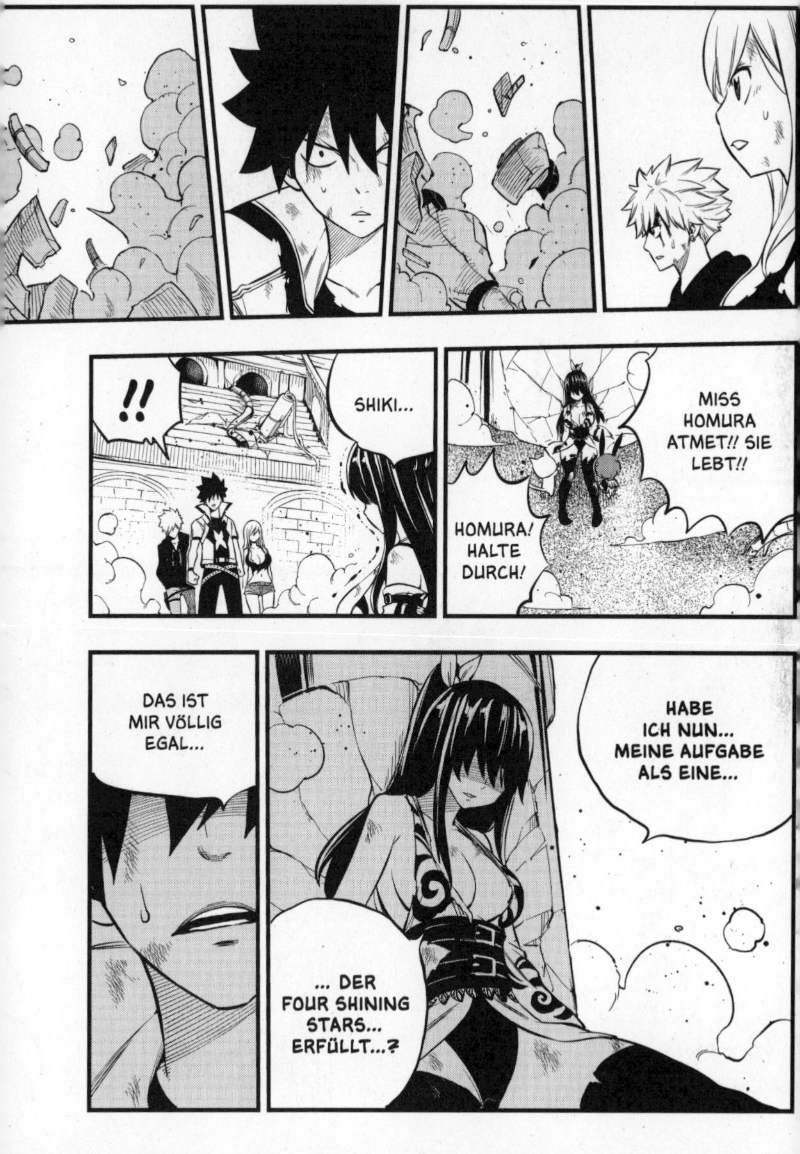
!!
SHIKI...
MISS HOMURA ATMET!! SIE LEBT!!
HOMURA! HALTE DURCH!
HABE ICH NUN... MEINE AUFGABE ALS EINE...
... DER FOUR SHINING STARS... ERFÜLLT...?
DAS IST MIR VÖLLIG EGAL...

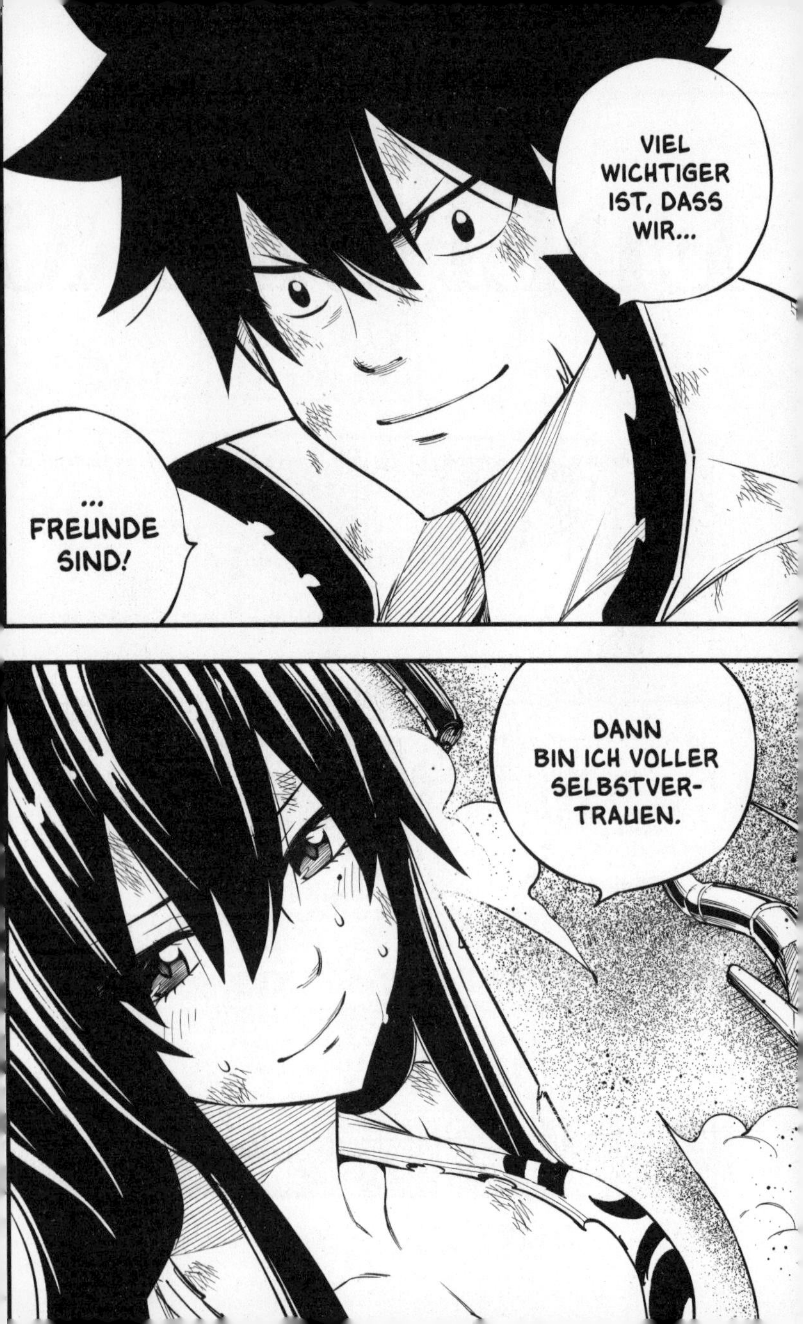
VIEL WICHTIGER IST, DASS WIR...
... FREUNDE SIND!
DANN BIN ICH VOLLER SELBSTVER-TRAUEN.

EDENS ZERO

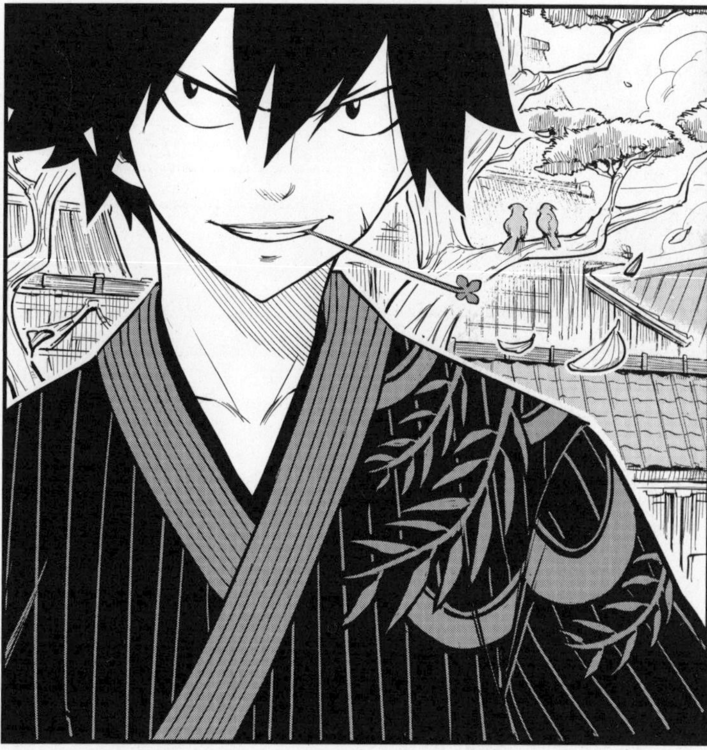

KAPITEL 198: EIN ALBTRAUM

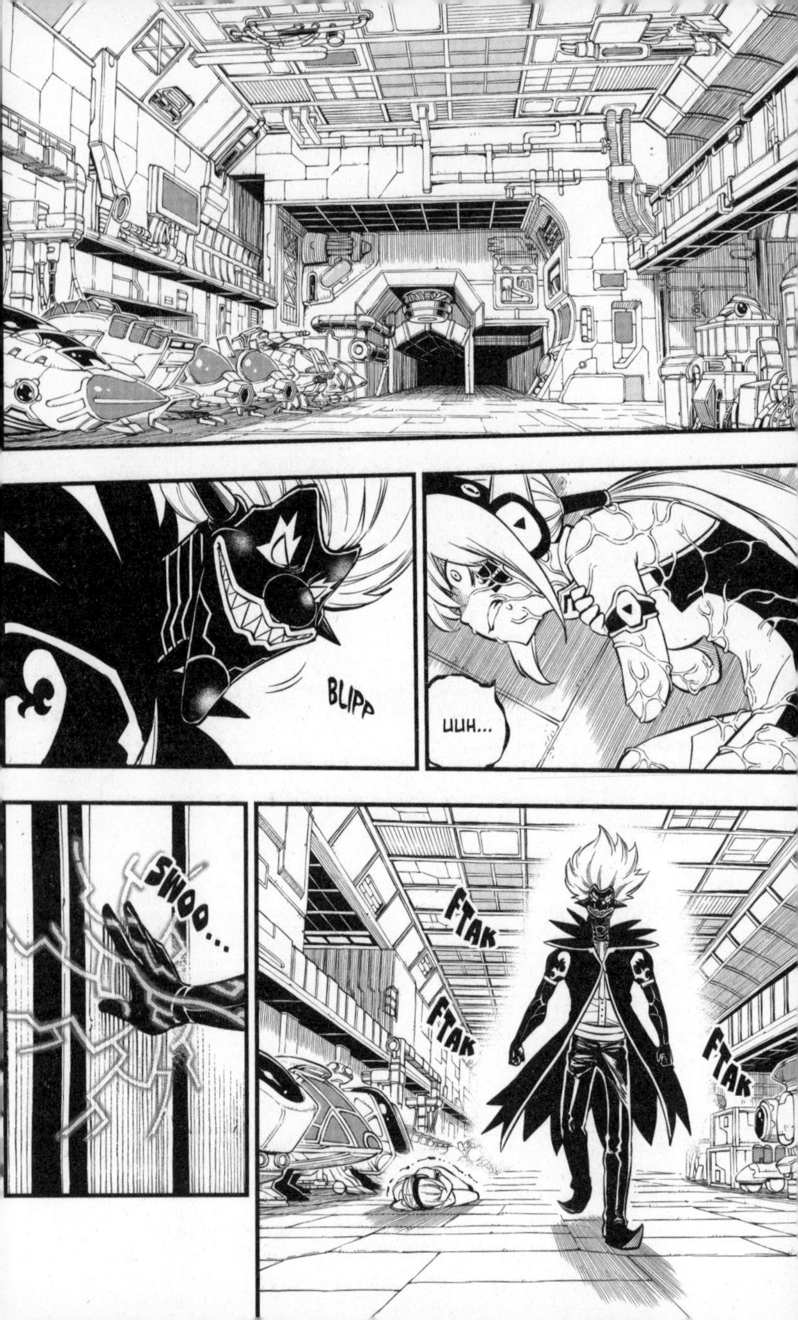

BLIPP
UUH...
SWOO...
FTAK
FTAK
FTAK

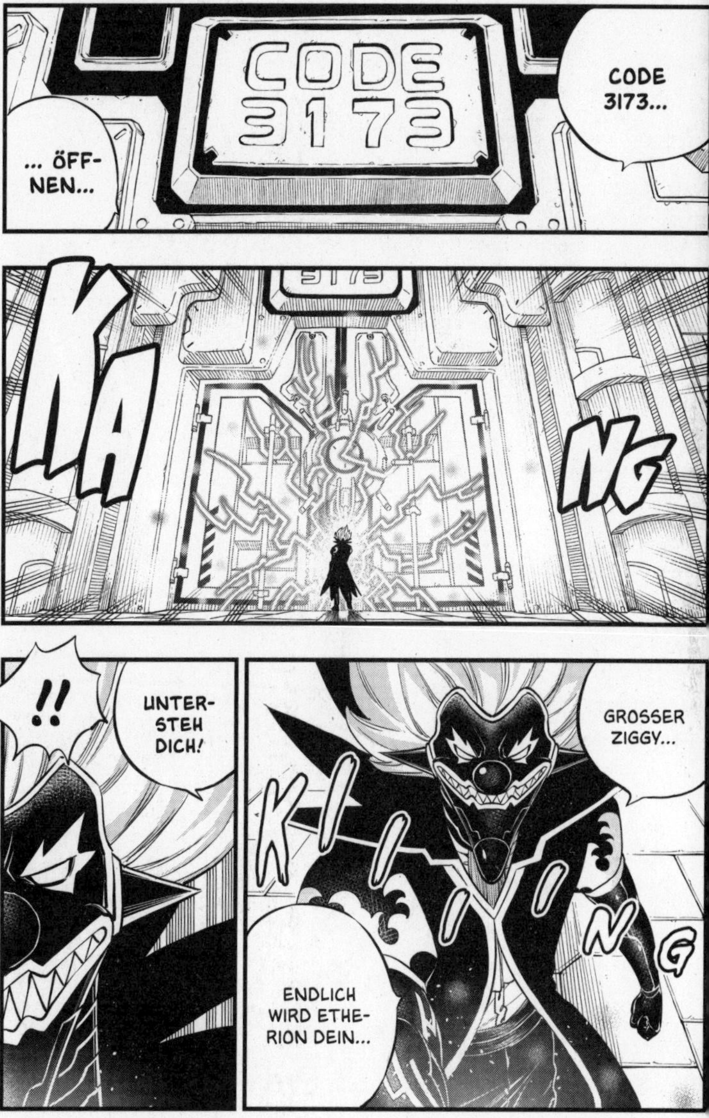
CODE 3173
CODE 3173...
... ÖFF-NEN...
KA
NG
3173
GROSSER ZIGGY...
ENDLICH WIRD ETHE-RION DEIN...
KIIIIING
!!
UNTER-STEH DICH!

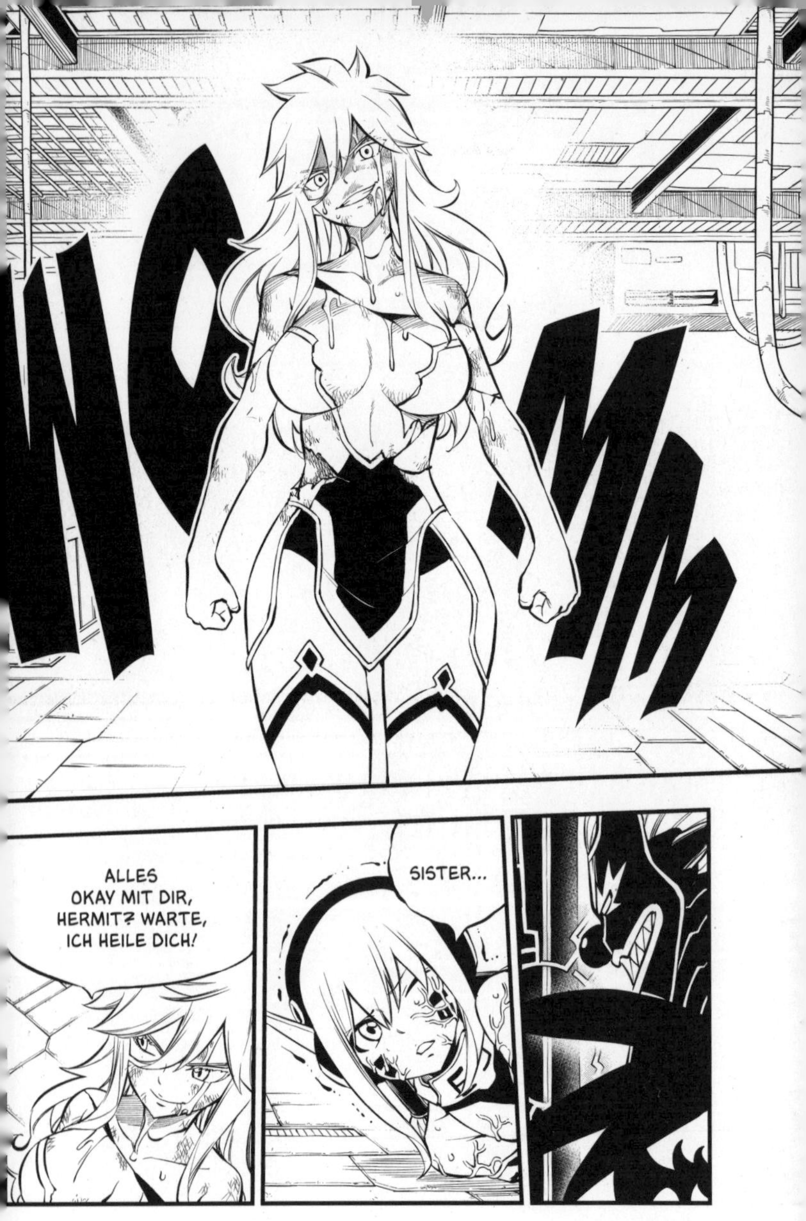
WOMM
ALLES OKAY MIT DIR, HERMIT? WARTE, ICH HEILE DICH!
SISTER...

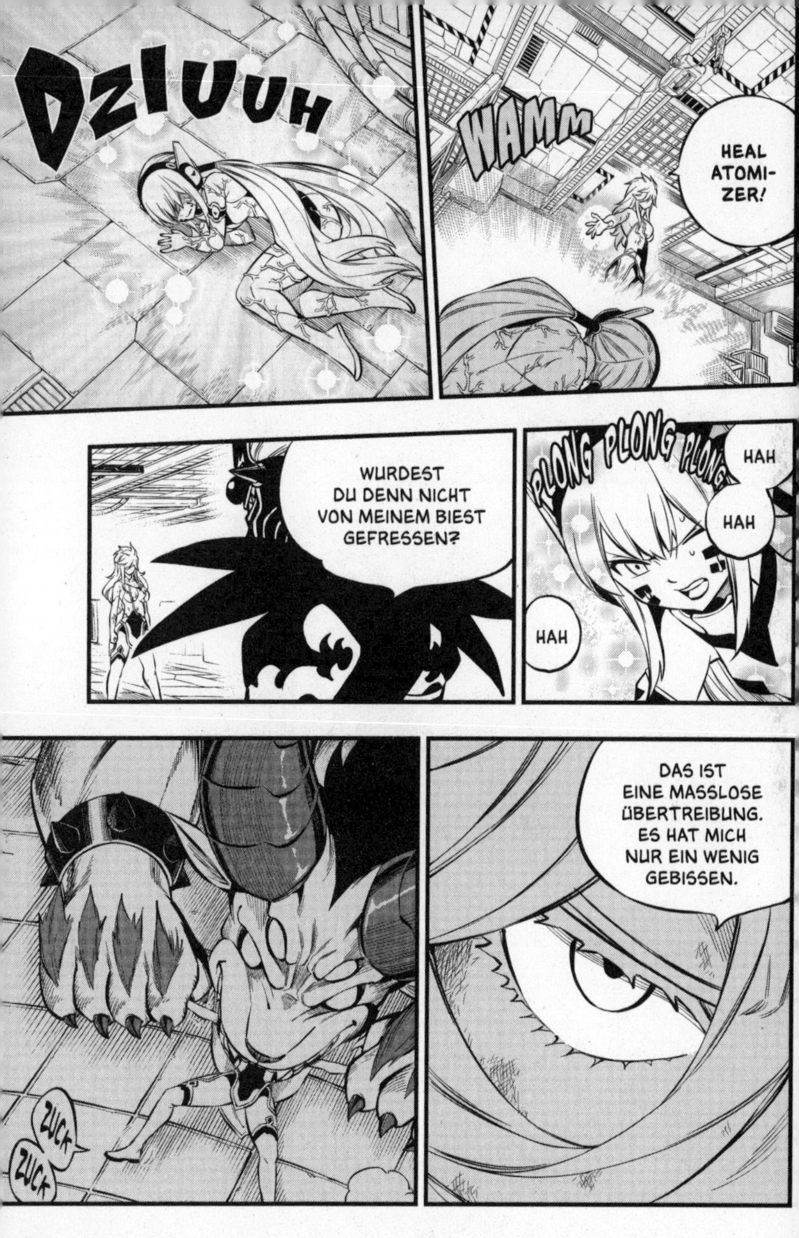
WAMM
HEAL ATOMIZER!
DZIUUH
PLONG PLONG PLONG
HAH
HAH
HAH
WURDEST DU DENN NICHT VON MEINEM BIEST GEFRESSEN?
DAS IST EINE MASSLOSE ÜBERTREIBUNG. ES HAT MICH NUR EIN WENIG GEBISSEN.
ZUCK
ZUCK

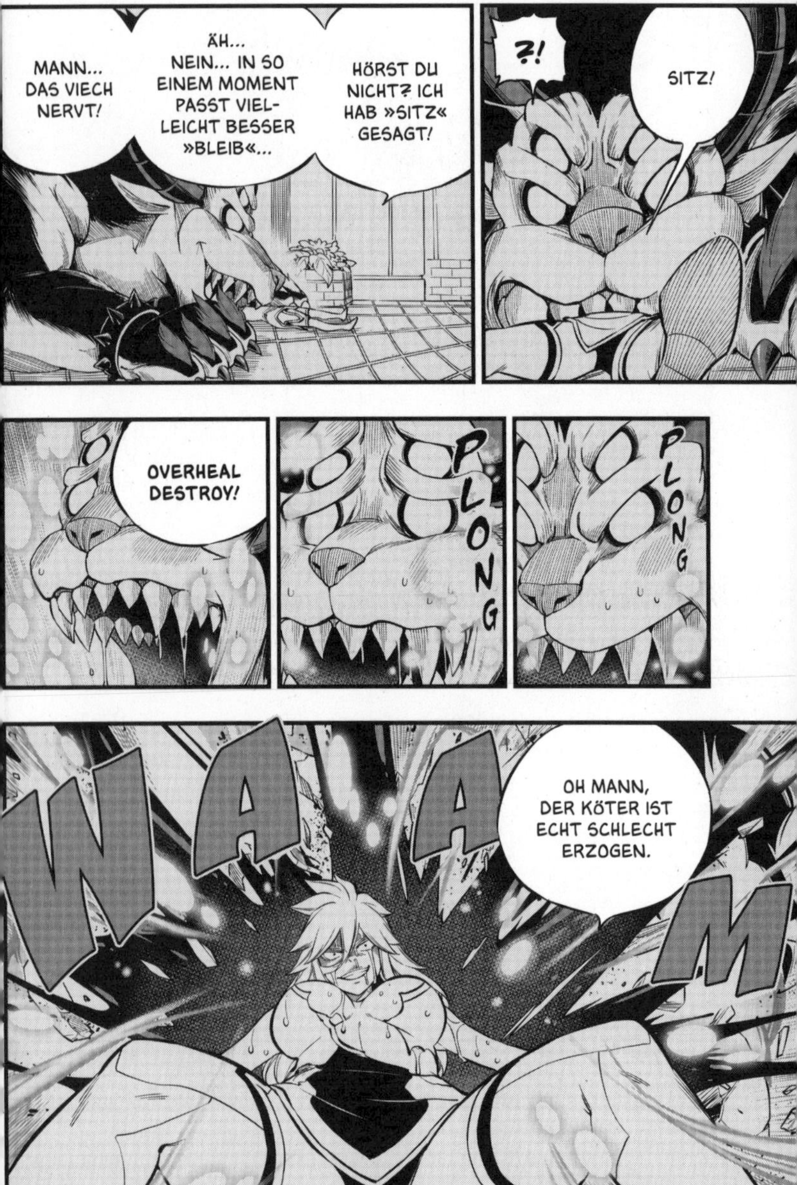

SITZ!
?!
HÖRST DU NICHT? ICH HAB »SITZ« GESAGT!
ÄH... NEIN... IN SO EINEM MOMENT PASST VIELLEICHT BESSER »BLEIB«...
MANN... DAS VIECH NERVT!
PLONG
PLONG
OVERHEAL DESTROY!
OH MANN, DER KÖTER IST ECHT SCHLECHT ERZOGEN.
WAAM

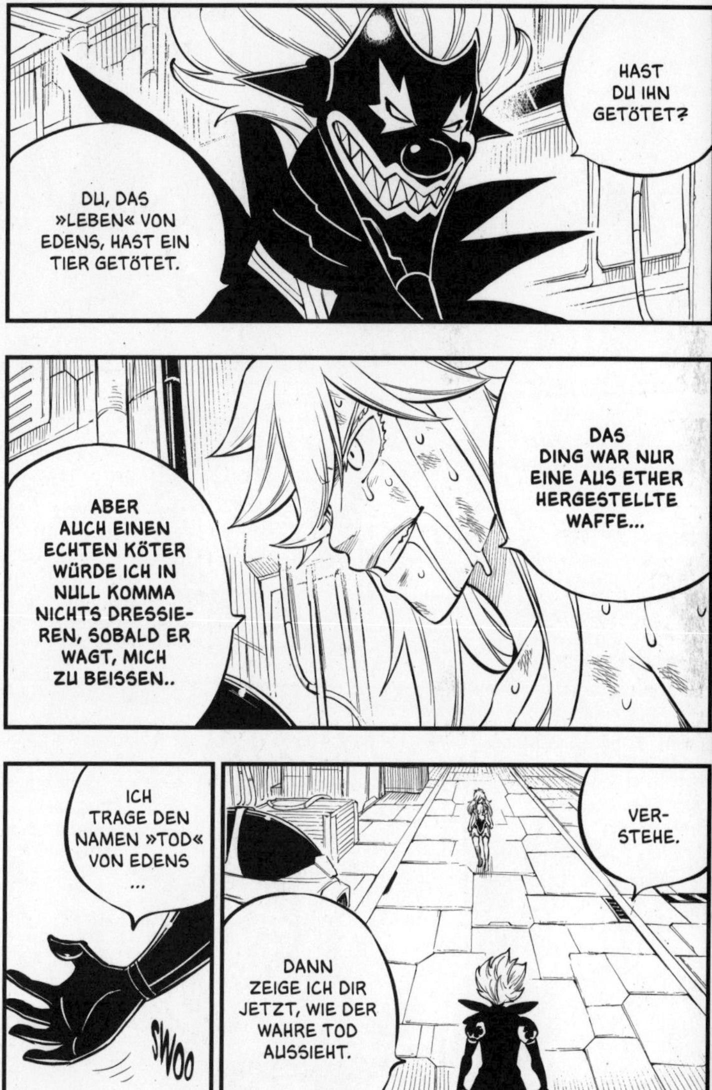
HAST DU IHN GETÖTET?
DU, DAS »LEBEN« VON EDENS, HAST EIN TIER GETÖTET.
DAS DING WAR NUR EINE AUS ETHER HERGESTELLTE WAFFE...
ABER AUCH EINEN ECHTEN KÖTER WÜRDE ICH IN NULL KOMMA NICHTS DRESSIEREN, SOBALD ER WAGT, MICH ZU BEISSEN..
VERSTEHE.
DANN ZEIGE ICH DIR JETZT, WIE DER WAHRE TOD AUSSIEHT.
ICH TRAGE DEN NAMEN »TOD« VON EDENS ...
SWOO

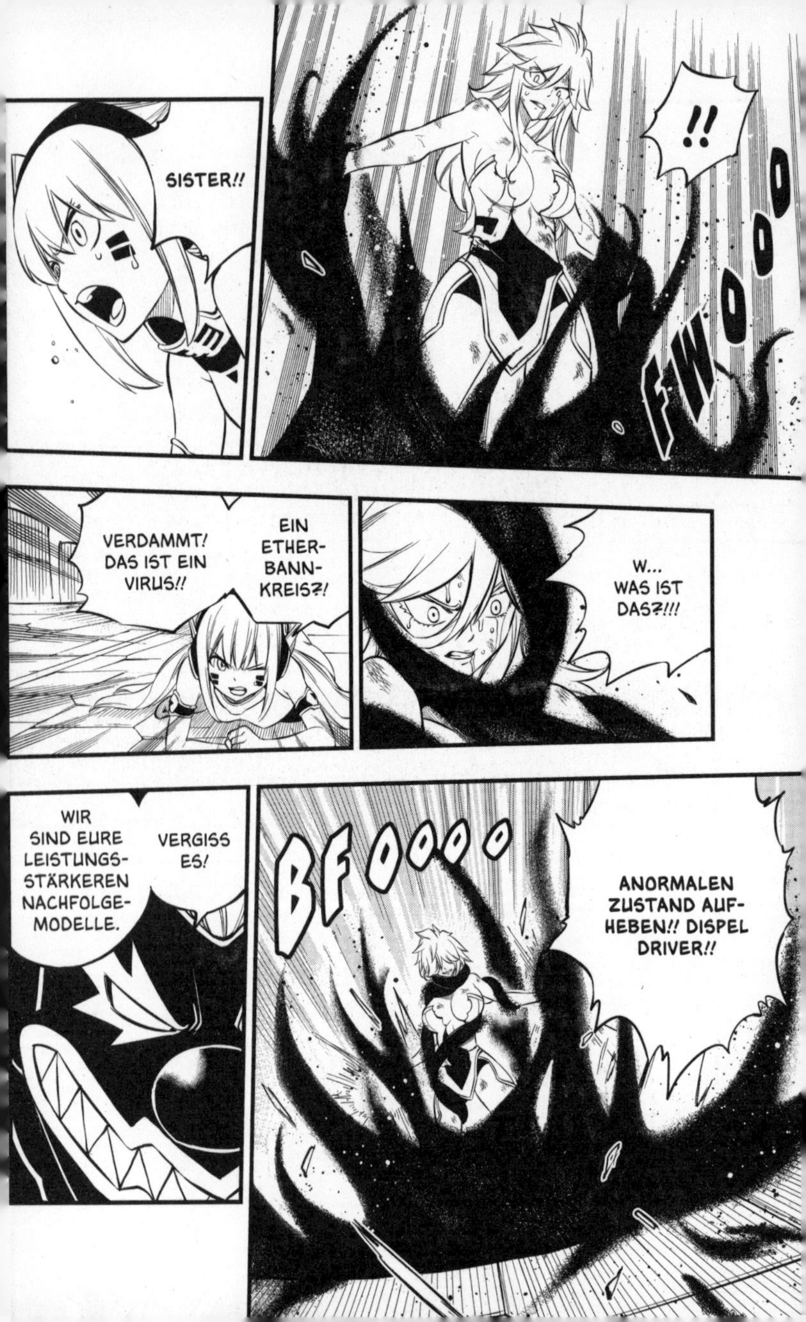

!!
FWOOOOO
SISTER!!
W... WAS IST DAS?!!!
EIN ETHER-BANNKREIS?!
VERDAMMT! DAS IST EIN VIRUS!!
BFOOOO
ANORMALEN ZUSTAND AUFHEBEN!! DISPEL DRIVER!!
VERGISS ES!
WIR SIND EURE LEISTUNGS-STÄRKEREN NACHFOLGE-MODELLE.

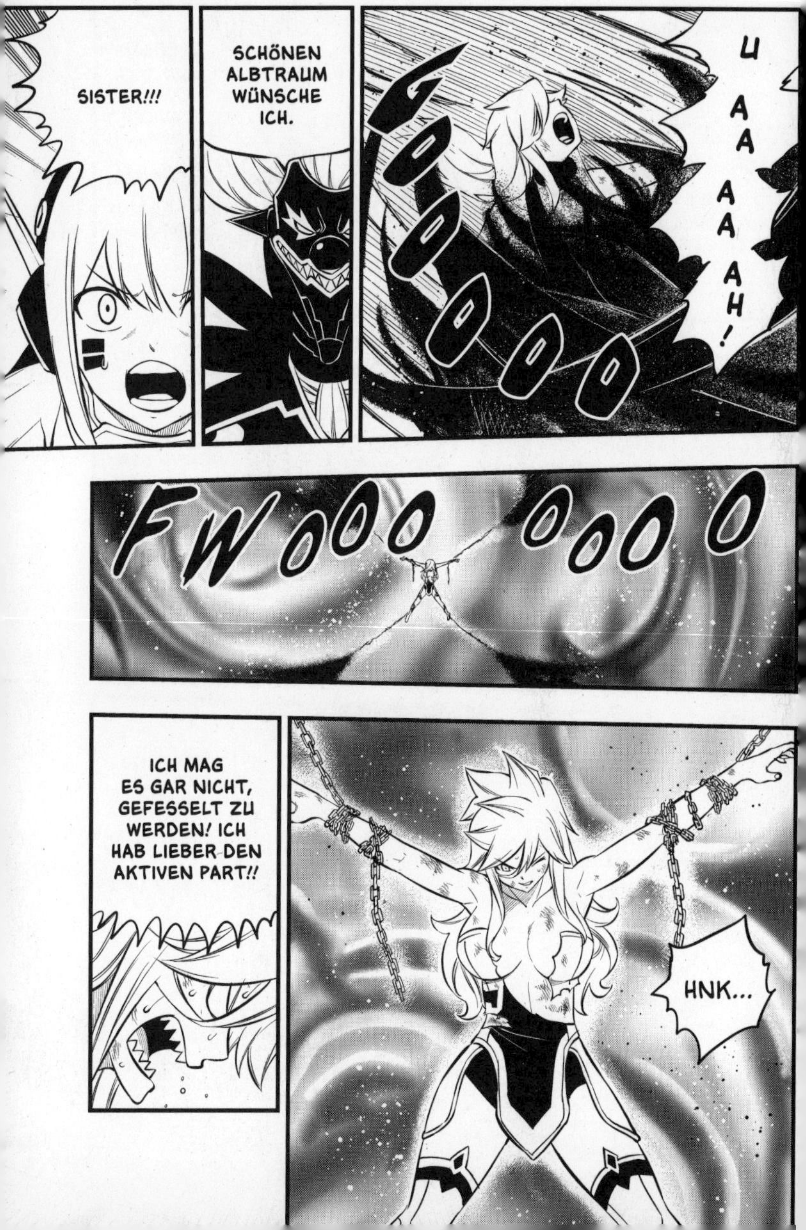

UAAAAAAAH!
SCHÖNEN ALBTRAUM WÜNSCHE ICH.
SISTER!!!
FWOOO OOOO
HNK...
ICH MAG ES GAR NICHT, GEFESSELT ZU WERDEN! ICH HAB LIEBER DEN AKTIVEN PART!!

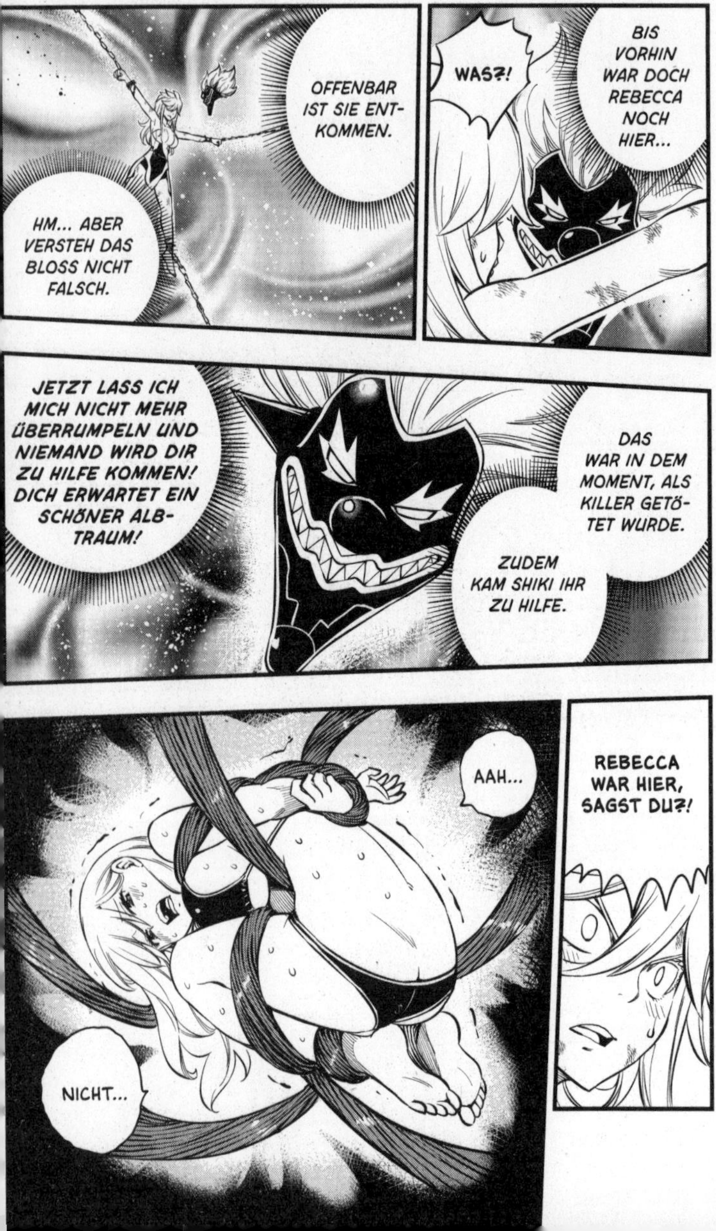
BIS VORHIN WAR DOCH REBECCA NOCH HIER...
WAS?!
OFFENBAR IST SIE ENT-KOMMEN.
HM... ABER VERSTEH DAS BLOSS NICHT FALSCH.
DAS WAR IN DEM MOMENT, ALS KILLER GETÖ-TET WURDE.
ZUDEM KAM SHIKI IHR ZU HILFE.
JETZT LASS ICH MICH NICHT MEHR ÜBERRUMPELN UND NIEMAND WIRD DIR ZU HILFE KOMMEN! DICH ERWARTET EIN SCHÖNER ALB-TRAUM!
REBECCA WAR HIER, SAGST DU?!
AAH...
NICHT...

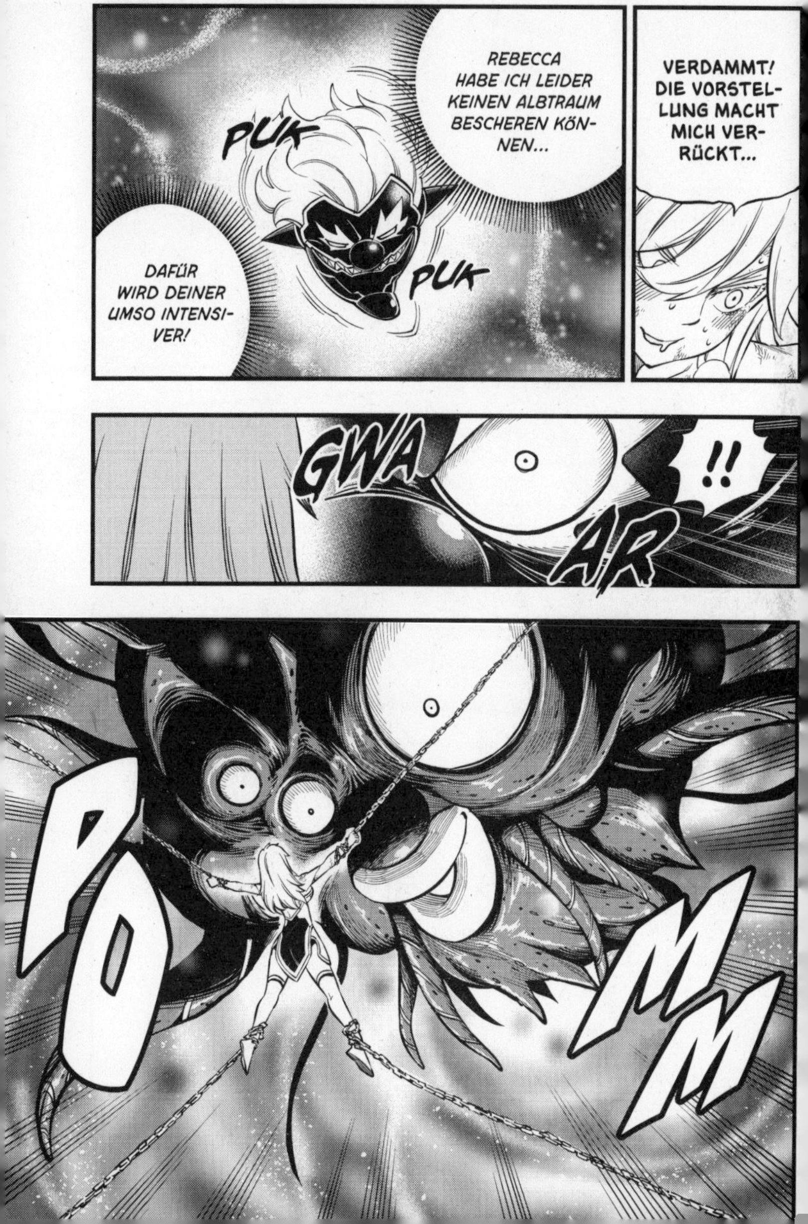
VERDAMMT! DIE VORSTEL-LUNG MACHT MICH VER-RÜCKT...
REBECCA HABE ICH LEIDER KEINEN ALBTRAUM BESCHEREN KÖN-NEN...
PUK
PUK
DAFÜR WIRD DEINER UMSO INTENSI-VER!
!!
GWA
AR
POMM

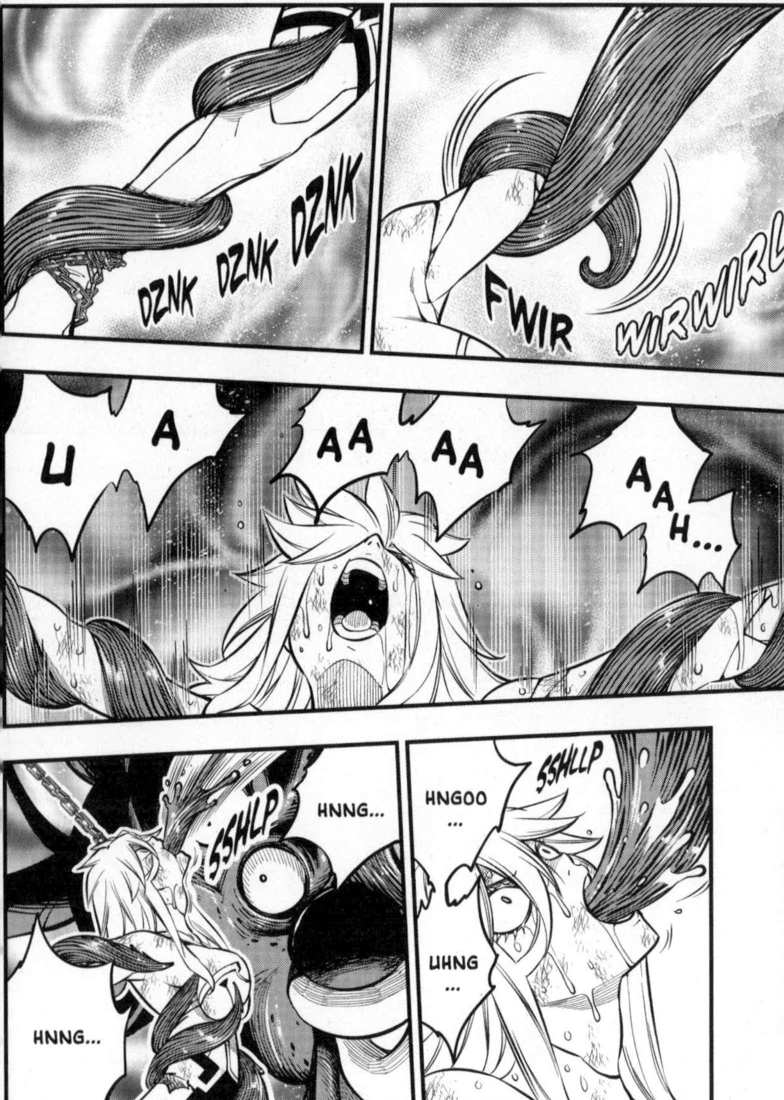
DZNK
DZNK
DZNK
FWIR
WIRWIRL
U
A
AA
AA
AAH...
SSHLP
HNNG...
HNNG...
HNGOO
...
SSHLLP
UHNG
...

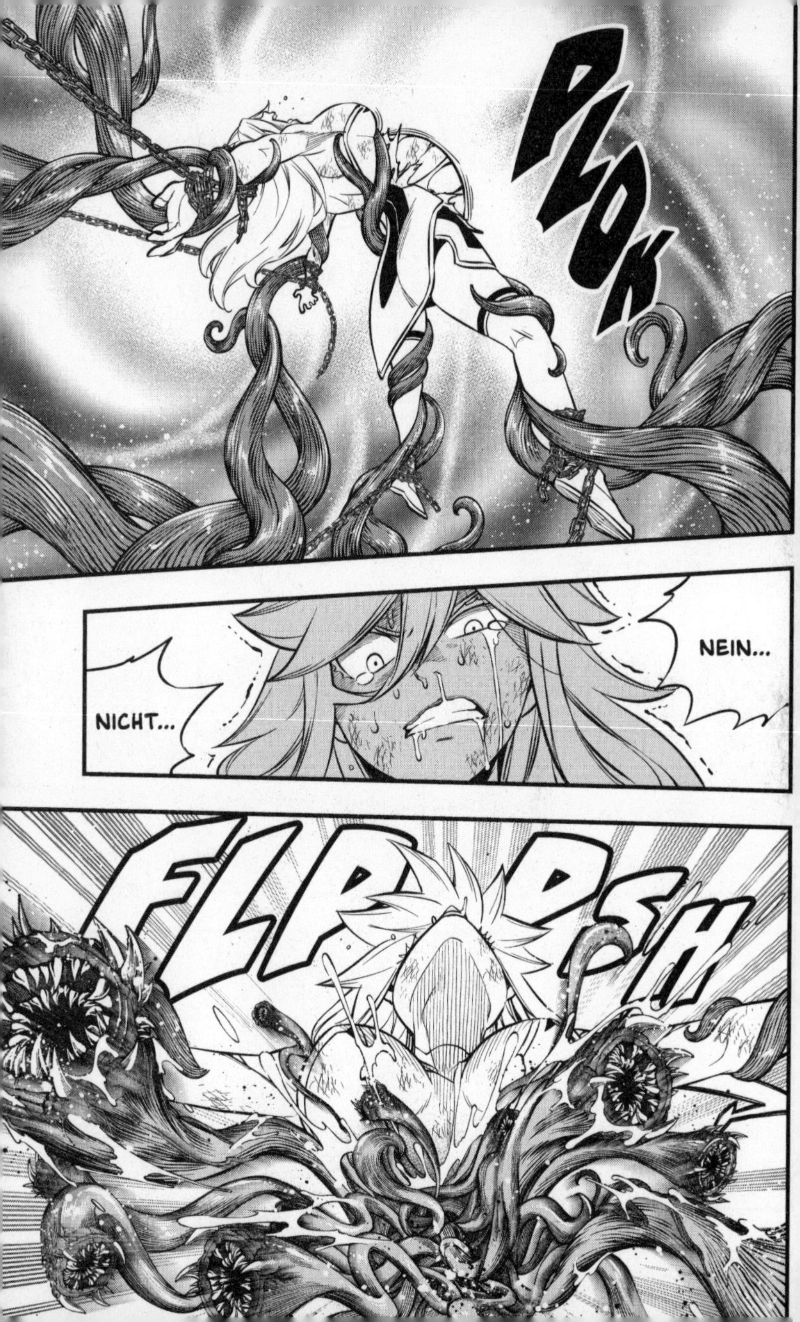
PLOK
NEIN...
NICHT...

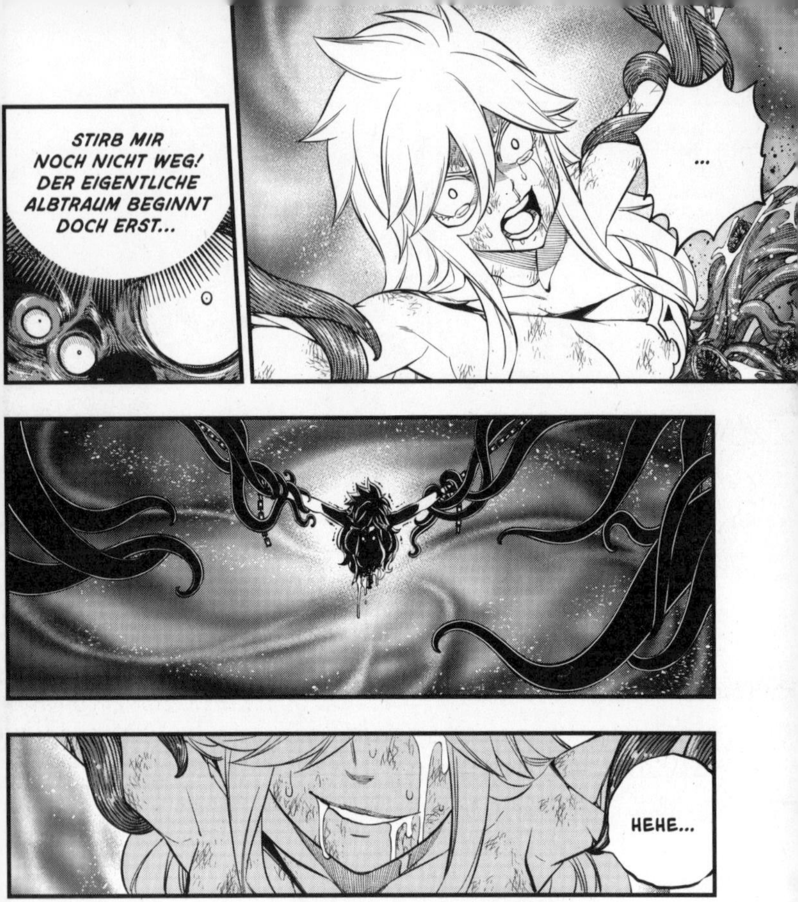
...
STIRB MIR NOCH NICHT WEG! DER EIGENTLICHE ALBTRAUM BEGINNT DOCH ERST...
HEHE...
DAS IST... GAR NICHT... REAL...
... SON-DERN EIN ALBTRAUM... EINE TRAUM-SEQUENZ...
DU HAST DAS ENDE GLEICH ZU BEGINN VERRATEN ...
DAS IST SO LAHM...

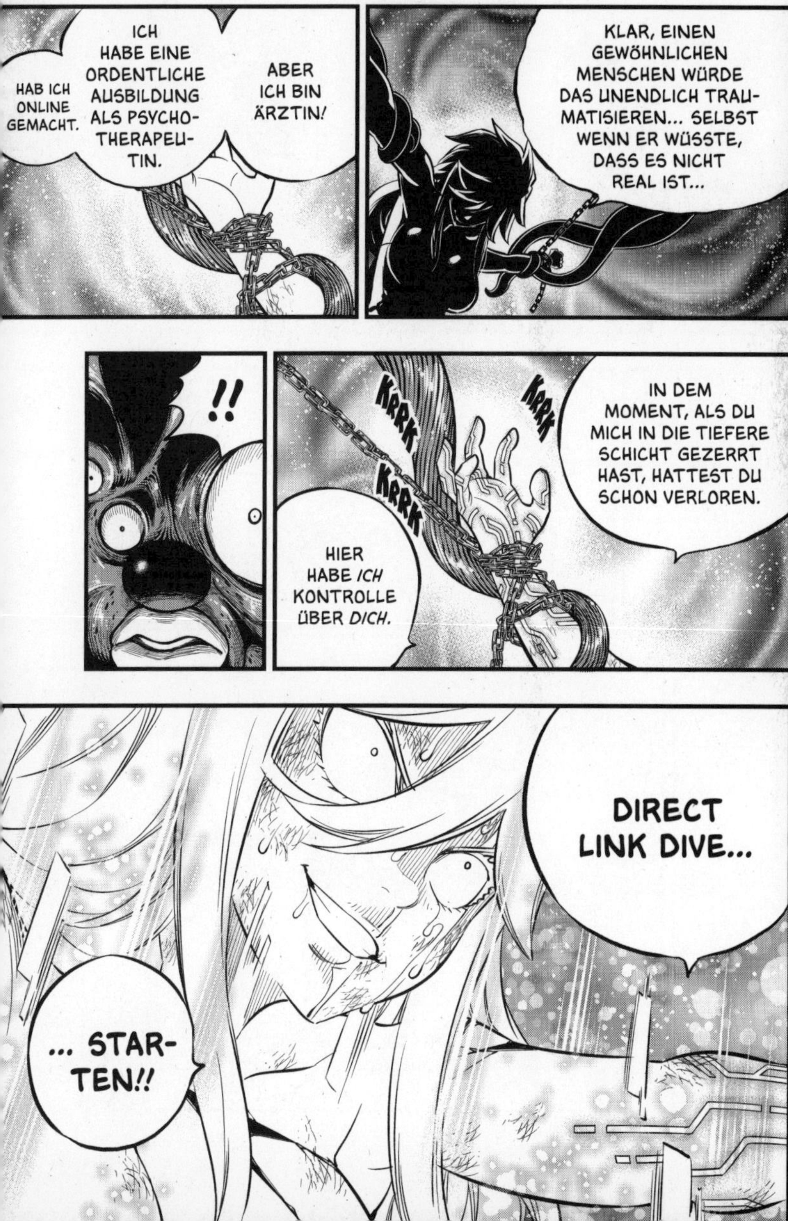
ICH HABE EINE ORDENTLICHE AUSBILDUNG ALS PSYCHO-THERAPEU-TIN.
HAB ICH ONLINE GEMACHT.
ABER ICH BIN ÄRZTIN!
KLAR, EINEN GEWÖHNLICHEN MENSCHEN WÜRDE DAS UNENDLICH TRAU-MATISIEREN... SELBST WENN ER WÜSSTE, DASS ES NICHT REAL IST...
!!
KRRK
KRRK
KRRK
IN DEM MOMENT, ALS DU MICH IN DIE TIEFERE SCHICHT GEZERRT HAST, HATTEST DU SCHON VERLOREN.
HIER HABE *ICH* KONTROLLE ÜBER *DICH*.
DIRECT LINK DIVE...
... STAR-TEN!!

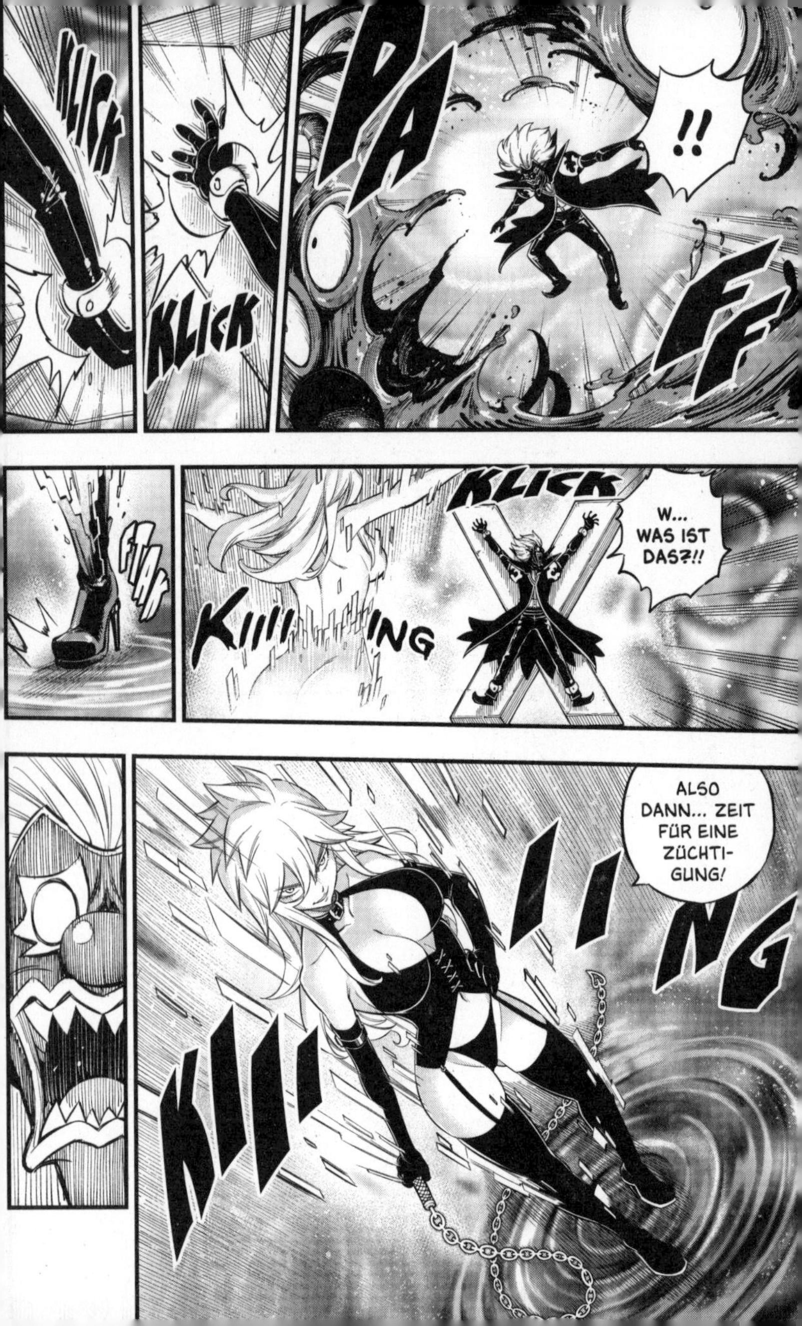
!!
KLICK
KLICK
W...
WAS IST
DAS?!!
KLICK
KIIIING
ALSO
DANN... ZEIT
FÜR EINE
ZÜCHTI-
GUNG!
KIIIIING

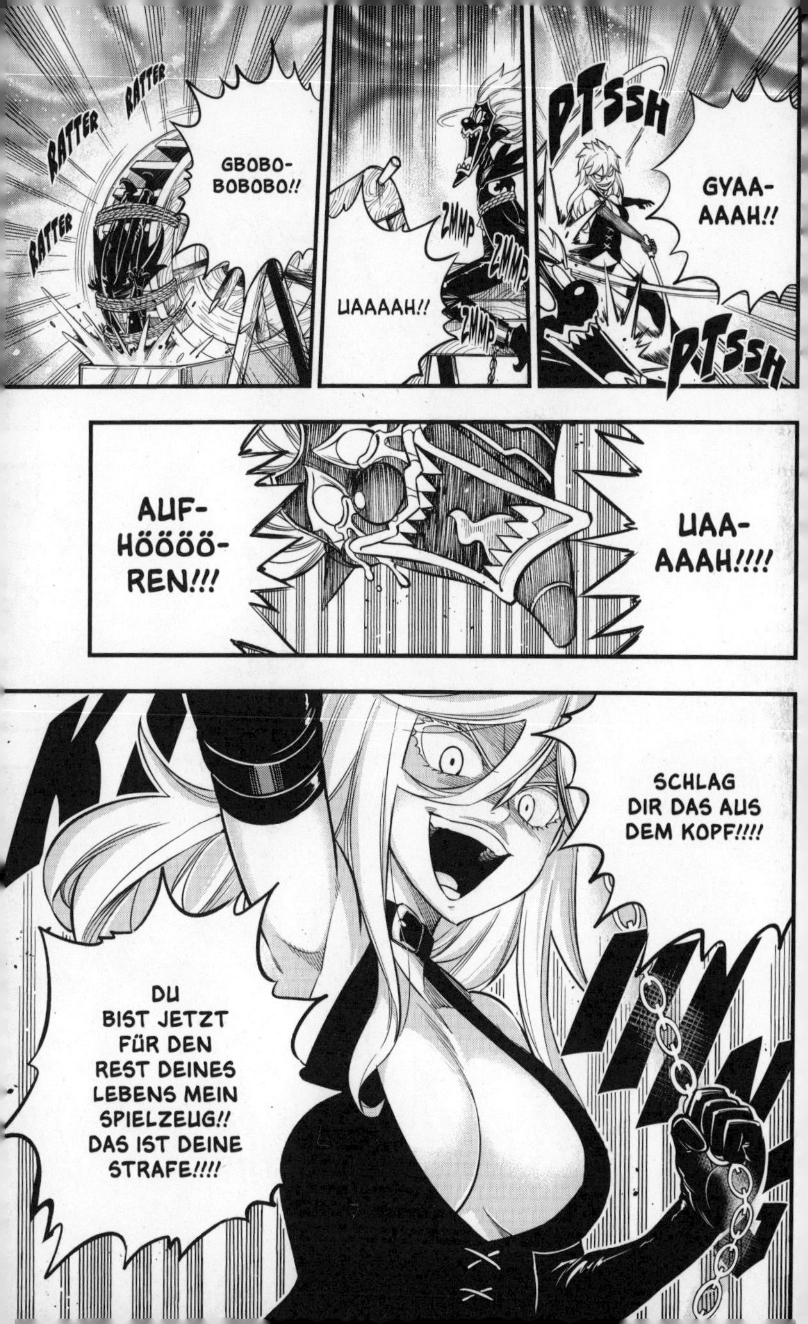
PTSSH
GYAA-AAAH!!
PTSSH
ZMMP
ZMMP
ZMMP
UAAAAH!!
RATTER
RATTER
RATTER
GBOBO-BOBOBO!!
UAA-AAAH!!!!
AUF-HÖÖÖÖ-REN!!!
SCHLAG DIR DAS AUS DEM KOPF!!!!
DU BIST JETZT FÜR DEN REST DEINES LEBENS MEIN SPIELZEUG!! DAS IST DEINE STRAFE!!!!

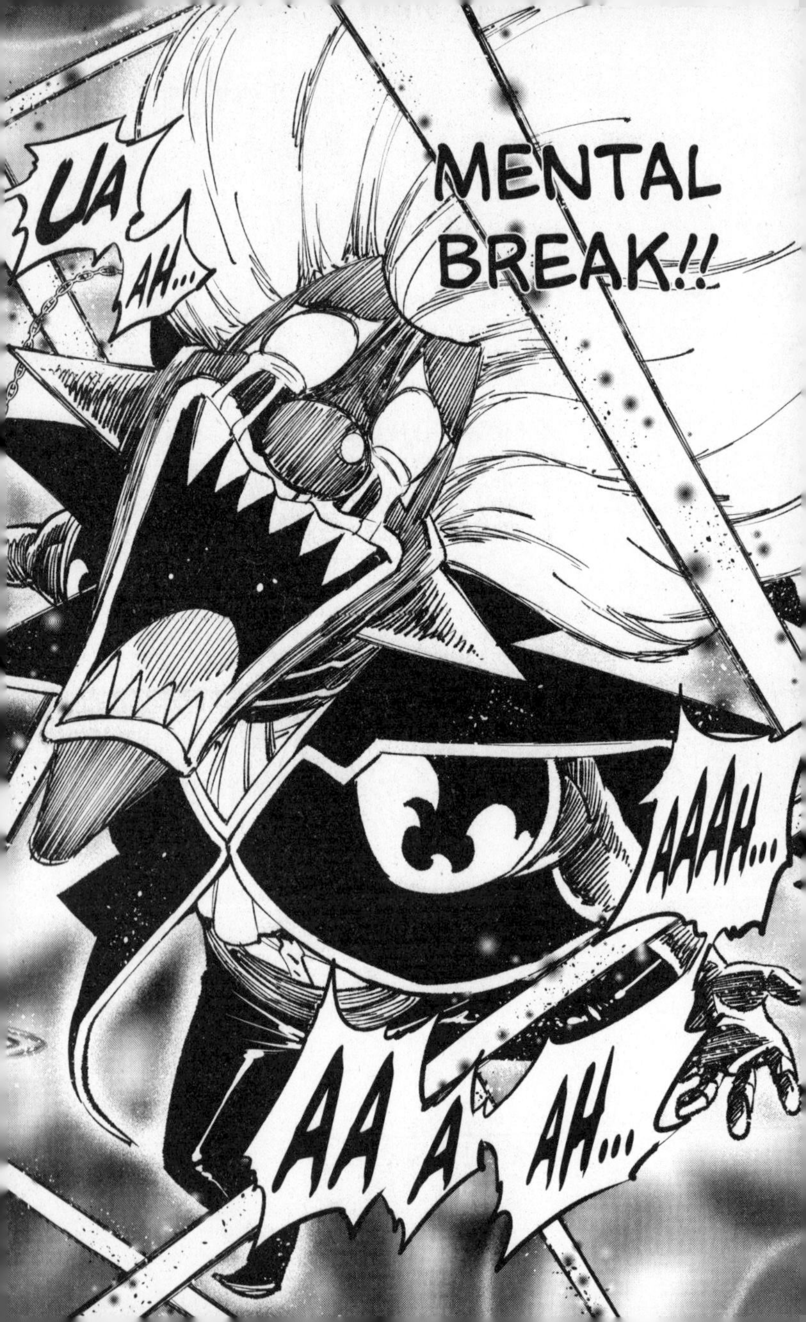
MENTAL
BREAK!!
UA
AH...
AAAH...
AA A AH...

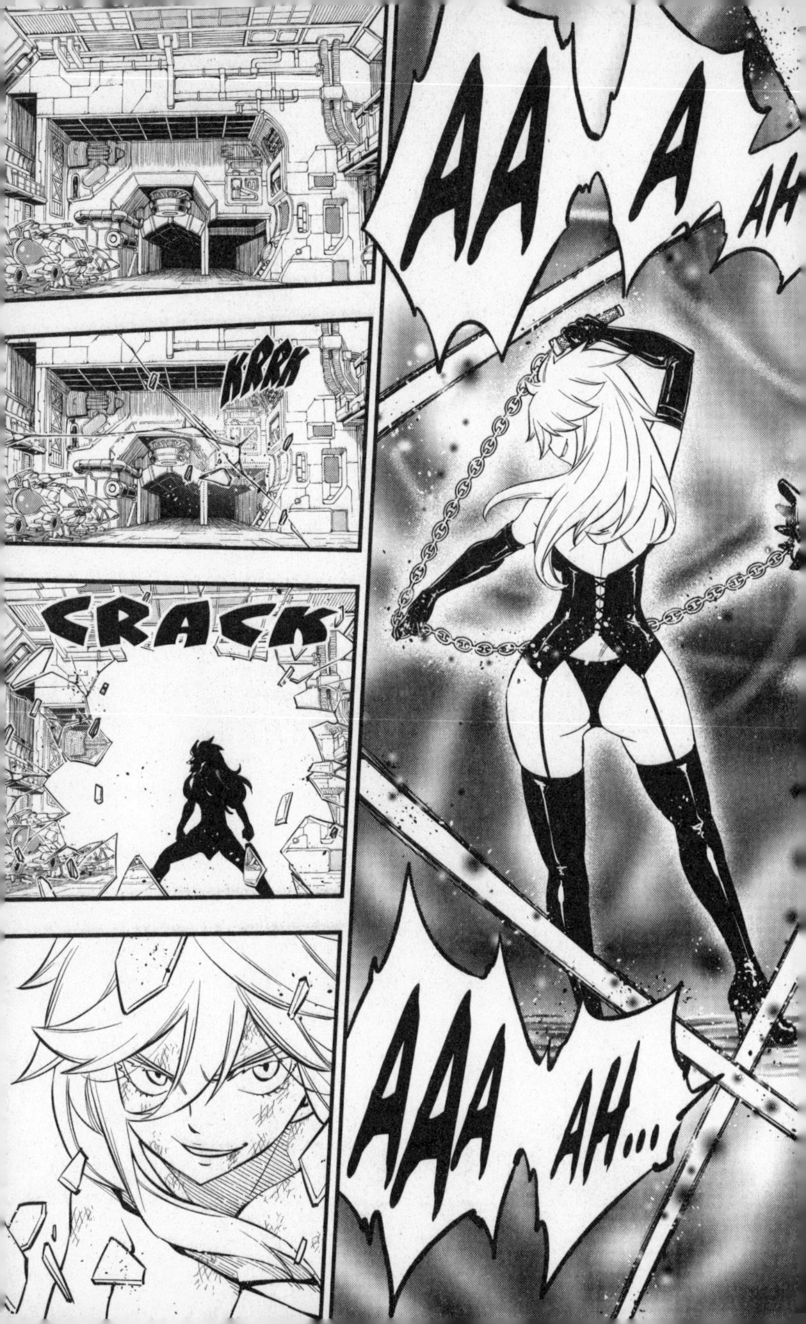
AAA
AH
KRRK
CRACK
AAA AH...

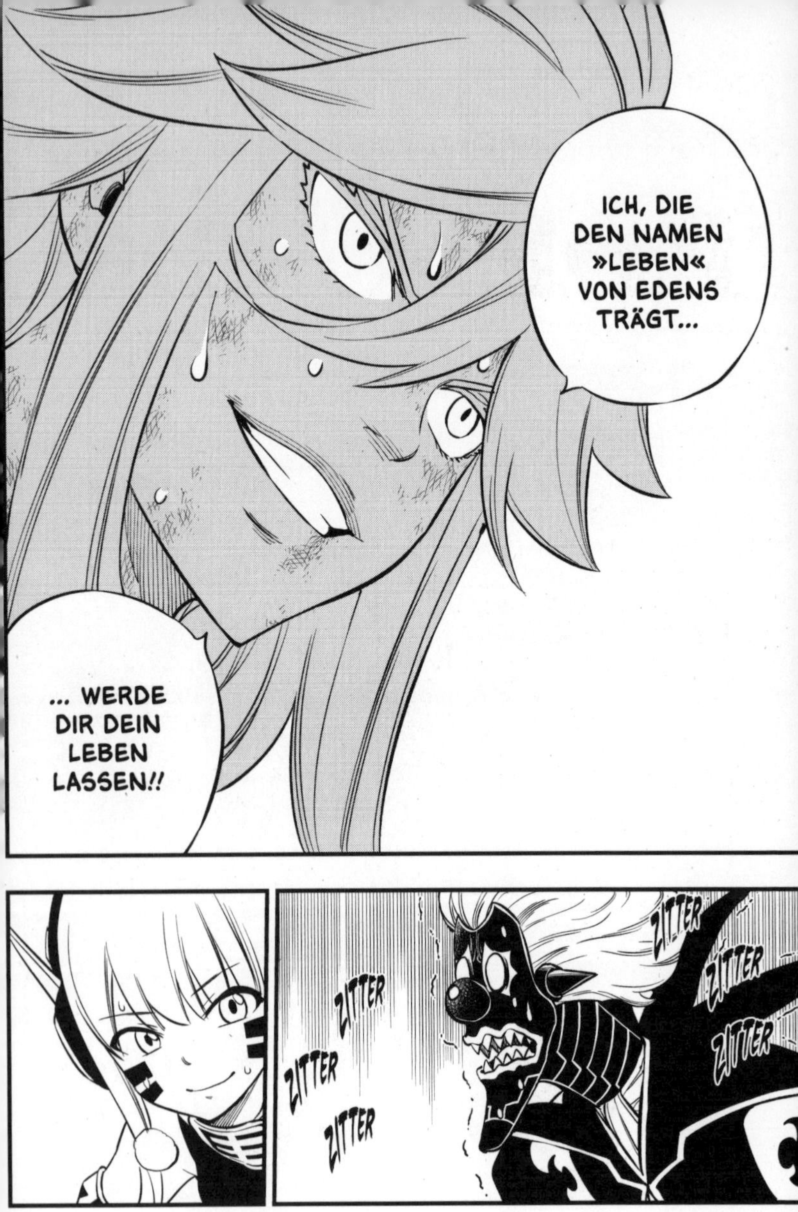
ICH, DIE DEN NAMEN »LEBEN« VON EDENS TRÄGT...
... WERDE DIR DEIN LEBEN LASSEN!!
ZITTER
ZITTER
ZITTER
ZITTER
ZITTER
ZITTER
ZITTER

EDENS ZERO

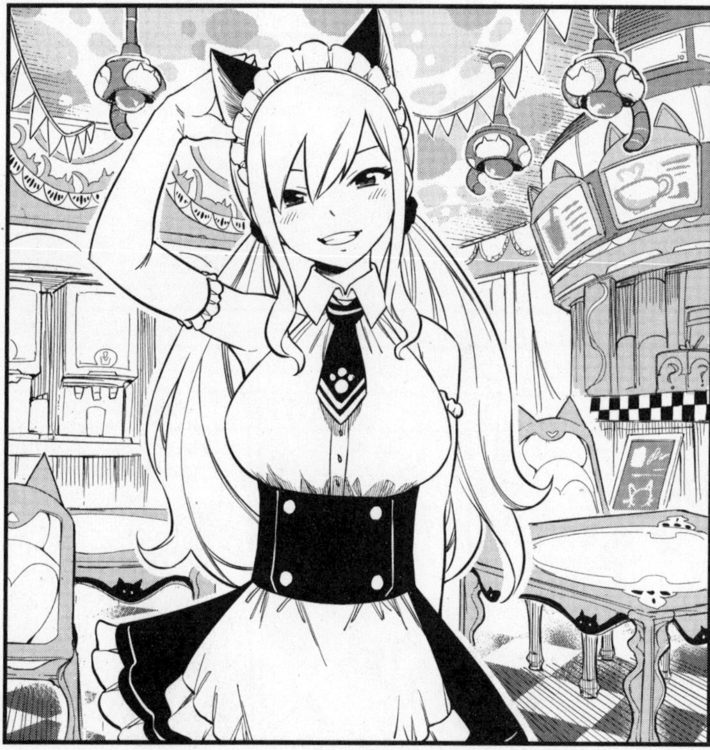

KAPITEL 199: SAINFIRE NOX

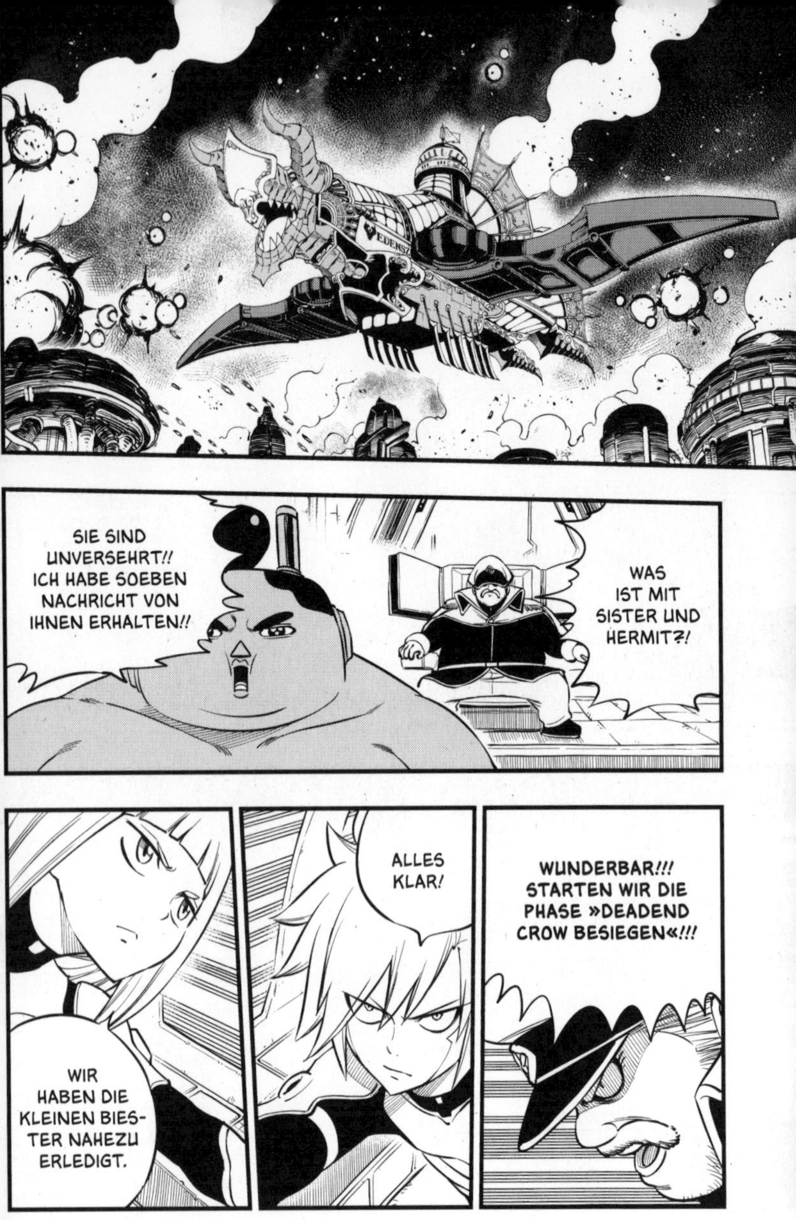

WAS IST MIT SISTER UND HERMIT?!
SIE SIND UNVERSEHRT!! ICH HABE SOEBEN NACHRICHT VON IHNEN ERHALTEN!!
WUNDERBAR!!! STARTEN WIR DIE PHASE »DEADEND CROW BESIEGEN«!!!
ALLES KLAR!
WIR HABEN DIE KLEINEN BIES-TER NAHEZU ERLEDIGT.

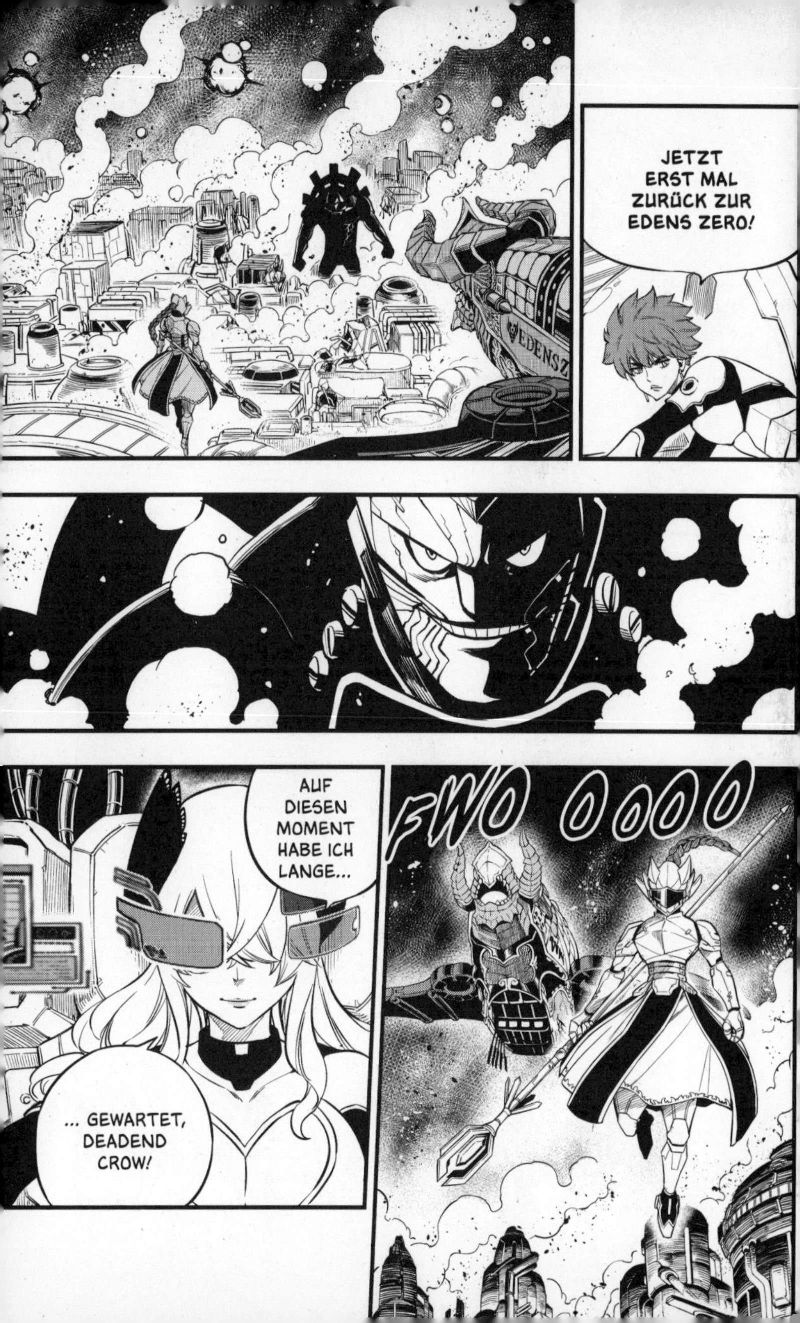
JETZT ERST MAL ZURÜCK ZUR EDENS ZERO!
EDENSZ
FWO OOOO
AUF DIESEN MOMENT HABE ICH LANGE...
... GEWARTET, DEADEND CROW!

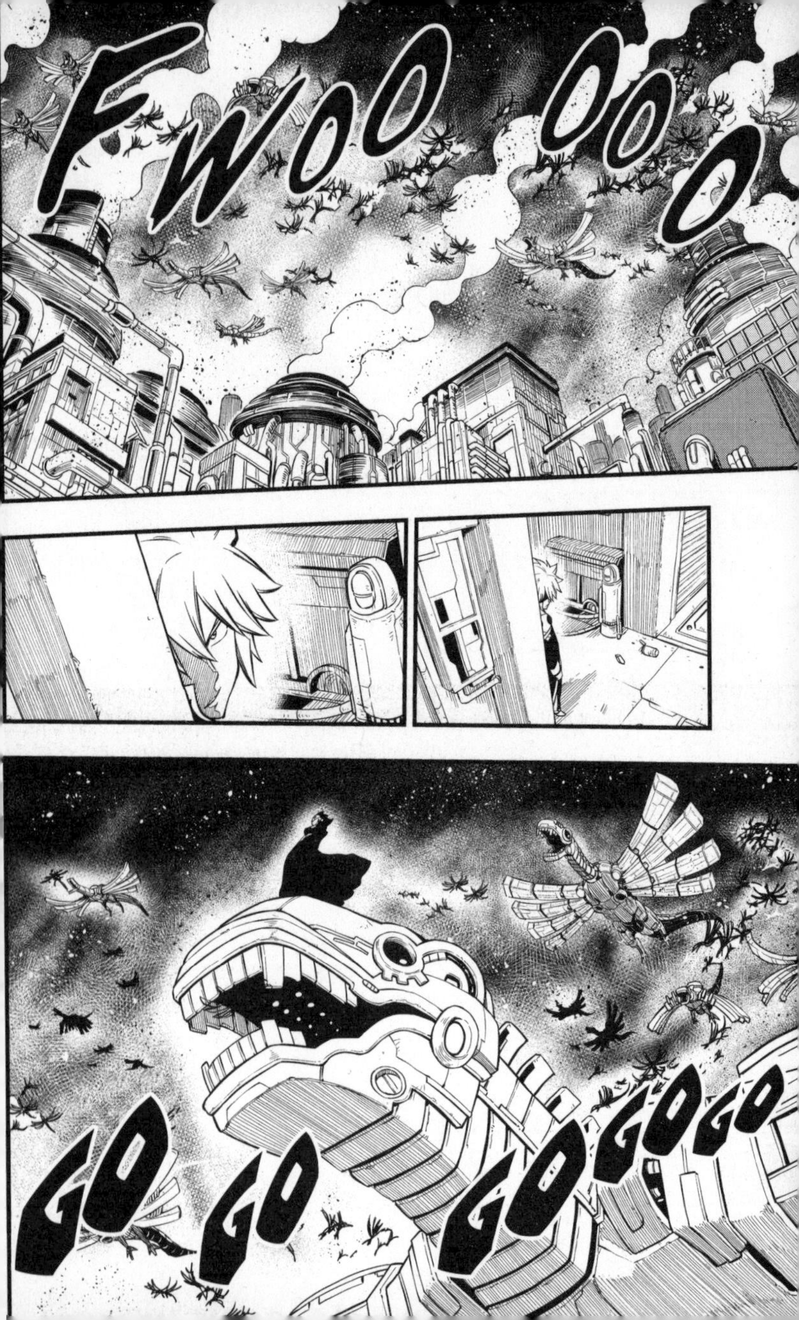
FWOOOOOOO
GO GO GOGOGO

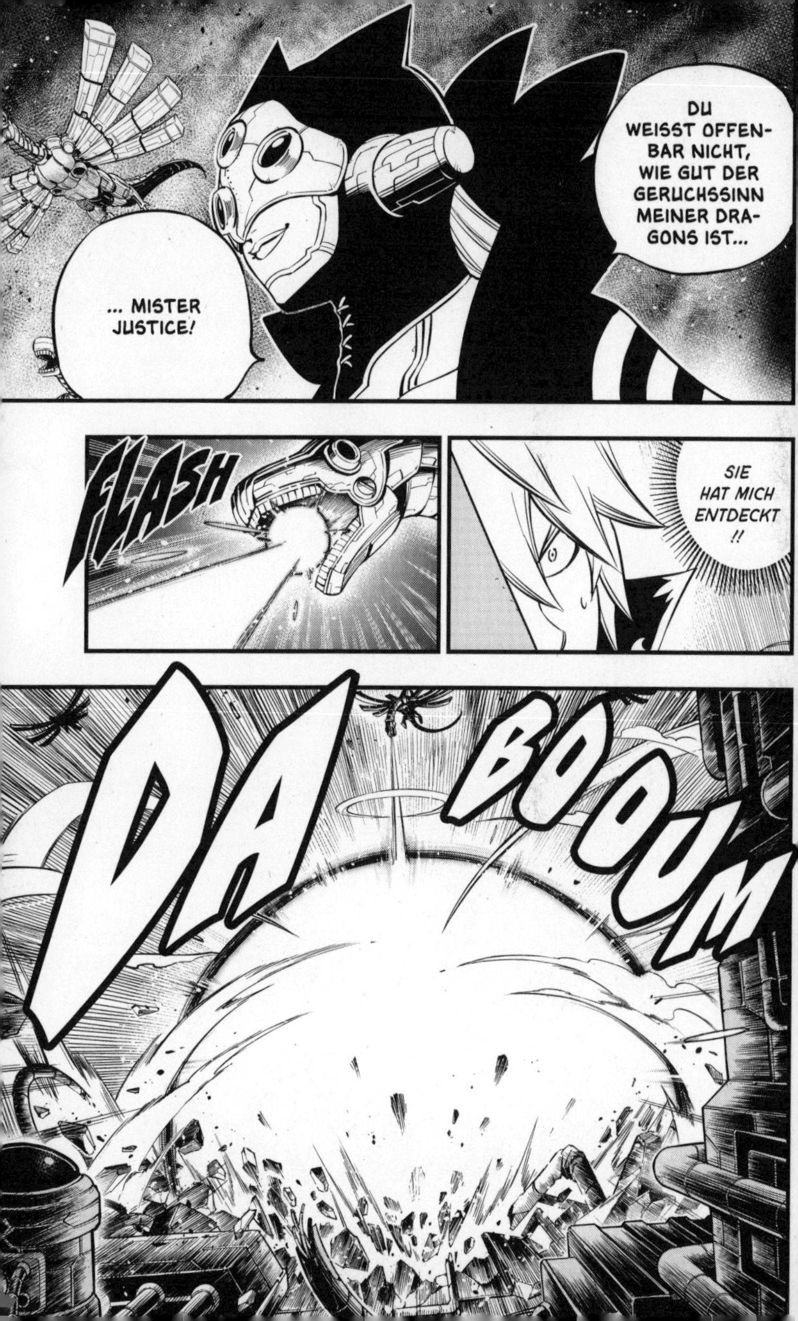
DU WEISST OFFEN-BAR NICHT, WIE GUT DER GERUCHSSINN MEINER DRA-GONS IST...
... MISTER JUSTICE!
SIE HAT MICH ENTDECKT !!
FLASH
DA
BOOOUM

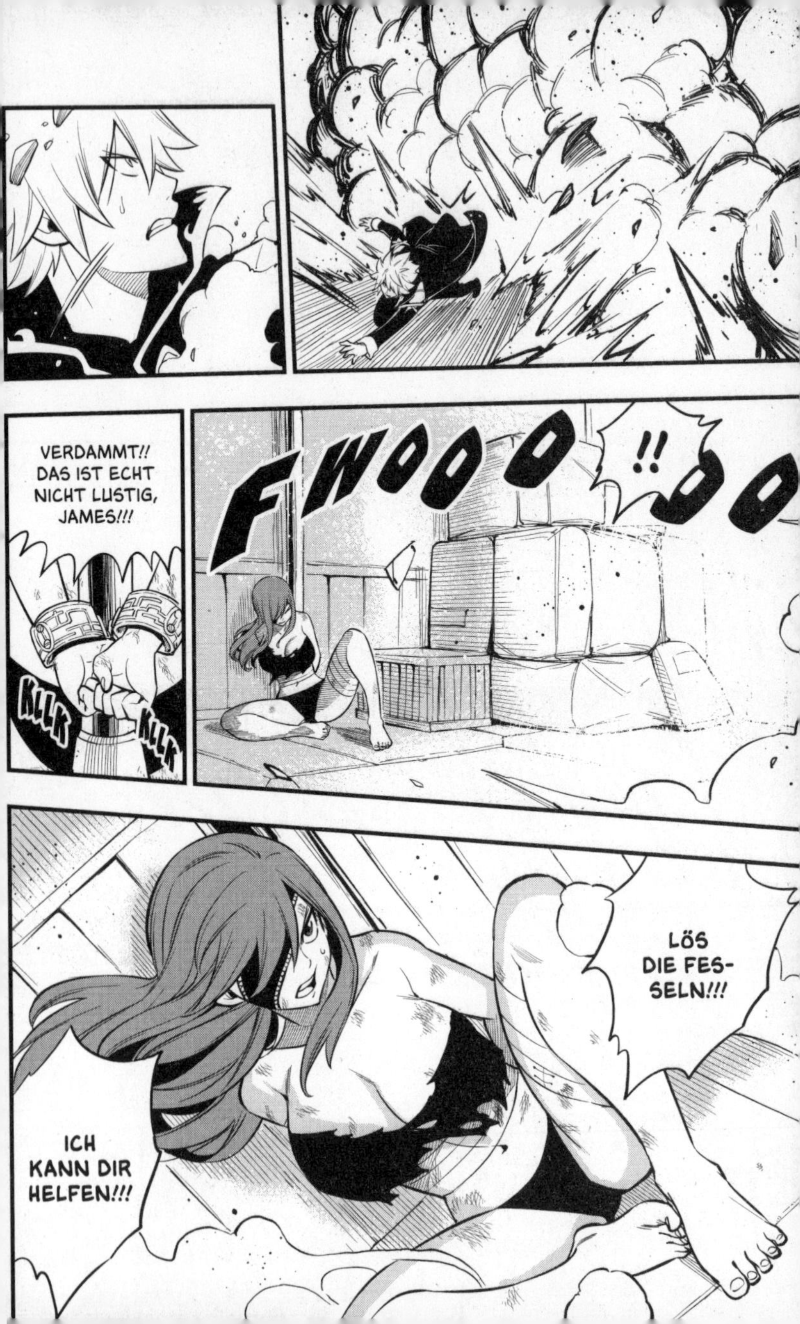
VERDAMMT!! DAS IST ECHT NICHT LUSTIG, JAMES!!!
KLLK KLLK
FWOOO!!OO
LÖS DIE FES-SELN!!!
ICH KANN DIR HELFEN!!!

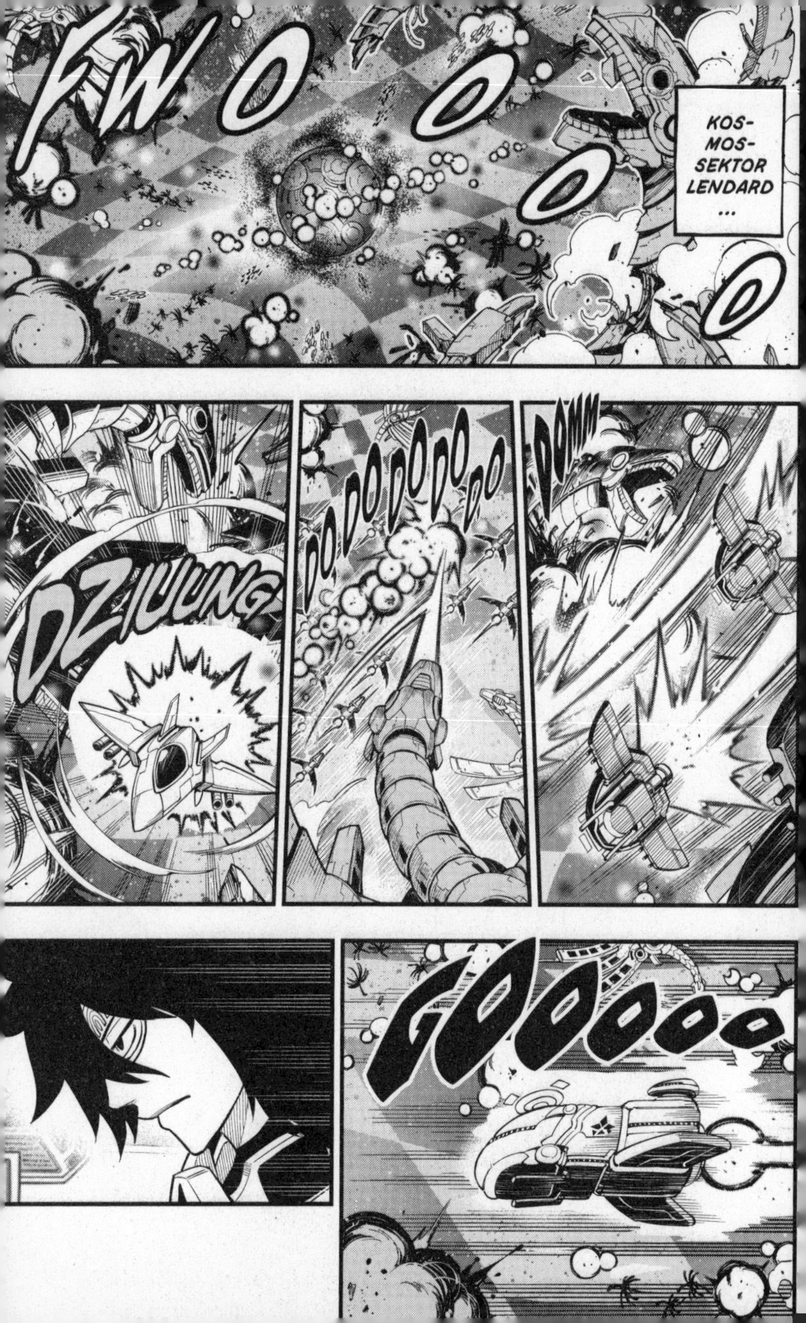
KOS-MOS-SEKTOR LENDARD ...
FWOOOO
DOMM
DODODODODODO
DZIUUNG
GOOOOO

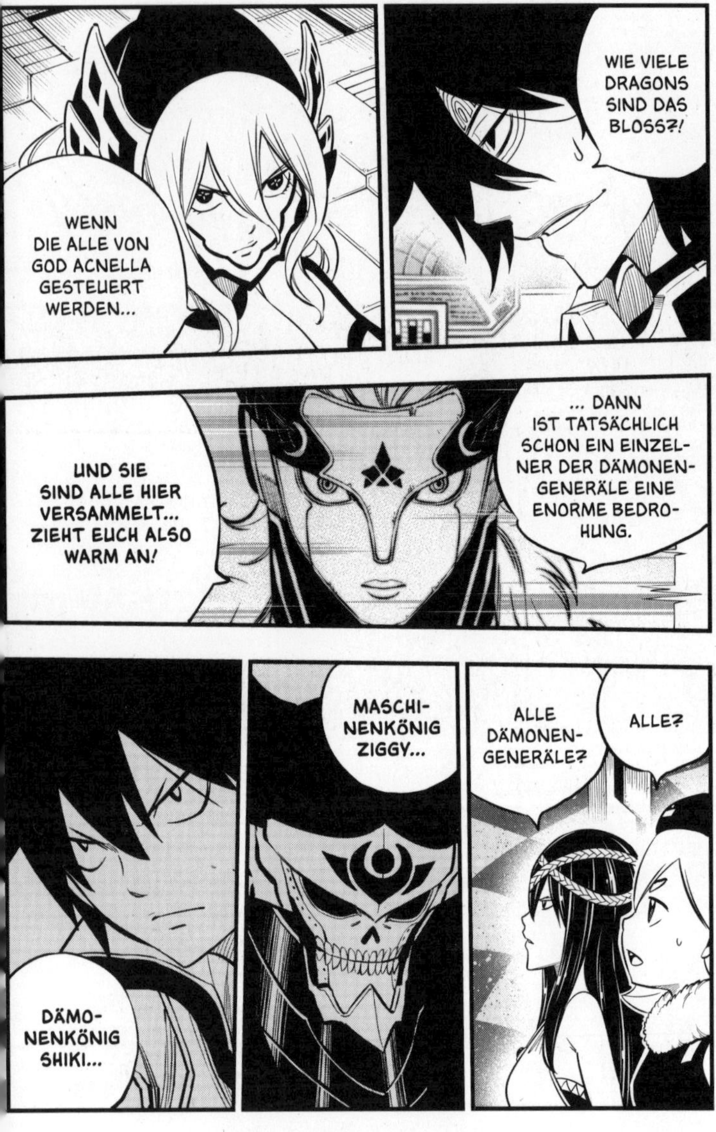
WIE VIELE DRAGONS SIND DAS BLOSS?!
WENN DIE ALLE VON GOD ACNELLA GESTEUERT WERDEN...
... DANN IST TATSÄCHLICH SCHON EIN EINZELNER DER DÄMONENGENERÄLE EINE ENORME BEDROHUNG.
UND SIE SIND ALLE HIER VERSAMMELT... ZIEHT EUCH ALSO WARM AN!
ALLE?
ALLE DÄMONENGENERÄLE?
MASCHINENKÖNIG ZIGGY...
DÄMONENKÖNIG SHIKI...

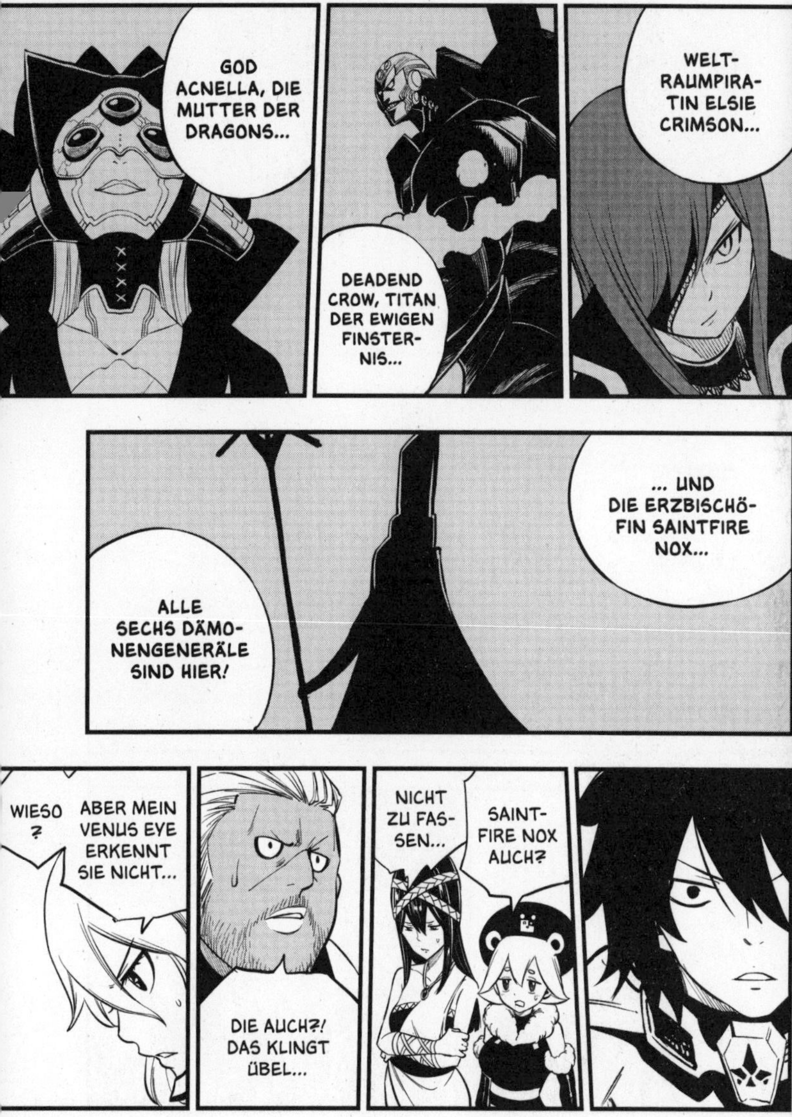
WELTRAUMPIRATIN ELSIE CRIMSON...
DEADEND CROW, TITAN DER EWIGEN FINSTERNIS...
GOD ACNELLA, DIE MUTTER DER DRAGONS...
... UND DIE ERZBISCHÖFIN SAINTFIRE NOX...
ALLE SECHS DÄMONENGENERÄLE SIND HIER!
SAINTFIRE NOX AUCH?
NICHT ZU FASSEN...
DIE AUCH?! DAS KLINGT ÜBEL...
ABER MEIN VENUS EYE ERKENNT SIE NICHT...
WIESO?

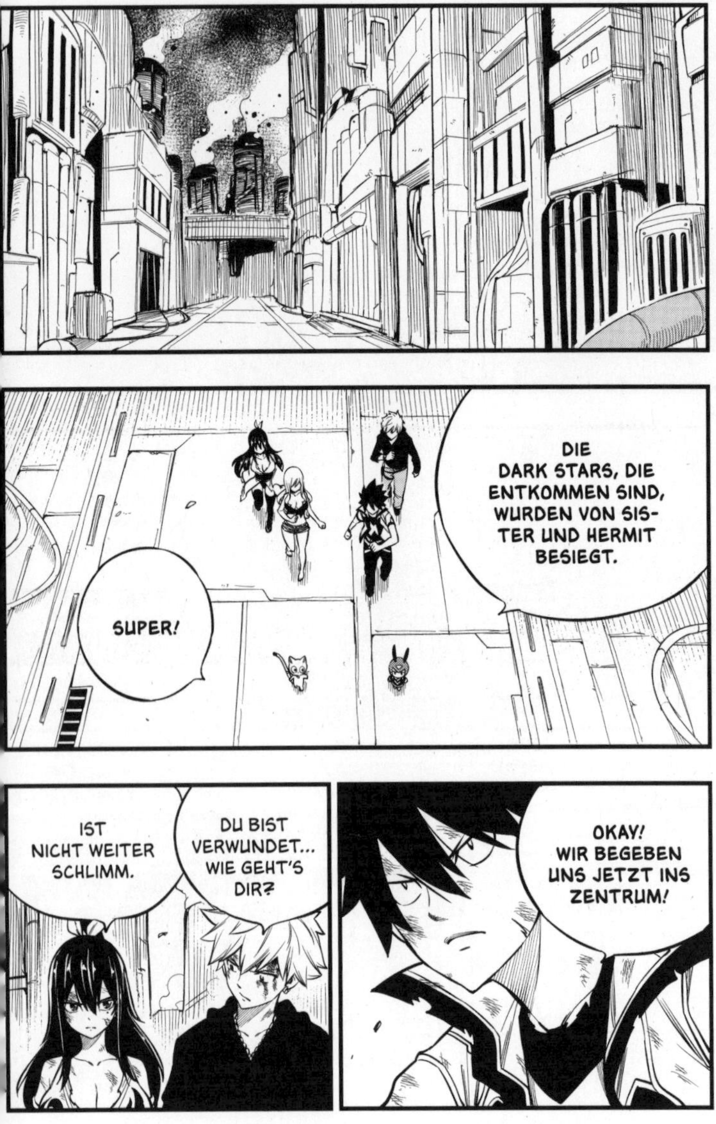
DIE DARK STARS, DIE ENTKOMMEN SIND, WURDEN VON SIS-TER UND HERMIT BESIEGT.
SUPER!
OKAY! WIR BEGEBEN UNS JETZT INS ZENTRUM!
DU BIST VERWUNDET... WIE GEHT'S DIR?
IST NICHT WEITER SCHLIMM.

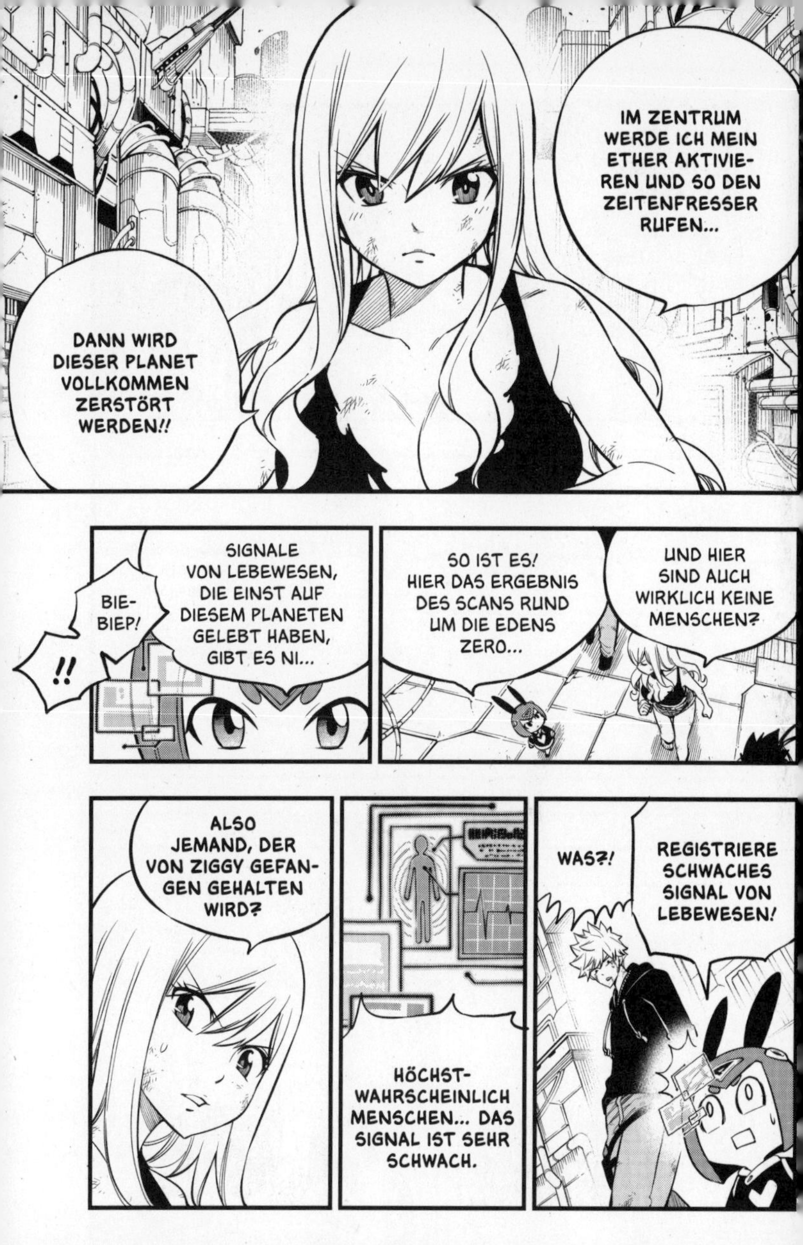
IM ZENTRUM WERDE ICH MEIN ETHER AKTIVIEREN UND SO DEN ZEITENFRESSER RUFEN...
DANN WIRD DIESER PLANET VOLLKOMMEN ZERSTÖRT WERDEN!!
UND HIER SIND AUCH WIRKLICH KEINE MENSCHEN?
SO IST ES! HIER DAS ERGEBNIS DES SCANS RUND UM DIE EDENS ZERO...
SIGNALE VON LEBEWESEN, DIE EINST AUF DIESEM PLANETEN GELEBT HABEN, GIBT ES NI...
BIE-BIEP!
!!
REGISTRIERE SCHWACHES SIGNAL VON LEBEWESEN!
WAS?!
HÖCHST-WAHRSCHEINLICH MENSCHEN... DAS SIGNAL IST SEHR SCHWACH.
ALSO JEMAND, DER VON ZIGGY GEFANGEN GEHALTEN WIRD?

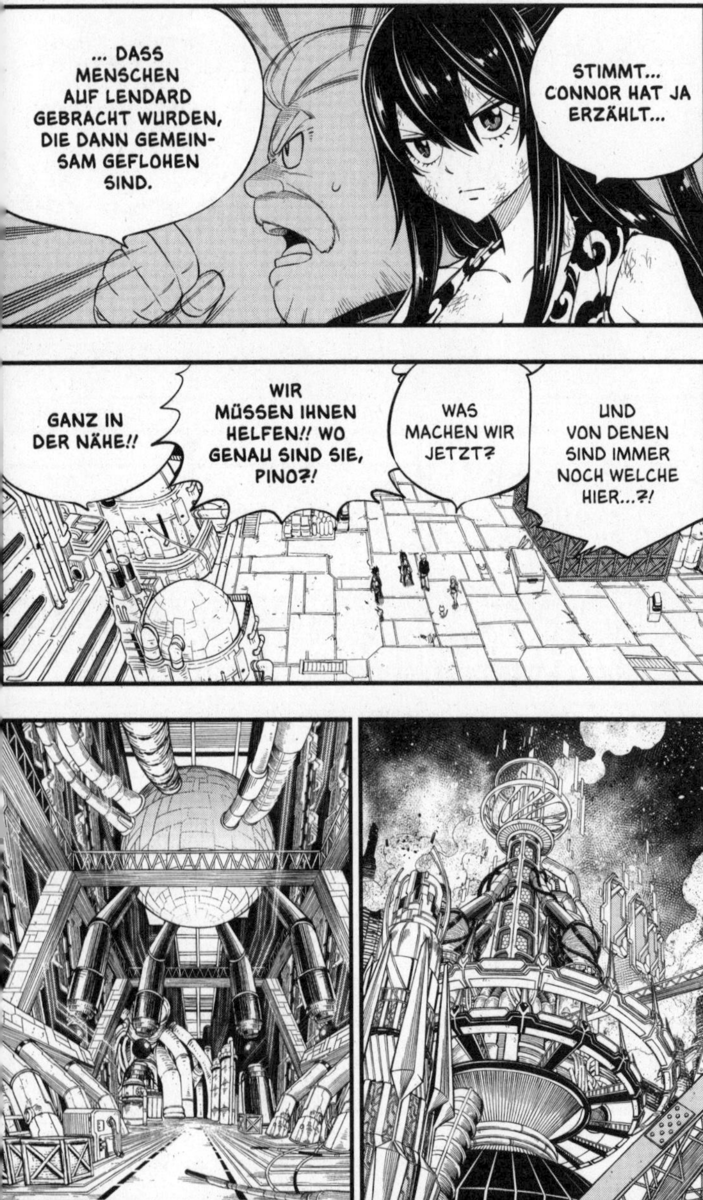
STIMMT... CONNOR HAT JA ERZÄHLT...
... DASS MENSCHEN AUF LENDARD GEBRACHT WURDEN, DIE DANN GEMEINSAM GEFLOHEN SIND.
UND VON DENEN SIND IMMER NOCH WELCHE HIER...?!
WAS MACHEN WIR JETZT?
WIR MÜSSEN IHNEN HELFEN!! WO GENAU SIND SIE, PINO?!
GANZ IN DER NÄHE!!

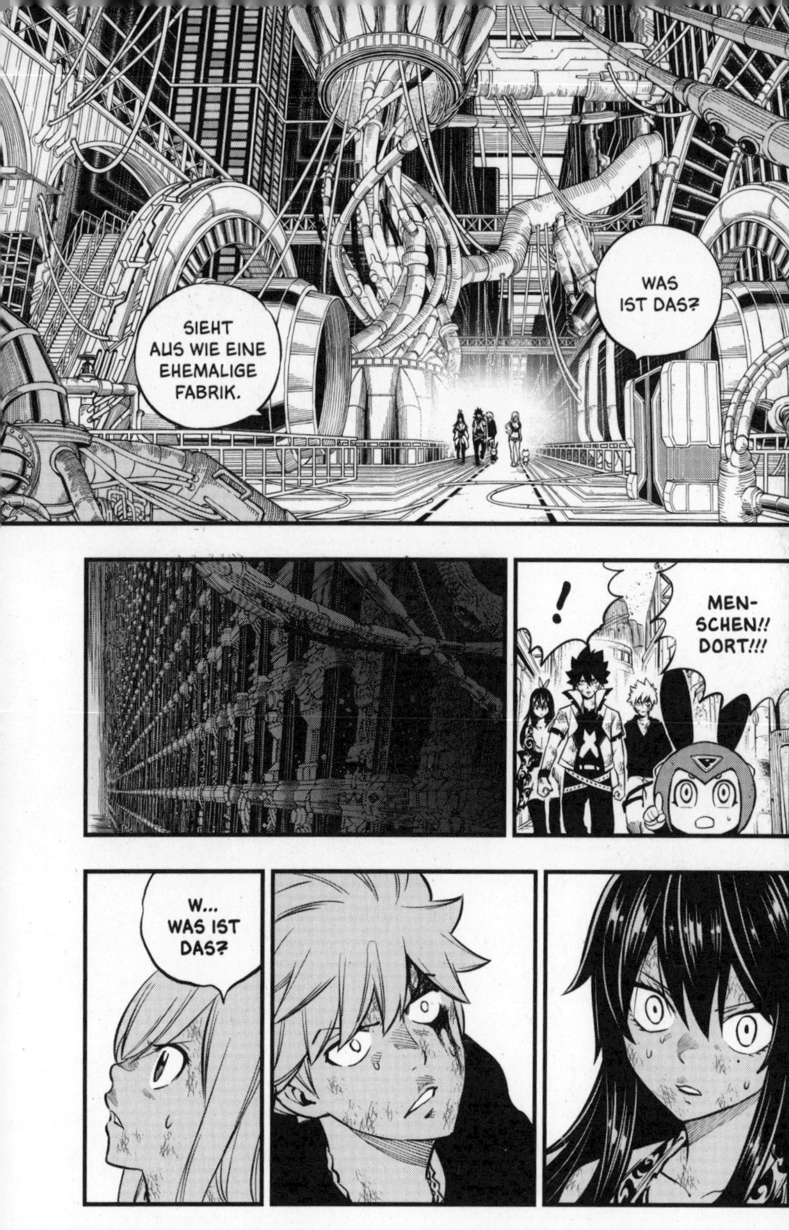
WAS IST DAS?
SIEHT AUS WIE EINE EHEMALIGE FABRIK.
!
MEN-SCHEN!! DORT!!!
W... WAS IST DAS?

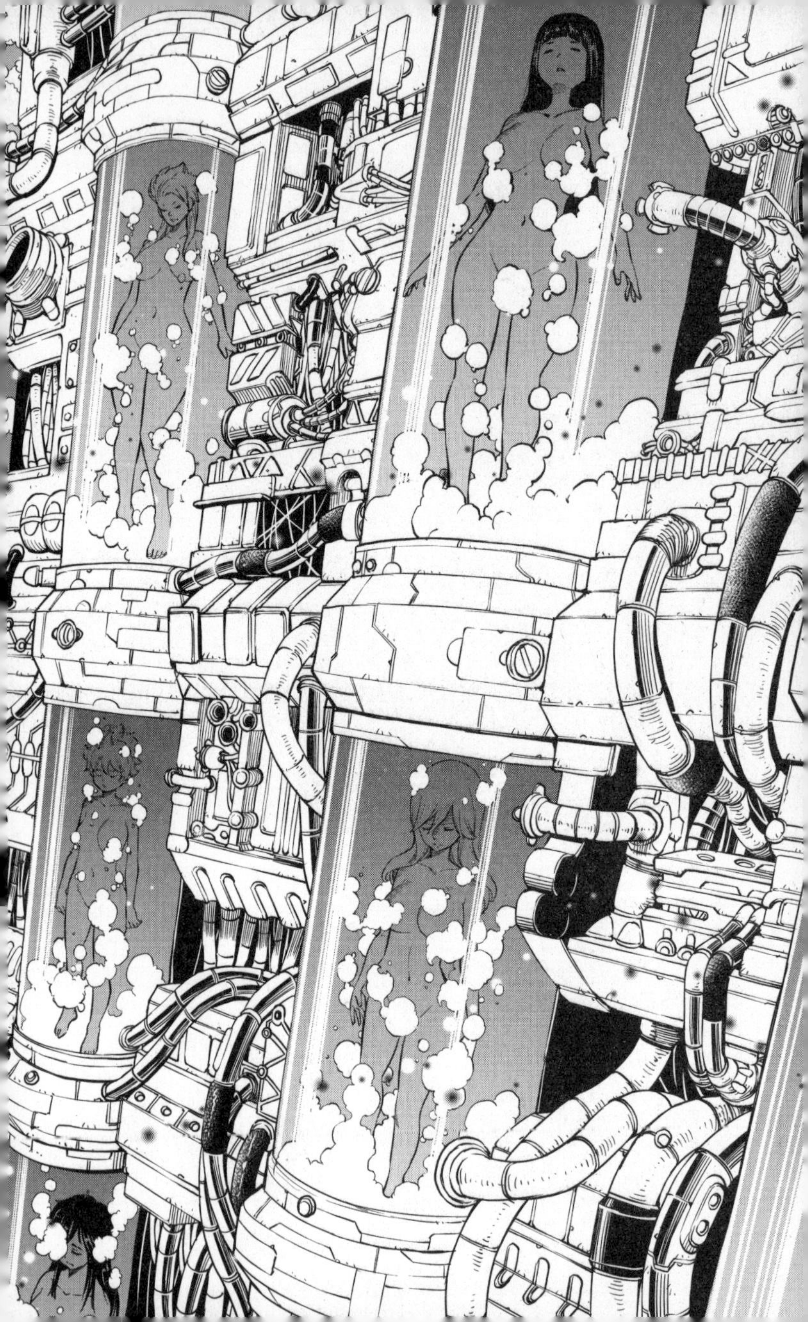

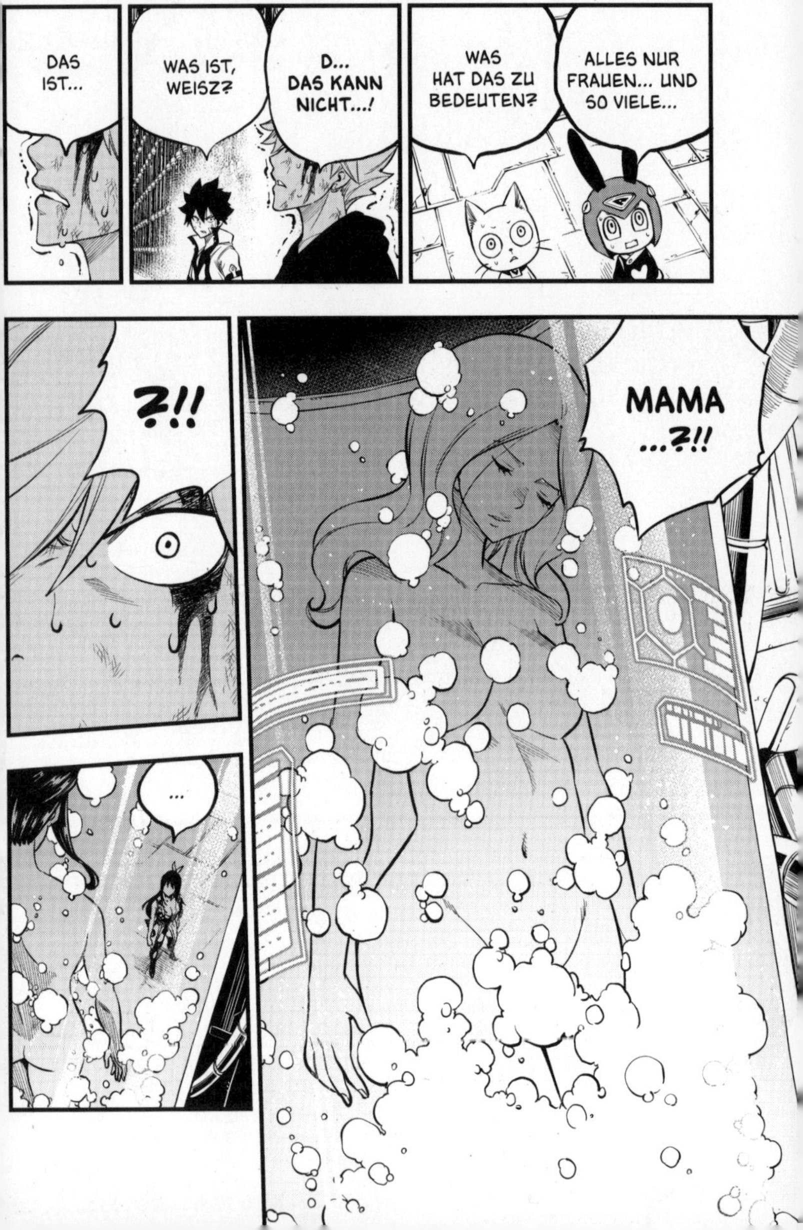
ALLES NUR FRAUEN... UND SO VIELE...
WAS HAT DAS ZU BEDEUTEN?
D... DAS KANN NICHT...!
WAS IST, WEISZ?
DAS IST...
MAMA ...?!!
?!!
...

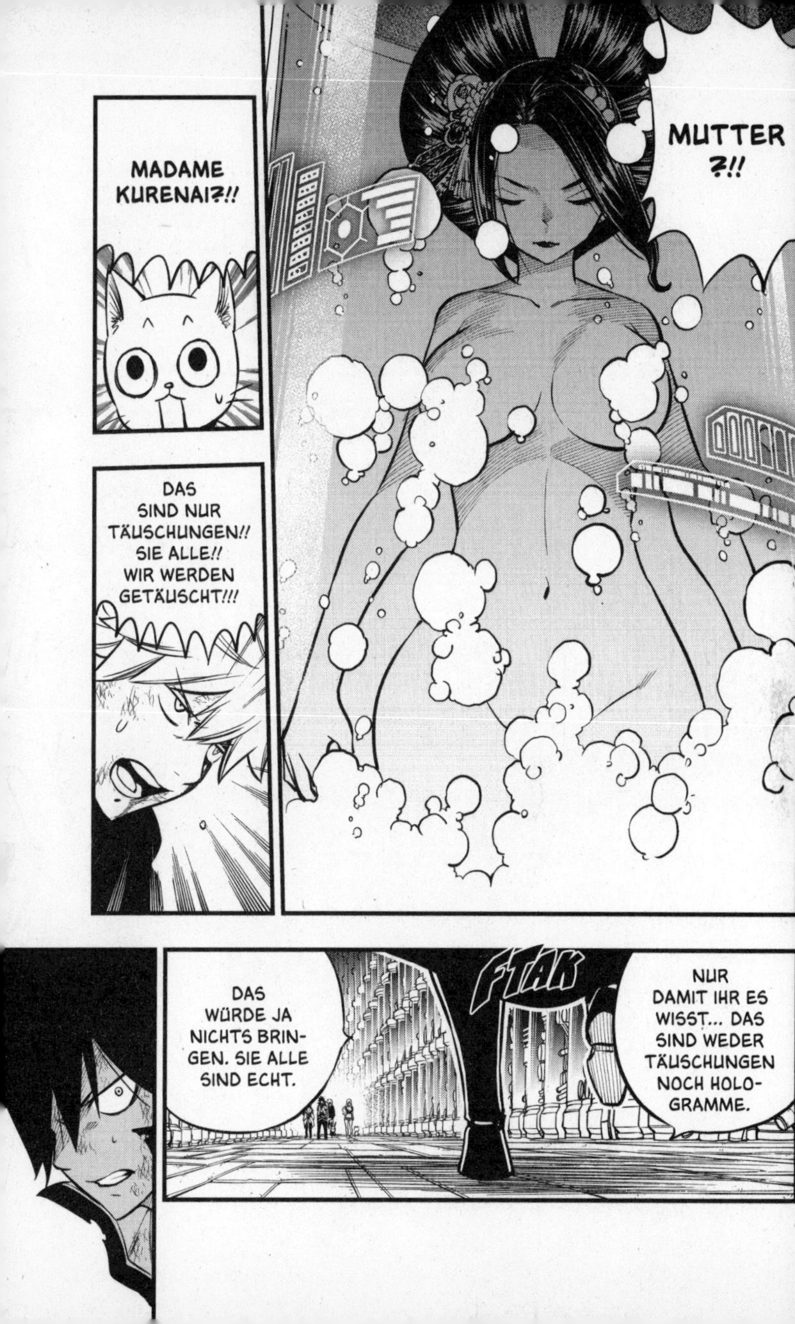
MUTTER ?!!
MADAME KURENAI?!!
DAS SIND NUR TÄUSCHUNGEN!! SIE ALLE!! WIR WERDEN GETÄUSCHT!!!
NUR DAMIT IHR ES WISST... DAS SIND WEDER TÄUSCHUNGEN NOCH HOLOGRAMME.
FTAK
DAS WÜRDE JA NICHTS BRINGEN. SIE ALLE SIND ECHT.

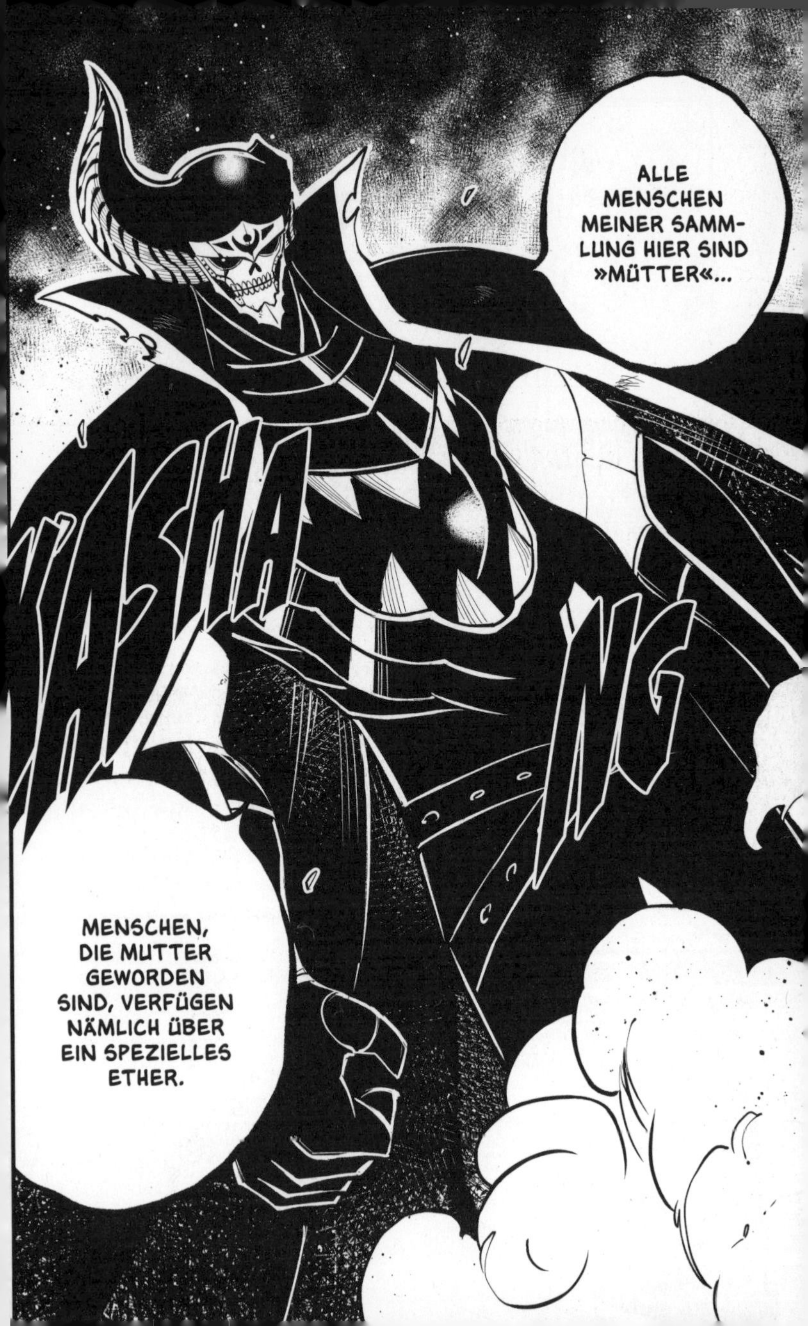
ALLE MENSCHEN MEINER SAMMLUNG HIER SIND »MÜTTER«...
MENSCHEN, DIE MUTTER GEWORDEN SIND, VERFÜGEN NÄMLICH ÜBER EIN SPEZIELLES ETHER.

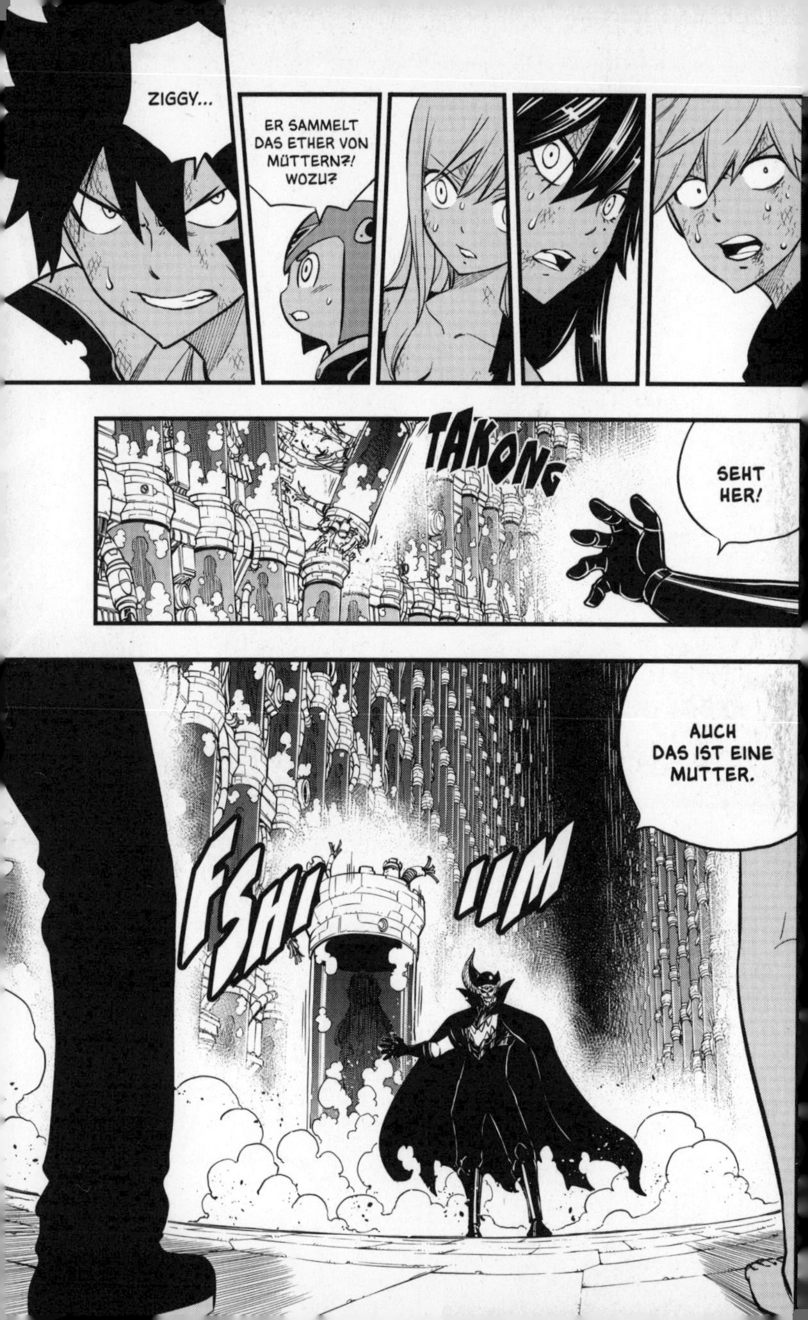
ZIGGY...
ER SAMMELT DAS ETHER VON MÜTTERN?! WOZU?
TAKONG
SEHT HER!
AUCH DAS IST EINE MUTTER.
FSHI IIM

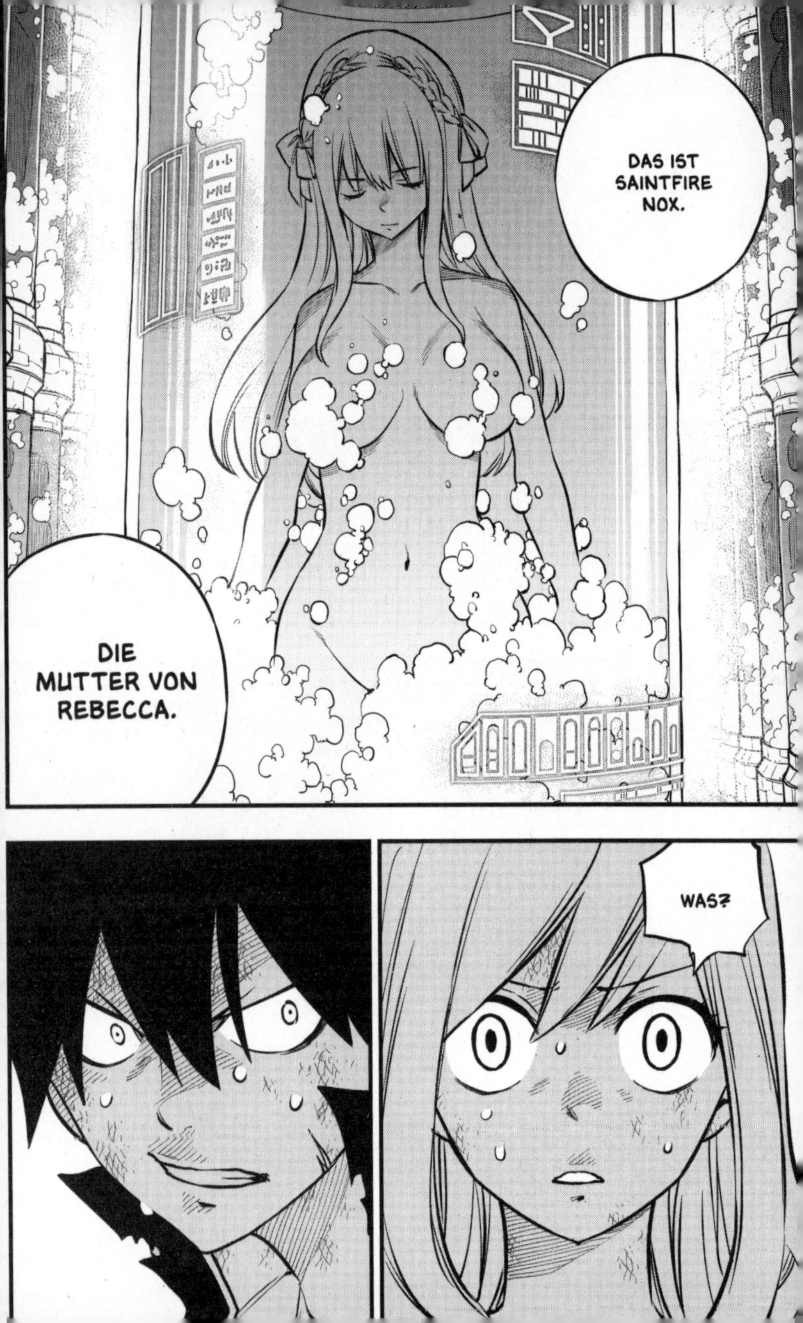
DAS IST SAINTFIRE NOX.
DIE MUTTER VON REBECCA.
WAS?

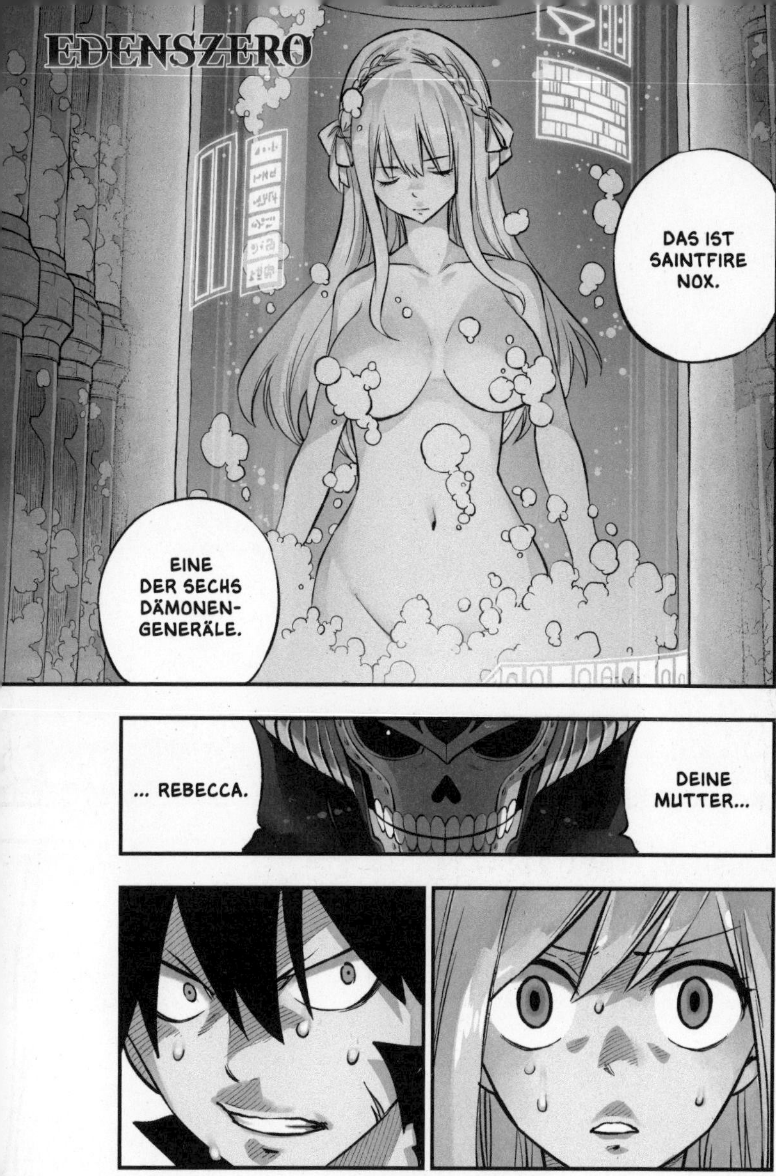
DAS IST SAINTFIRE NOX.
EINE DER SECHS DÄMONEN-GENERÄLE.
DEINE MUTTER...
... REBECCA.

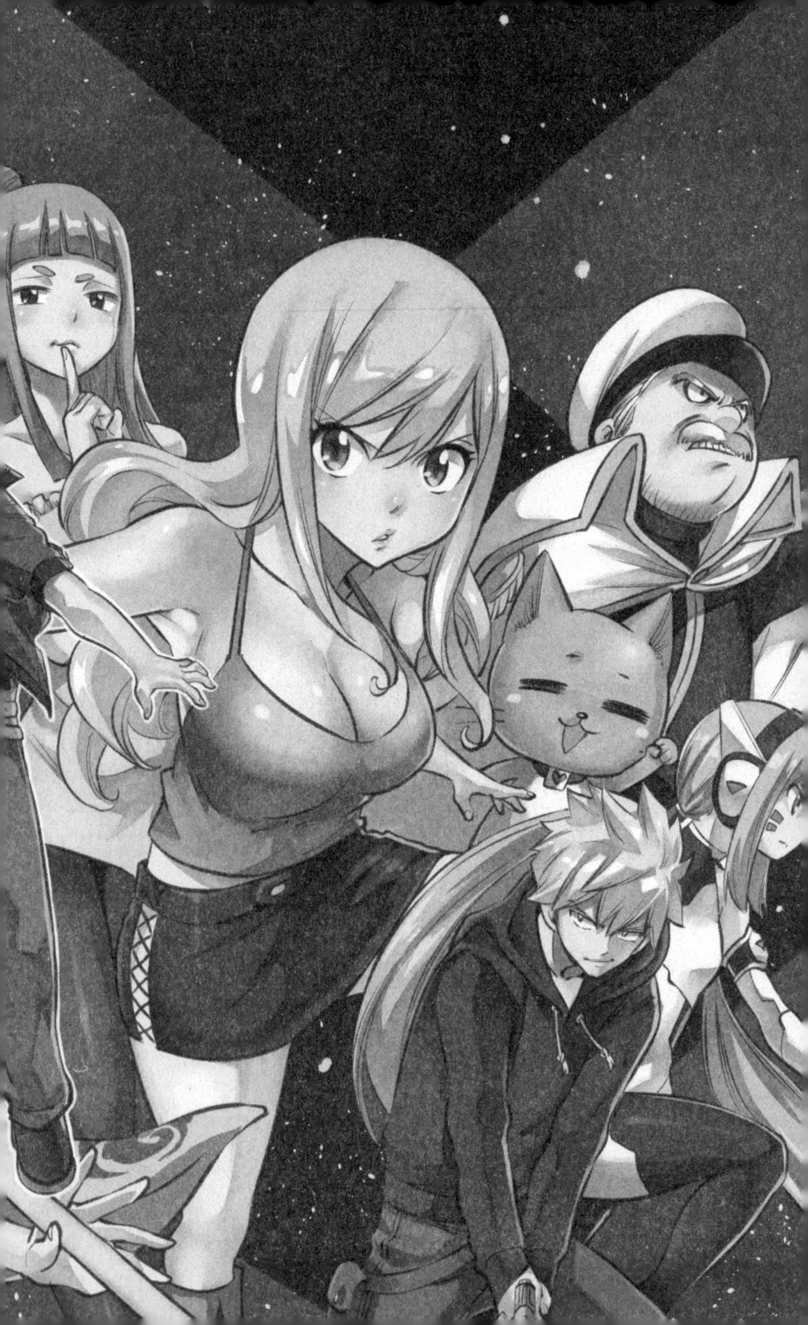

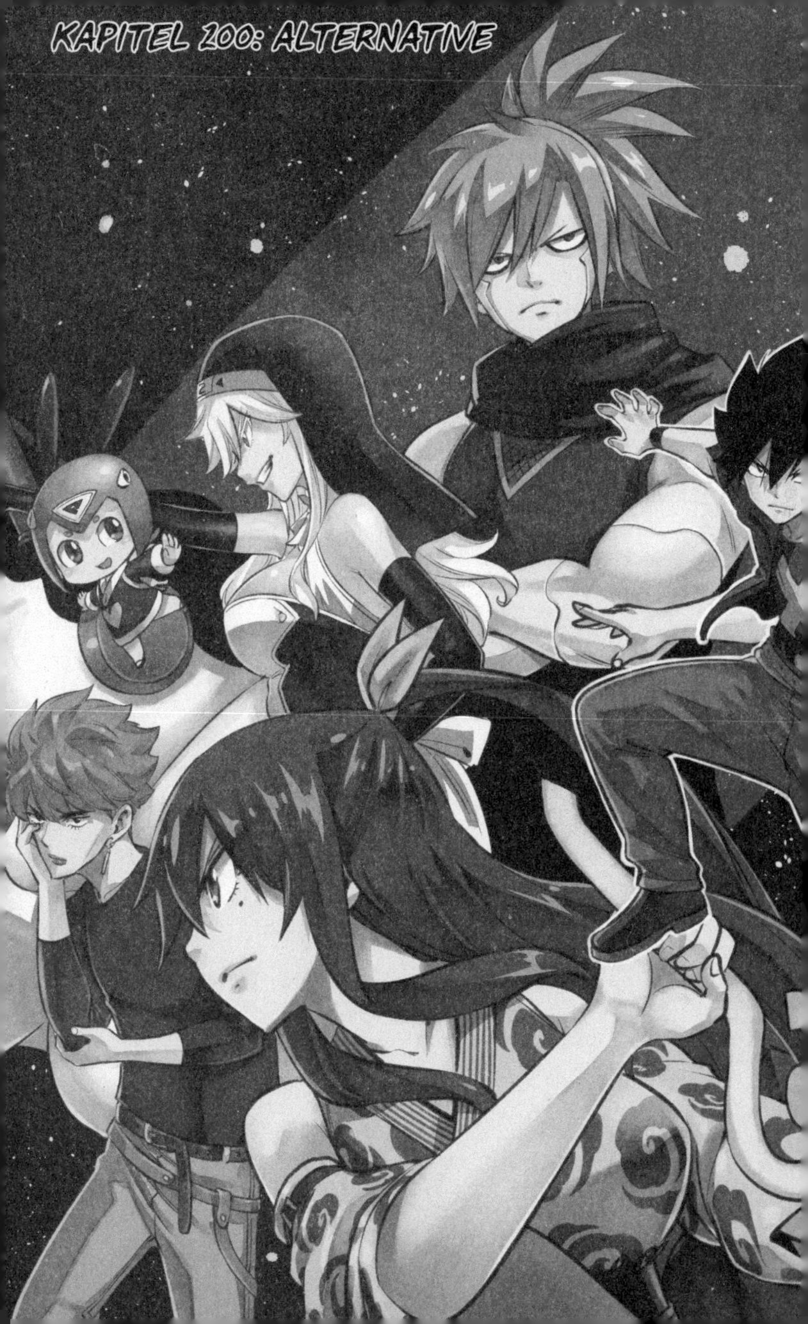
KAPITEL 200: ALTERNATIVE

EDENSZERO

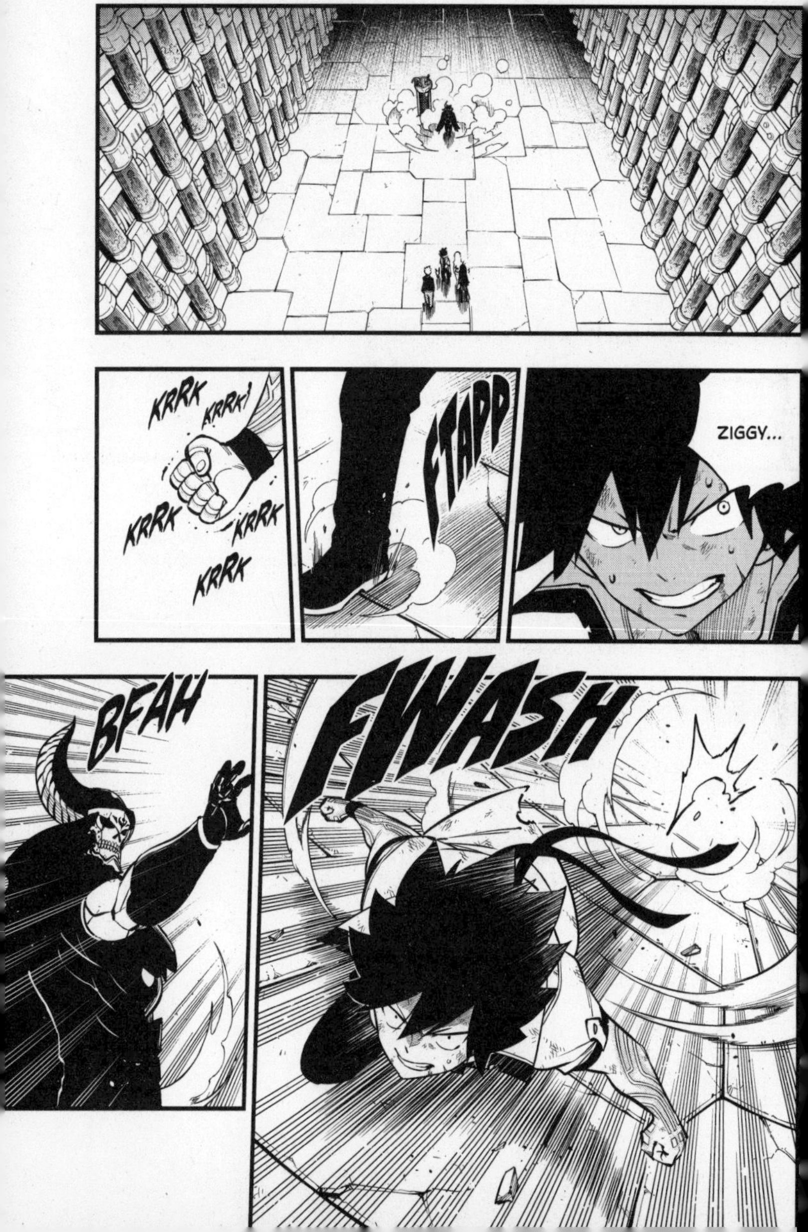
ZIGGY...
FTAPP
KRRK
KRRK
KRRK
KRRK
KRRK
FWASH
BFAH

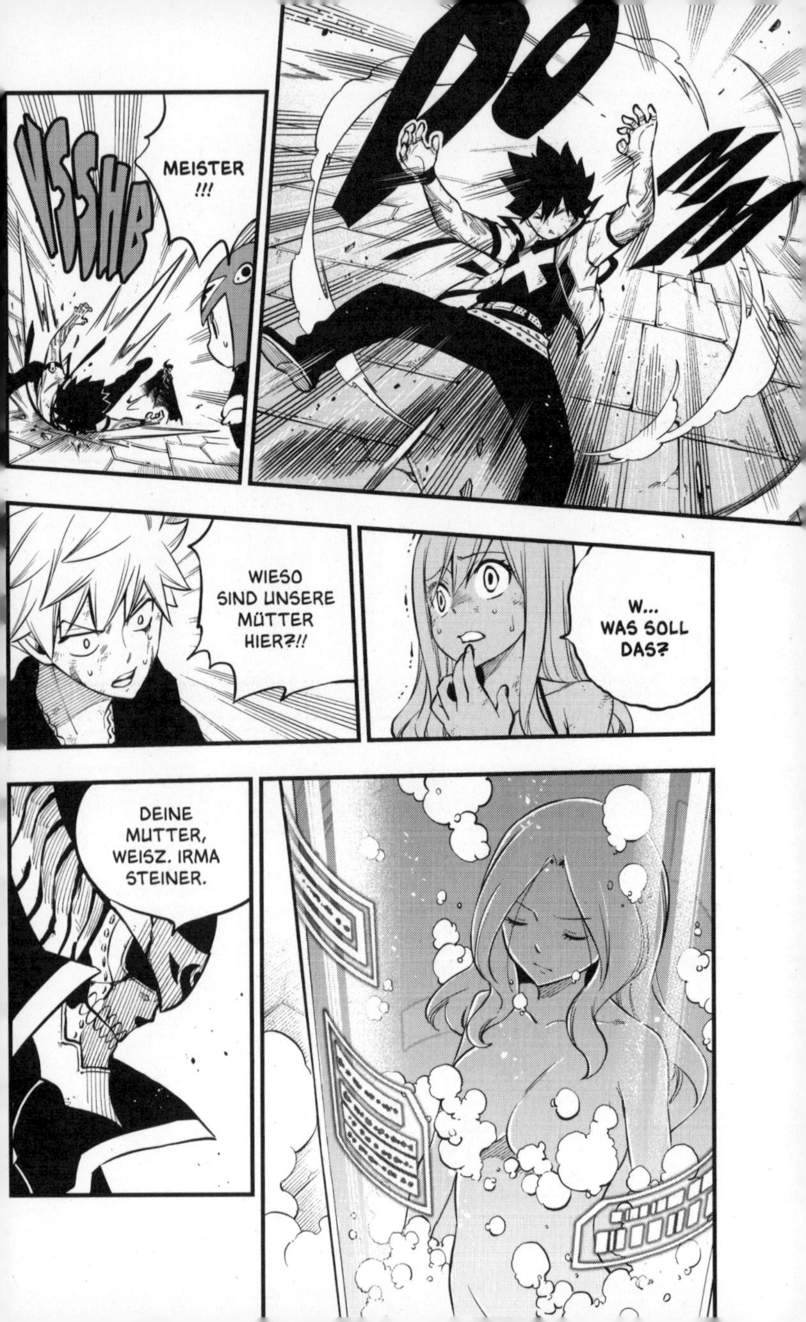
DOOM
VSSHB
MEISTER !!!
W... WAS SOLL DAS?
WIESO SIND UNSERE MÜTTER HIER?!!
DEINE MUTTER, WEISZ. IRMA STEINER.

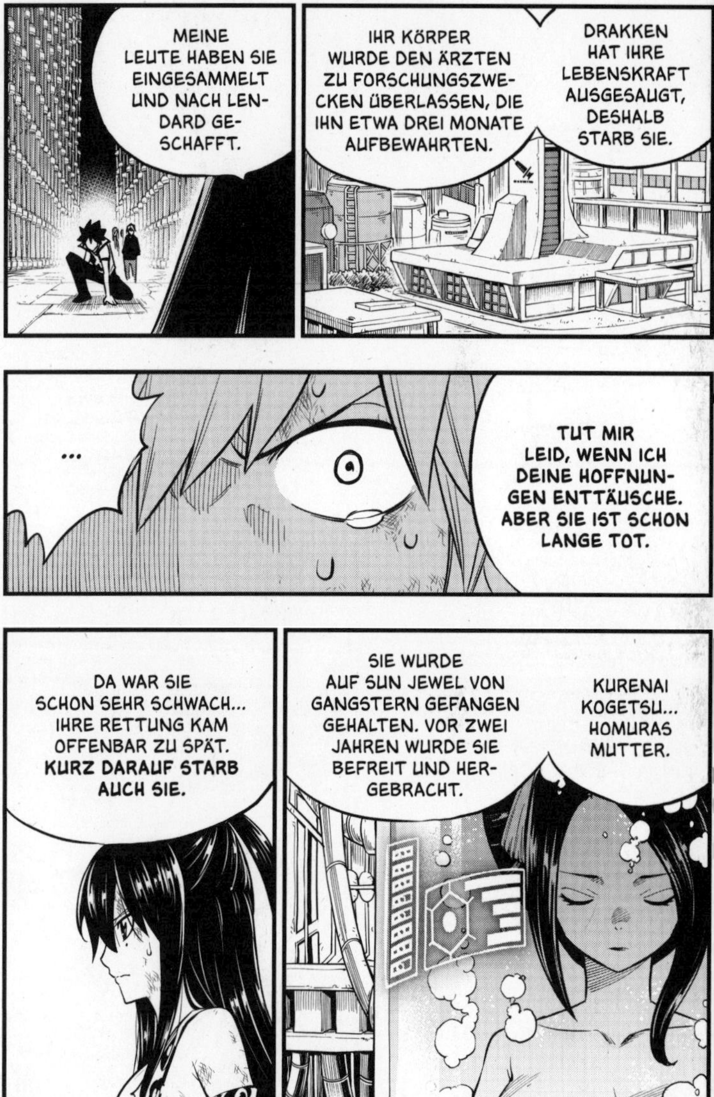
DRAKKEN HAT IHRE LEBENSKRAFT AUSGESAUGT, DESHALB STARB SIE.
IHR KÖRPER WURDE DEN ÄRZTEN ZU FORSCHUNGSZWECKEN ÜBERLASSEN, DIE IHN ETWA DREI MONATE AUFBEWAHRTEN.
MEINE LEUTE HABEN SIE EINGESAMMELT UND NACH LENDARD GESCHAFFT.
TUT MIR LEID, WENN ICH DEINE HOFFNUNGEN ENTTÄUSCHE. ABER SIE IST SCHON LANGE TOT.
...
KURENAI KOGETSU... HOMURAS MUTTER.
SIE WURDE AUF SUN JEWEL VON GANGSTERN GEFANGEN GEHALTEN. VOR ZWEI JAHREN WURDE SIE BEFREIT UND HERGEBRACHT.
DA WAR SIE SCHON SEHR SCHWACH... IHRE RETTUNG KAM OFFENBAR ZU SPÄT. KURZ DARAUF STARB AUCH SIE.

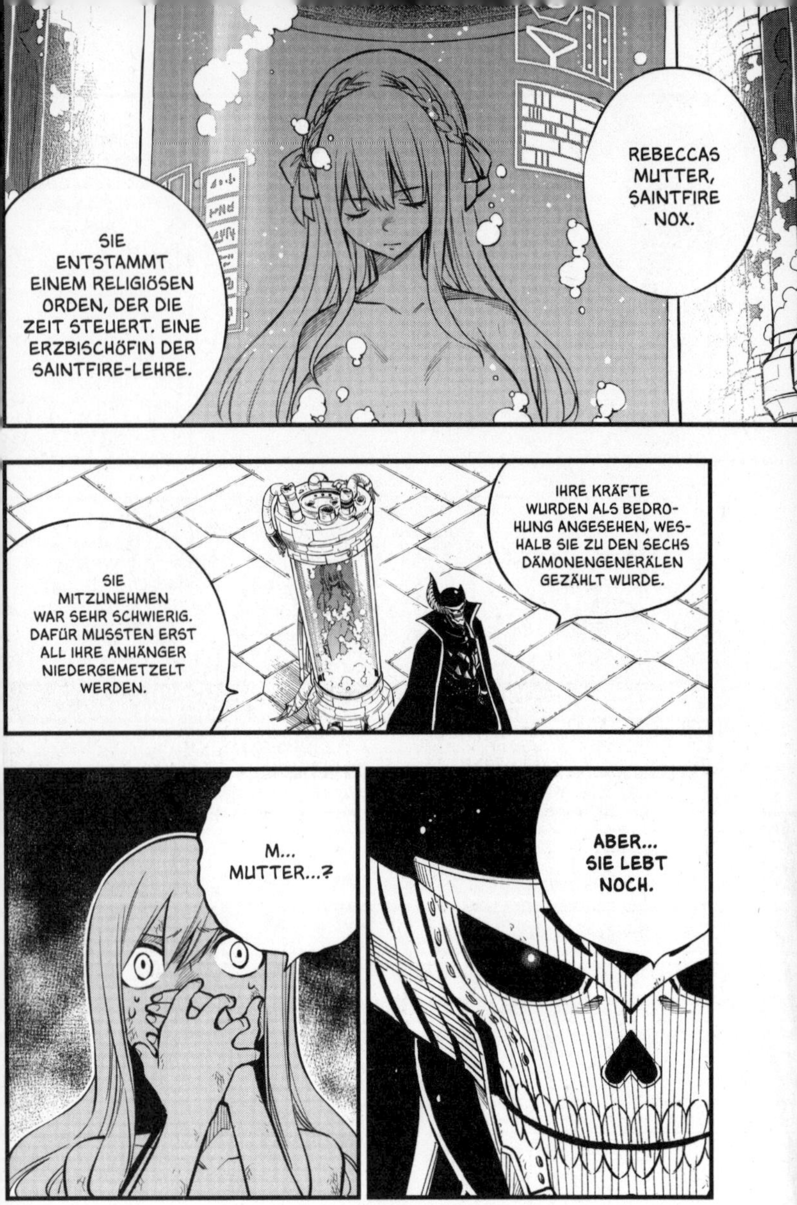
REBECCAS MUTTER, SAINTFIRE NOX.
SIE ENTSTAMMT EINEM RELIGIÖSEN ORDEN, DER DIE ZEIT STEUERT. EINE ERZBISCHÖFIN DER SAINTFIRE-LEHRE.
IHRE KRÄFTE WURDEN ALS BEDROHUNG ANGESEHEN, WESHALB SIE ZU DEN SECHS DÄMONENGENERÄLEN GEZÄHLT WURDE.
SIE MITZUNEHMEN WAR SEHR SCHWIERIG. DAFÜR MUSSTEN ERST ALL IHRE ANHÄNGER NIEDERGEMETZELT WERDEN.
ABER... SIE LEBT NOCH.
M... MUTTER...?

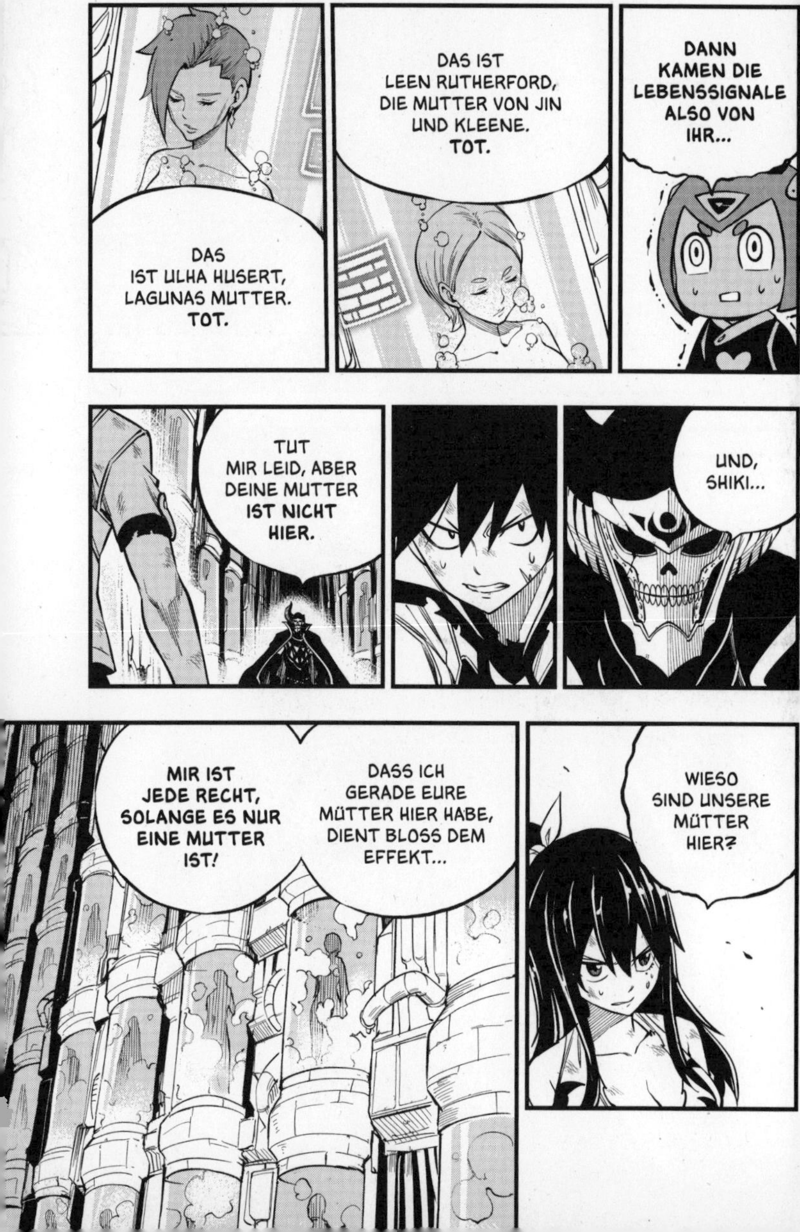
DANN KAMEN DIE LEBENSSIGNALE ALSO VON IHR...
DAS IST LEEN RUTHERFORD, DIE MUTTER VON JIN UND KLEENE. TOT.
DAS IST ULHA HUSERT, LAGUNAS MUTTER. TOT.
UND, SHIKI...
TUT MIR LEID, ABER DEINE MUTTER IST NICHT HIER.
WIESO SIND UNSERE MÜTTER HIER?
DASS ICH GERADE EURE MÜTTER HIER HABE, DIENT BLOSS DEM EFFEKT...
MIR IST JEDE RECHT, SOLANGE ES NUR EINE MUTTER IST!

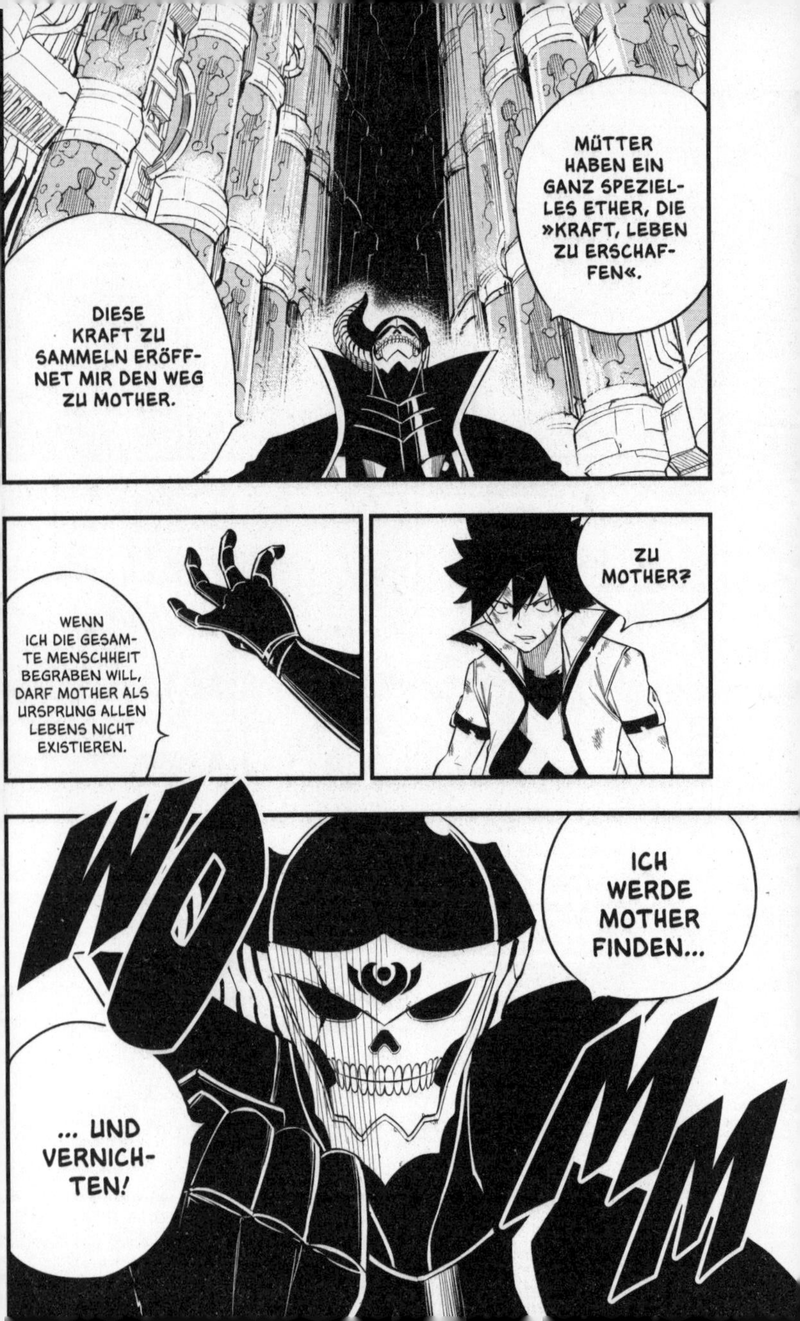
MÜTTER HABEN EIN GANZ SPEZIELLES ETHER, DIE »KRAFT, LEBEN ZU ERSCHAFFEN«.
DIESE KRAFT ZU SAMMELN ERÖFFNET MIR DEN WEG ZU MOTHER.
ZU MOTHER?
WENN ICH DIE GESAMTE MENSCHHEIT BEGRABEN WILL, DARF MOTHER ALS URSPRUNG ALLEN LEBENS NICHT EXISTIEREN.
ICH WERDE MOTHER FINDEN...
... UND VERNICHTEN!
WOMMM

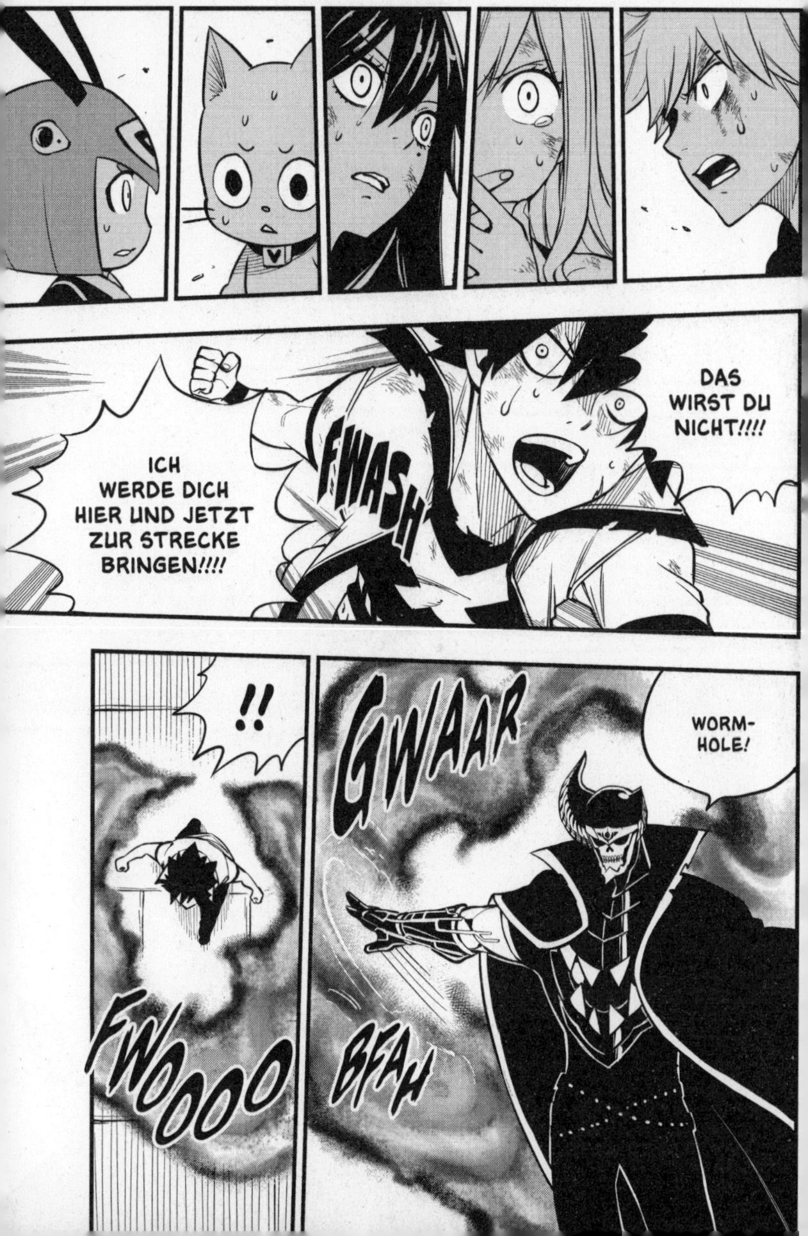
DAS WIRST DU NICHT!!!!
FWASH
ICH WERDE DICH HIER UND JETZT ZUR STRECKE BRINGEN!!!!
WORM-HOLE!
GWAAR
!!
BFAH
FWOOOOO

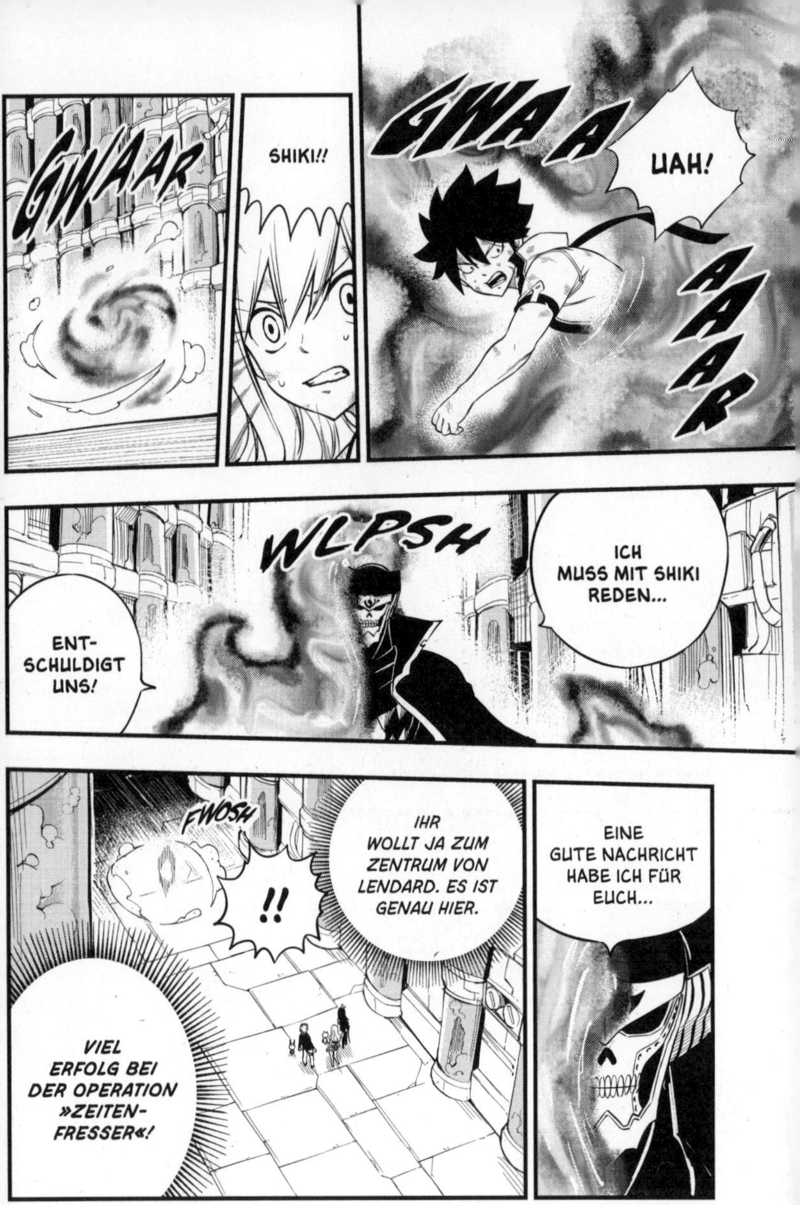
GWAAA
UAH!
AAAAR
SHIKI!!
GWAAR
ICH MUSS MIT SHIKI REDEN...
WLPSH
ENT-SCHULDIGT UNS!
EINE GUTE NACHRICHT HABE ICH FÜR EUCH...
IHR WOLLT JA ZUM ZENTRUM VON LENDARD. ES IST GENAU HIER.
FWOSH
!!
VIEL ERFOLG BEI DER OPERATION »ZEITEN-FRESSER«!

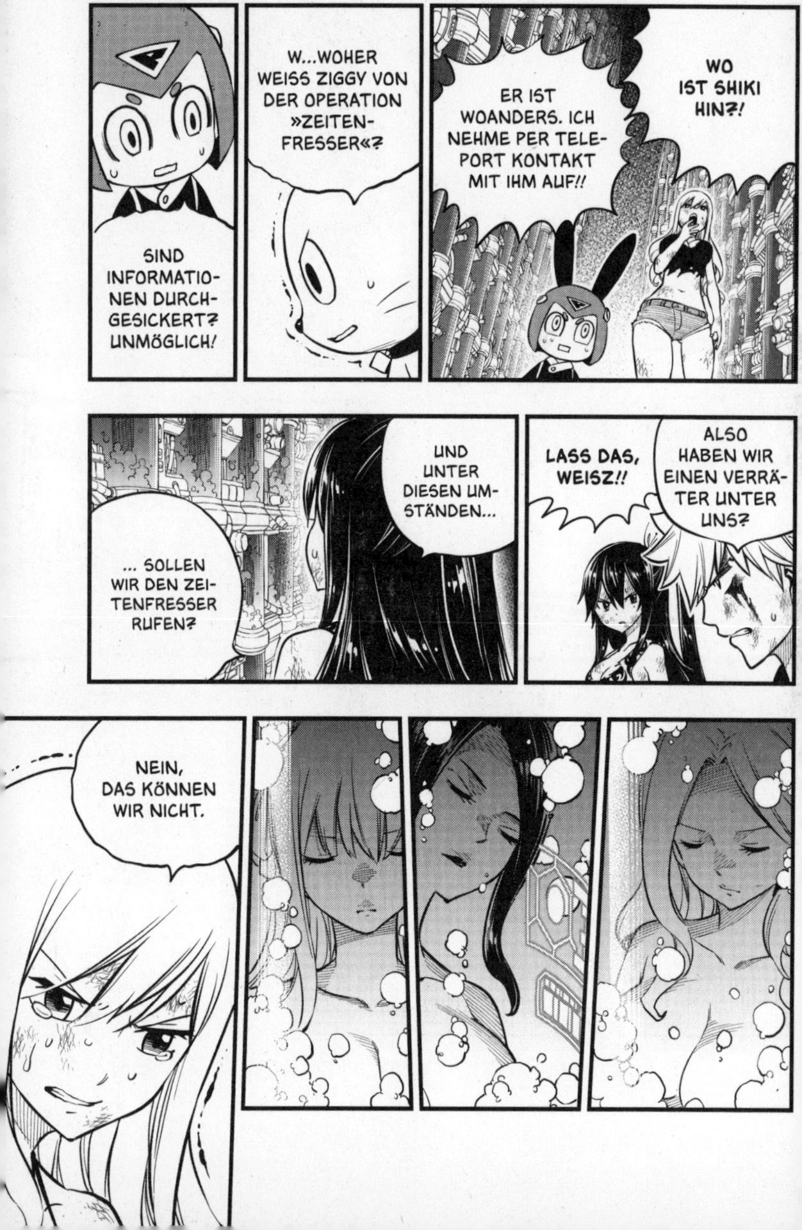
WO IST SHIKI HIN?!
ER IST WOANDERS. ICH NEHME PER TELEPORT KONTAKT MIT IHM AUF!!
W...WOHER WEISS ZIGGY VON DER OPERATION »ZEITENFRESSER«?
SIND INFORMATIONEN DURCHGESICKERT? UNMÖGLICH!
ALSO HABEN WIR EINEN VERRÄTER UNTER UNS?
LASS DAS, WEISZ!!
UND UNTER DIESEN UMSTÄNDEN...
... SOLLEN WIR DEN ZEITENFRESSER RUFEN?
NEIN, DAS KÖNNEN WIR NICHT.

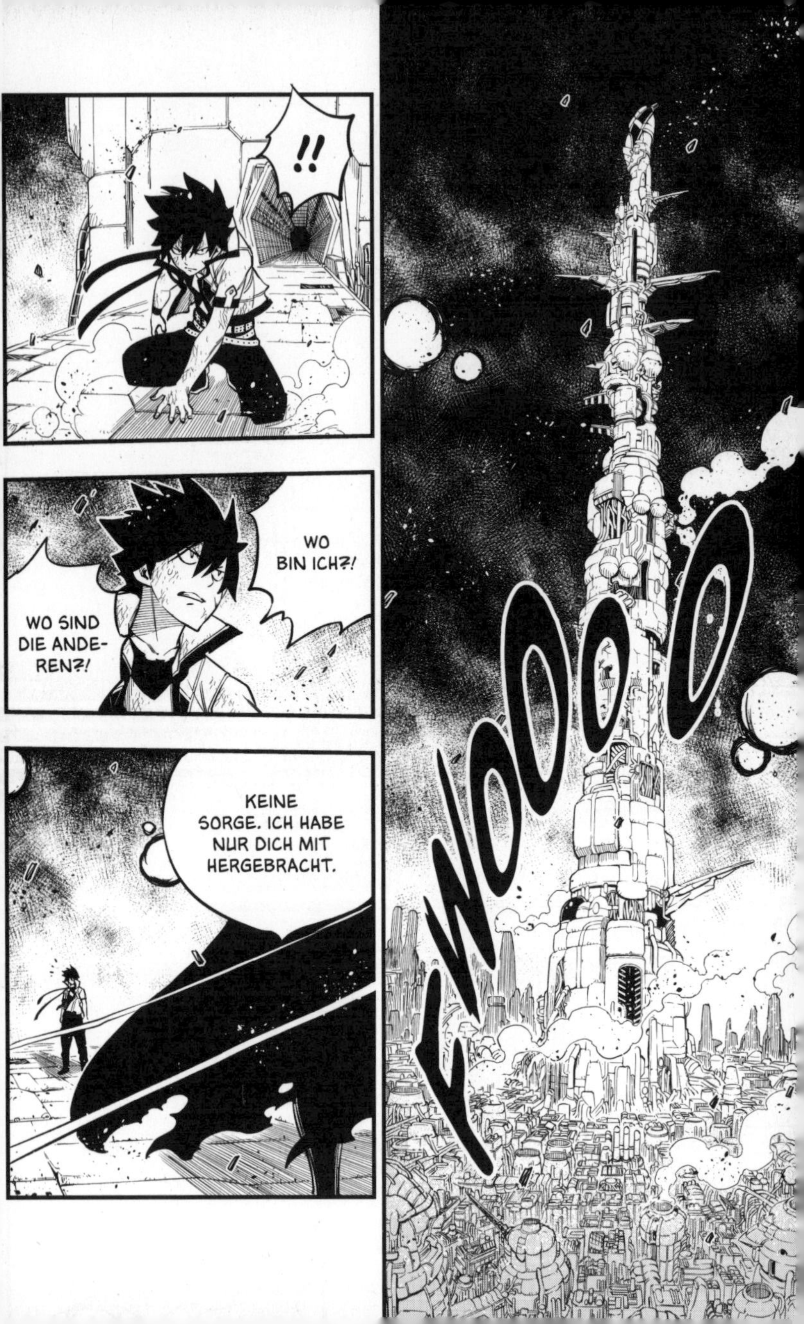
FWOOOO
!!
WO BIN ICH?!
WO SIND DIE ANDEREN?!
KEINE SORGE. ICH HABE NUR DICH MIT HERGEBRACHT.

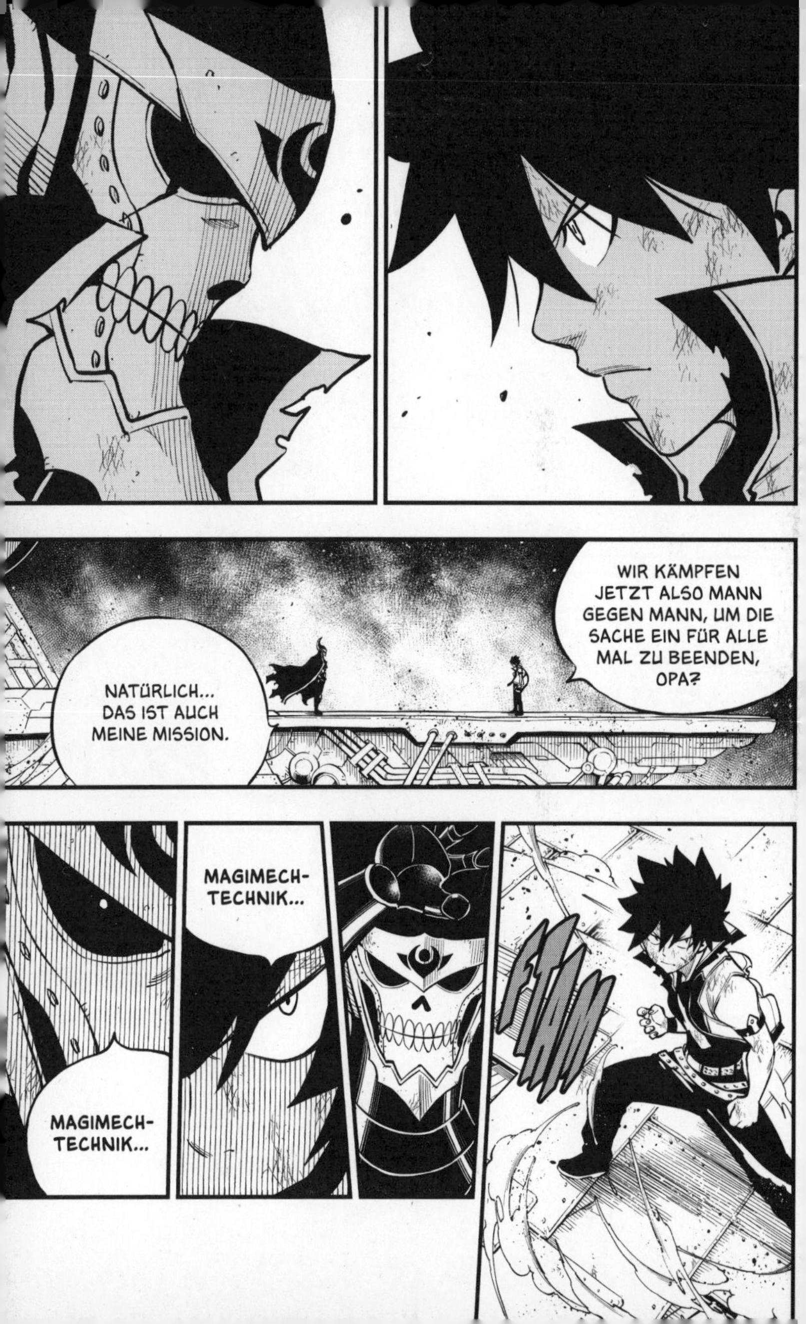

WIR KÄMPFEN JETZT ALSO MANN GEGEN MANN, UM DIE SACHE EIN FÜR ALLE MAL ZU BEENDEN, OPA?
NATÜRLICH... DAS IST AUCH MEINE MISSION.
MAGIMECH-TECHNIK...
MAGIMECH-TECHNIK...

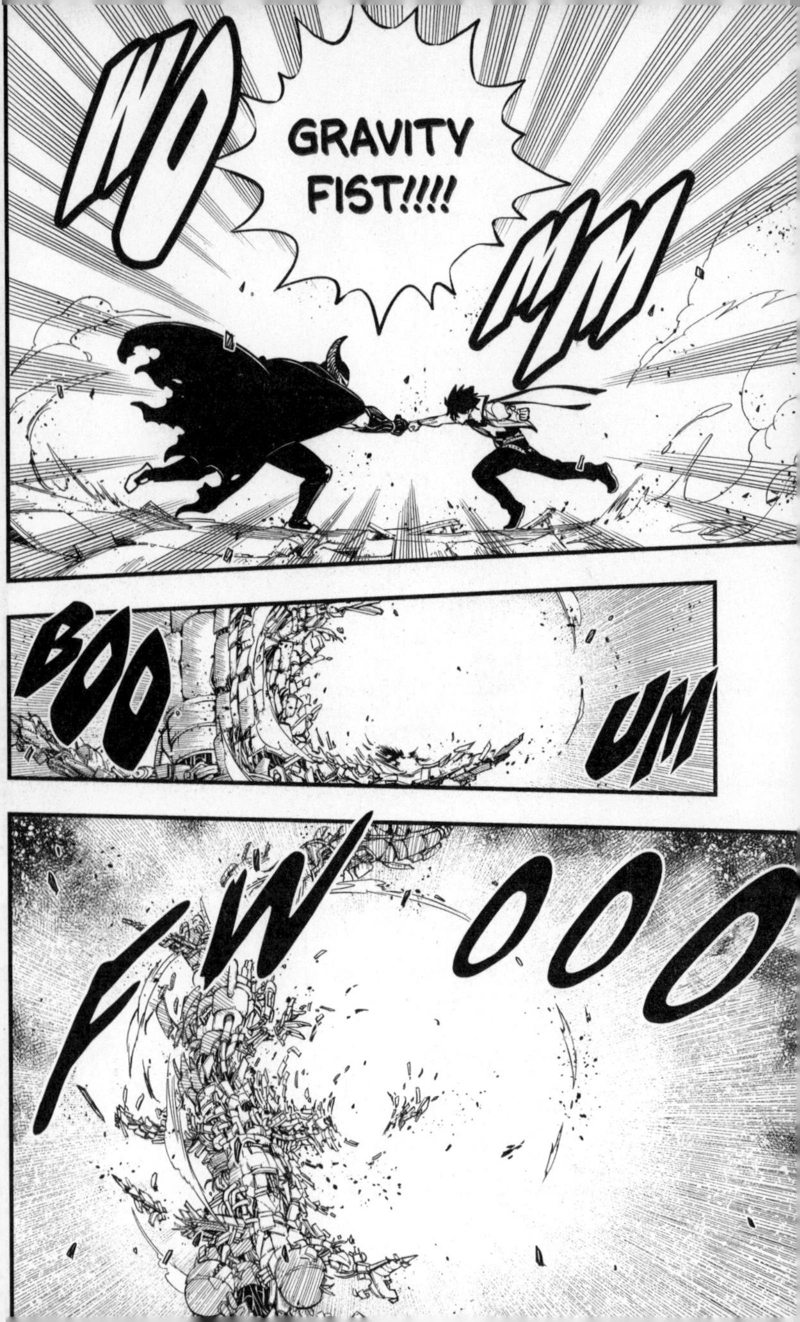
GRAVITY FIST!!!!!
BOO
UM

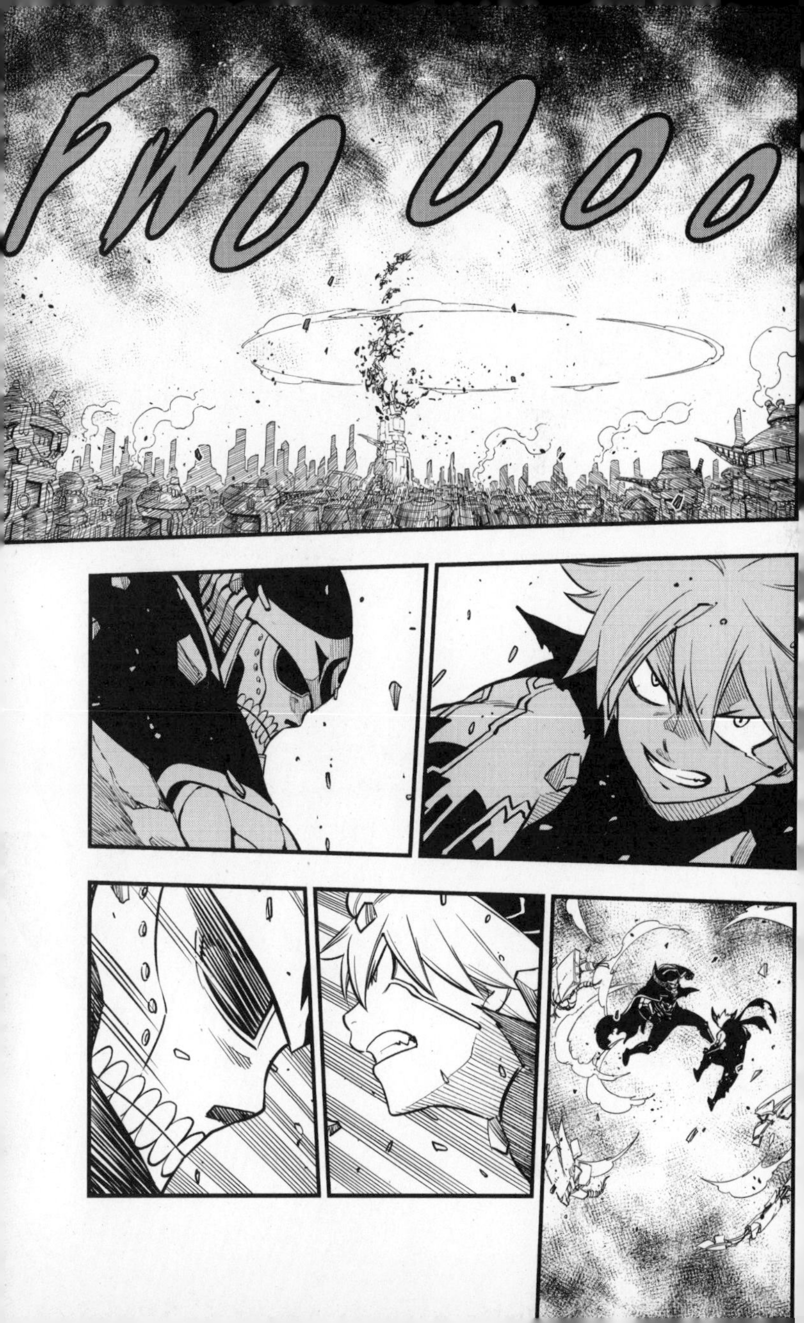
FWOOOO

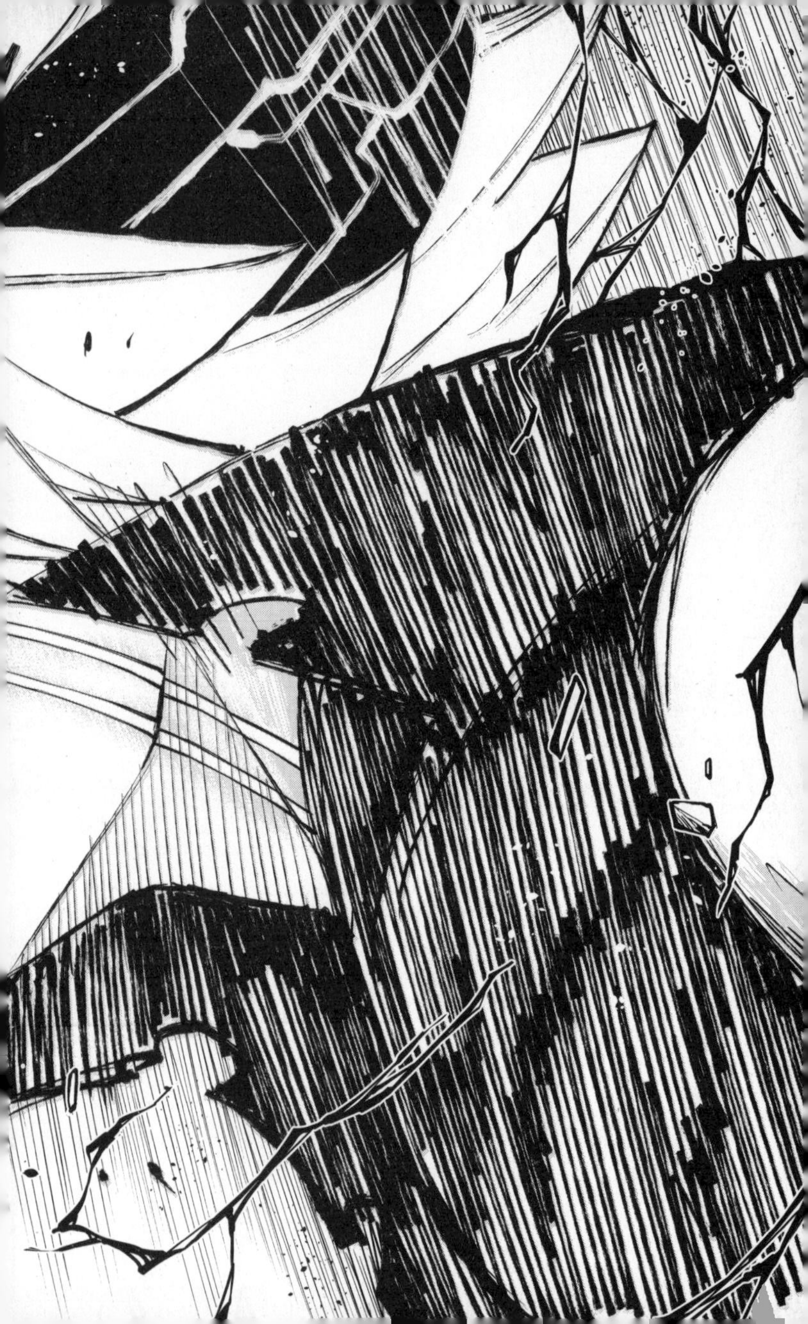

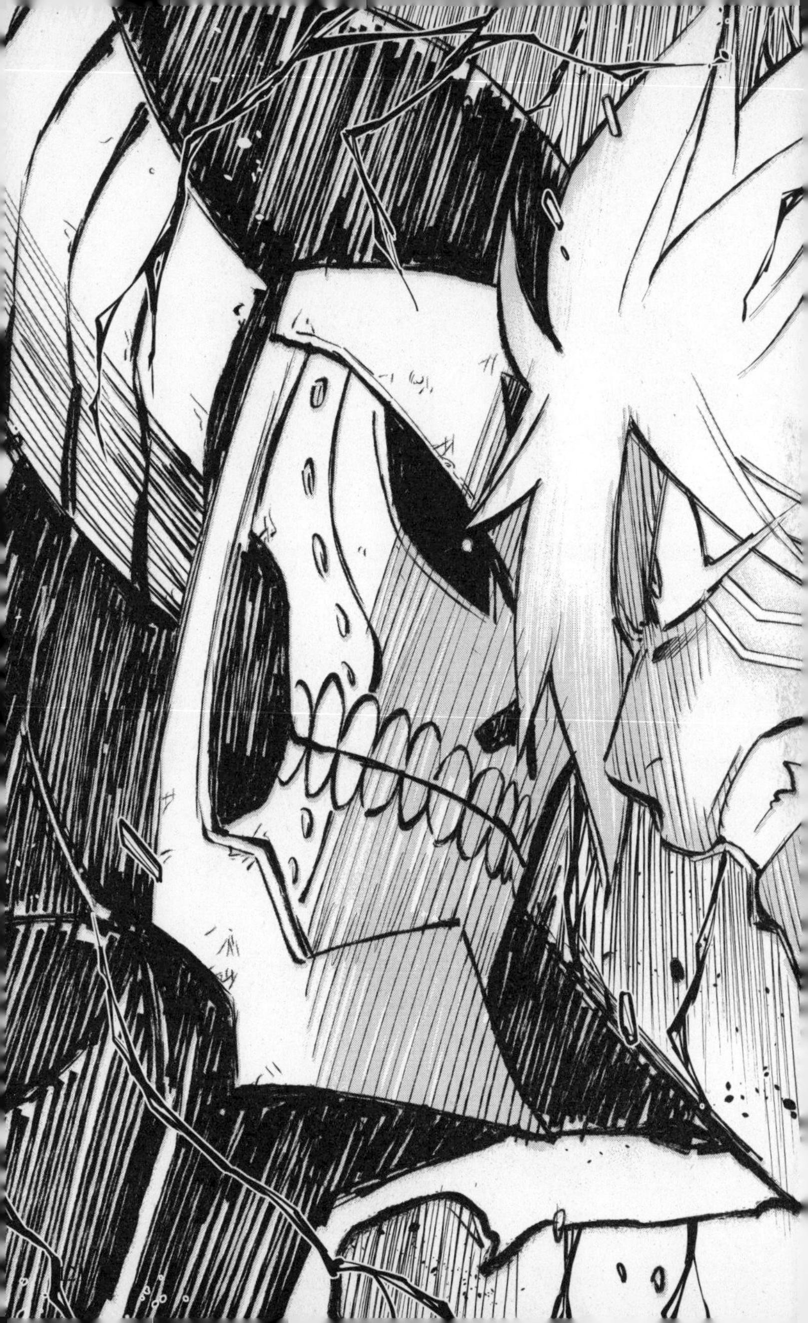

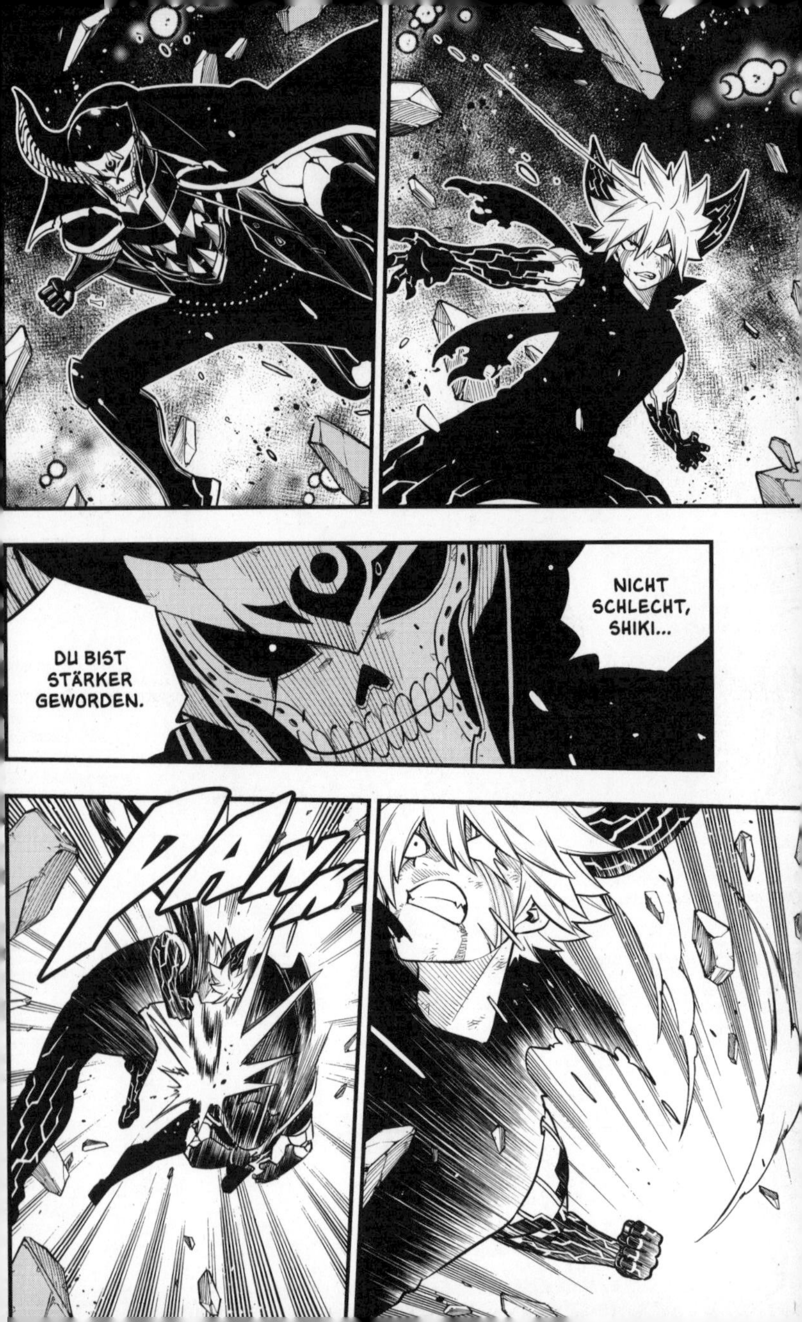
NICHT SCHLECHT, SHIKI...
DU BIST STÄRKER GEWORDEN.
DAN

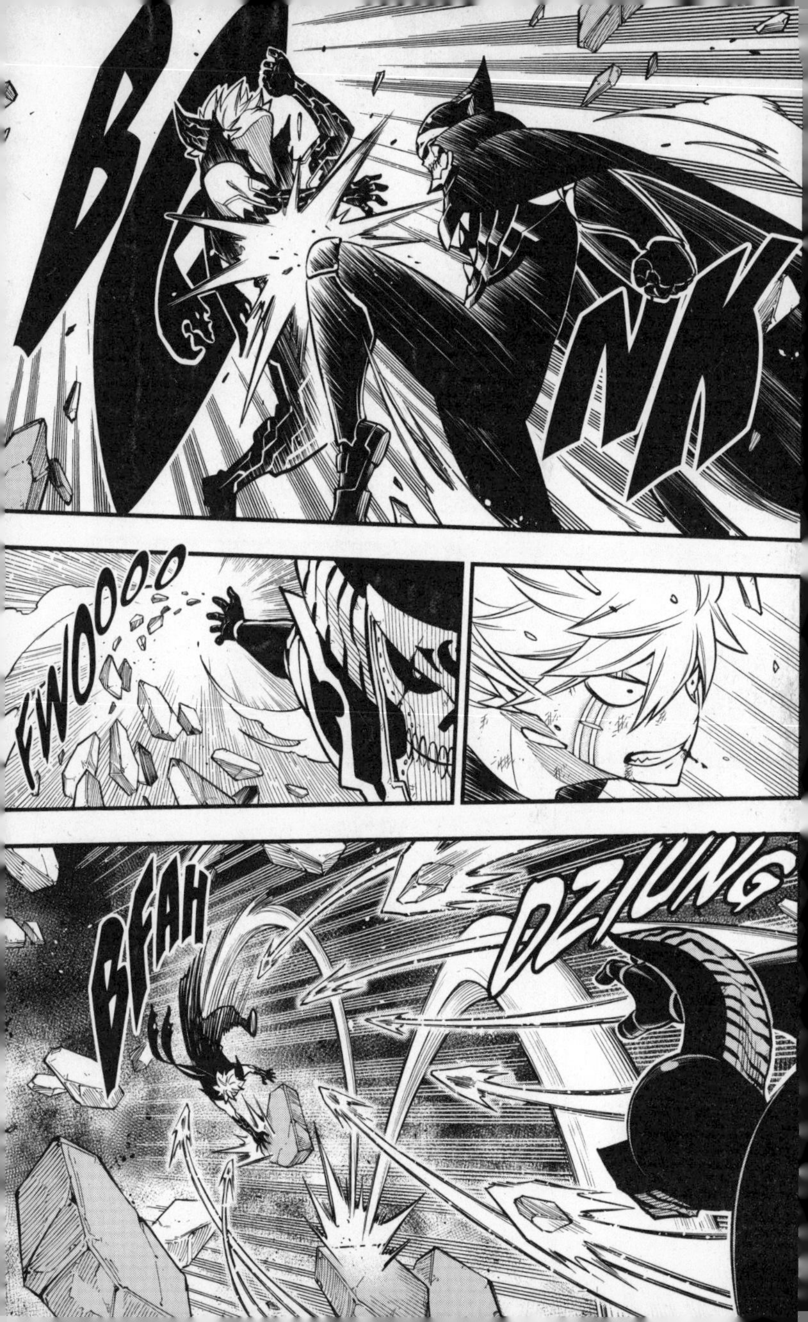
FWOOOO
BFAH
DZIUNG

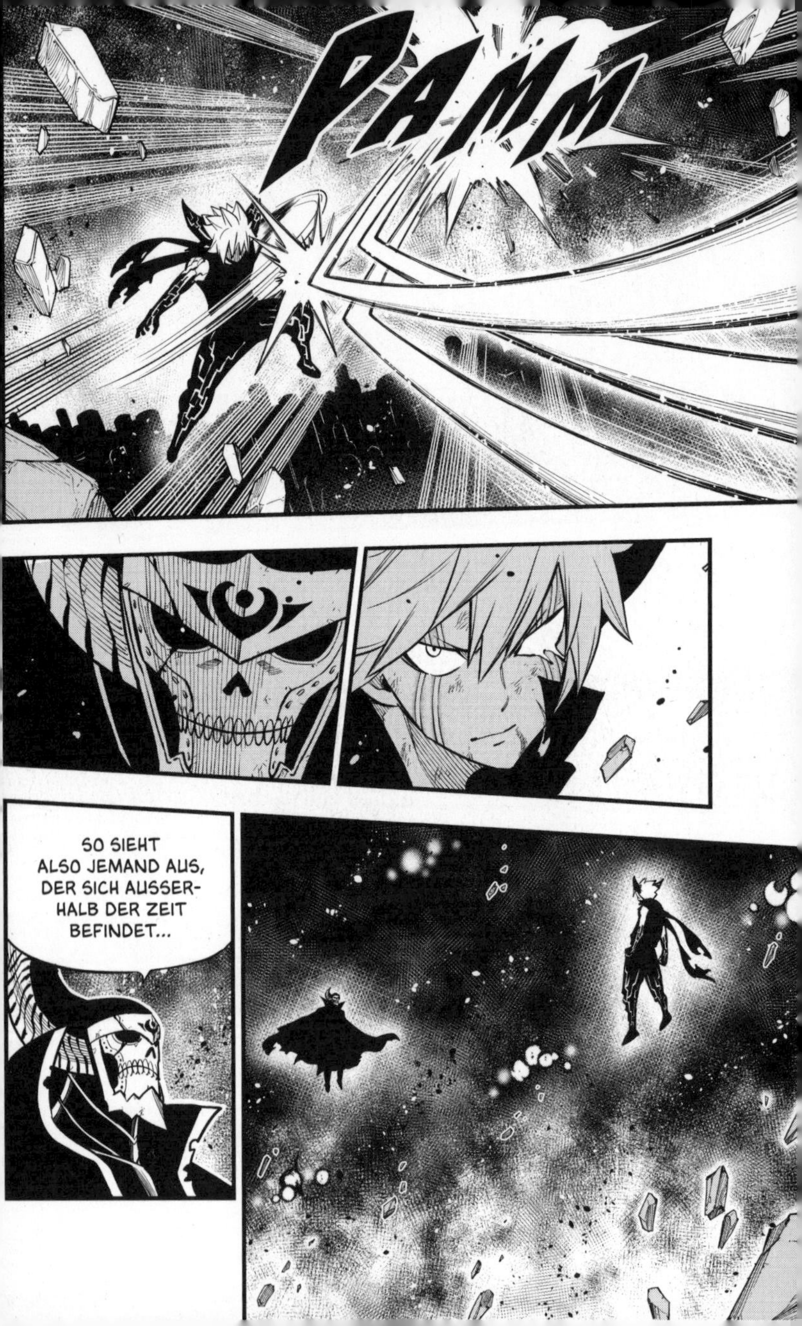
PAMM
SO SIEHT ALSO JEMAND AUS, DER SICH AUSSERHALB DER ZEIT BEFINDET...

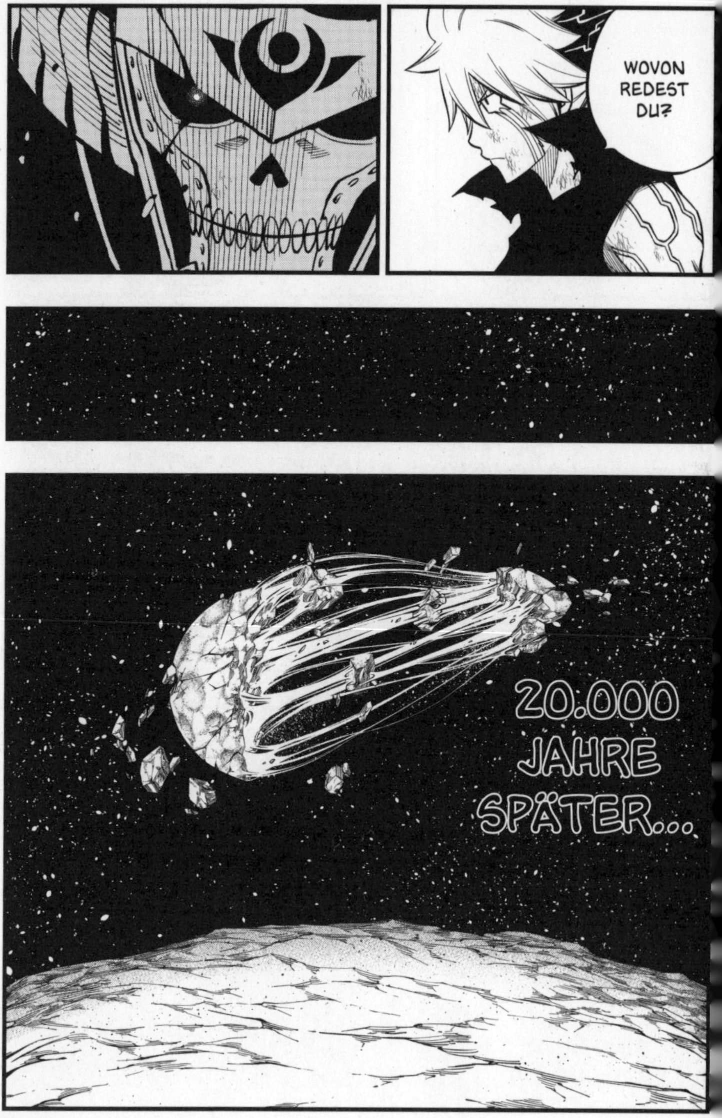
WOVON REDEST DU?
20.000 JAHRE SPÄTER...

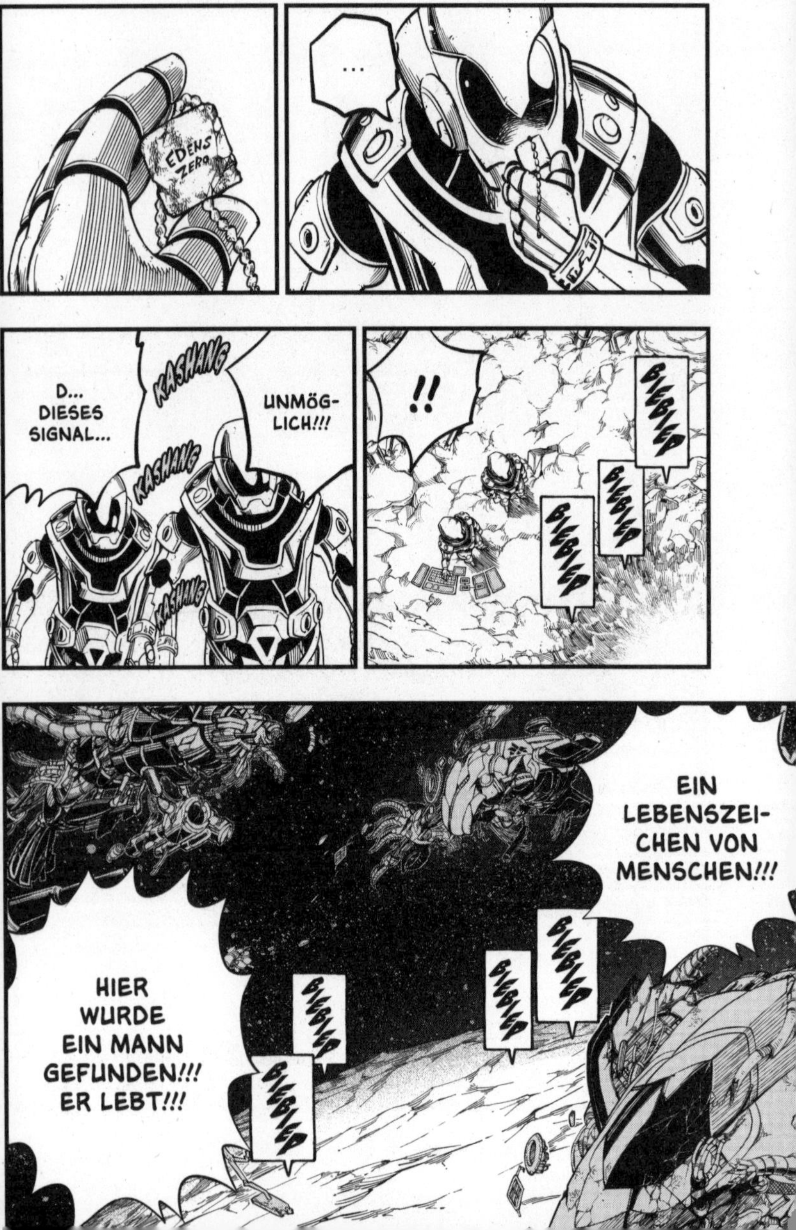
EDENS ZERO
...
D... DIESES SIGNAL...
KASHANG
KASHANG
KASHANG
UNMÖG-LICH!!!
!!
BIEBIEP
BIEBIEP
BIEBIEP
EIN LEBENSZEI-CHEN VON MENSCHEN!!!
BIEBIEP
BIEBIEP
BIEBIEP
BIEBIEP
HIER WURDE EIN MANN GEFUNDEN!!! ER LEBT!!!

EDENS ZERO

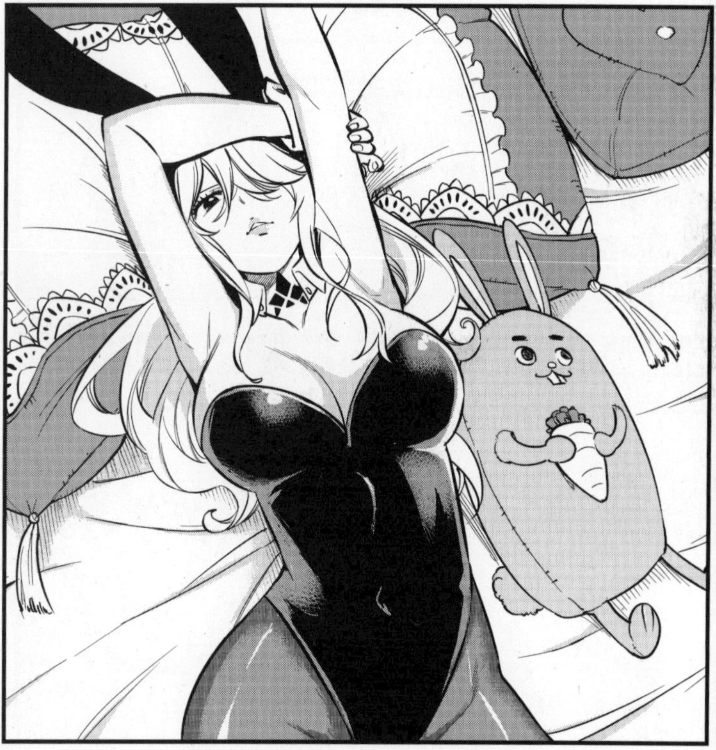

KAPITEL 201: MELT

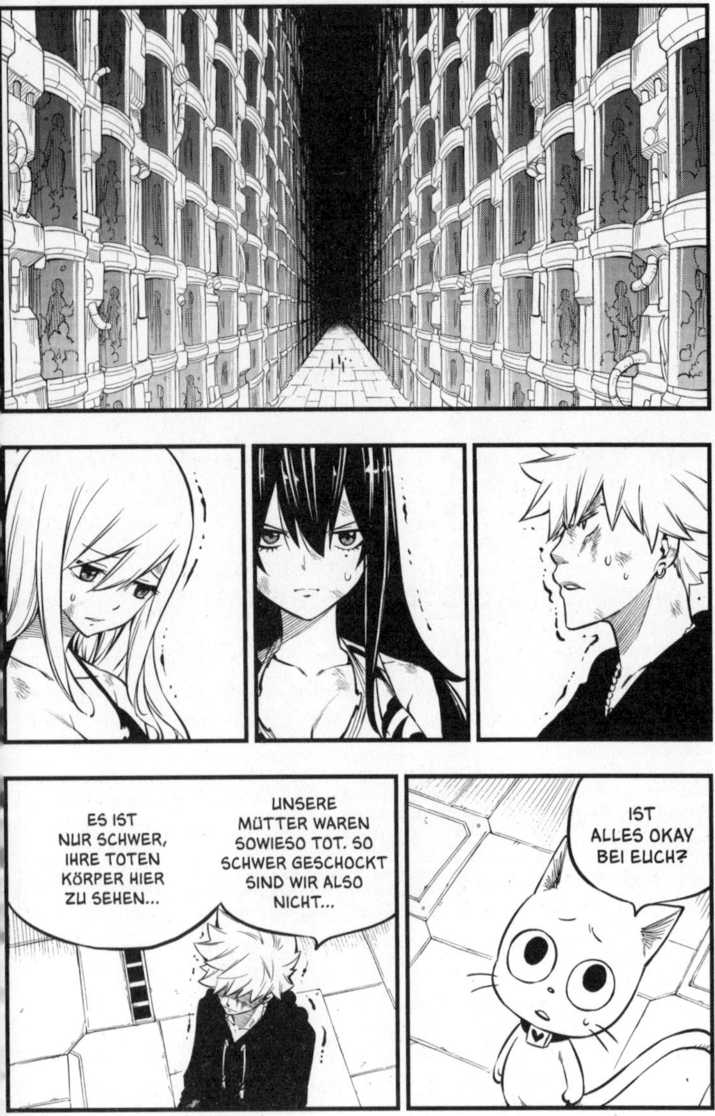
IST ALLES OKAY BEI EUCH?
UNSERE MÜTTER WAREN SOWIESO TOT. SO SCHWER GESCHOCKT SIND WIR ALSO NICHT...
ES IST NUR SCHWER, IHRE TOTEN KÖRPER HIER ZU SEHEN...

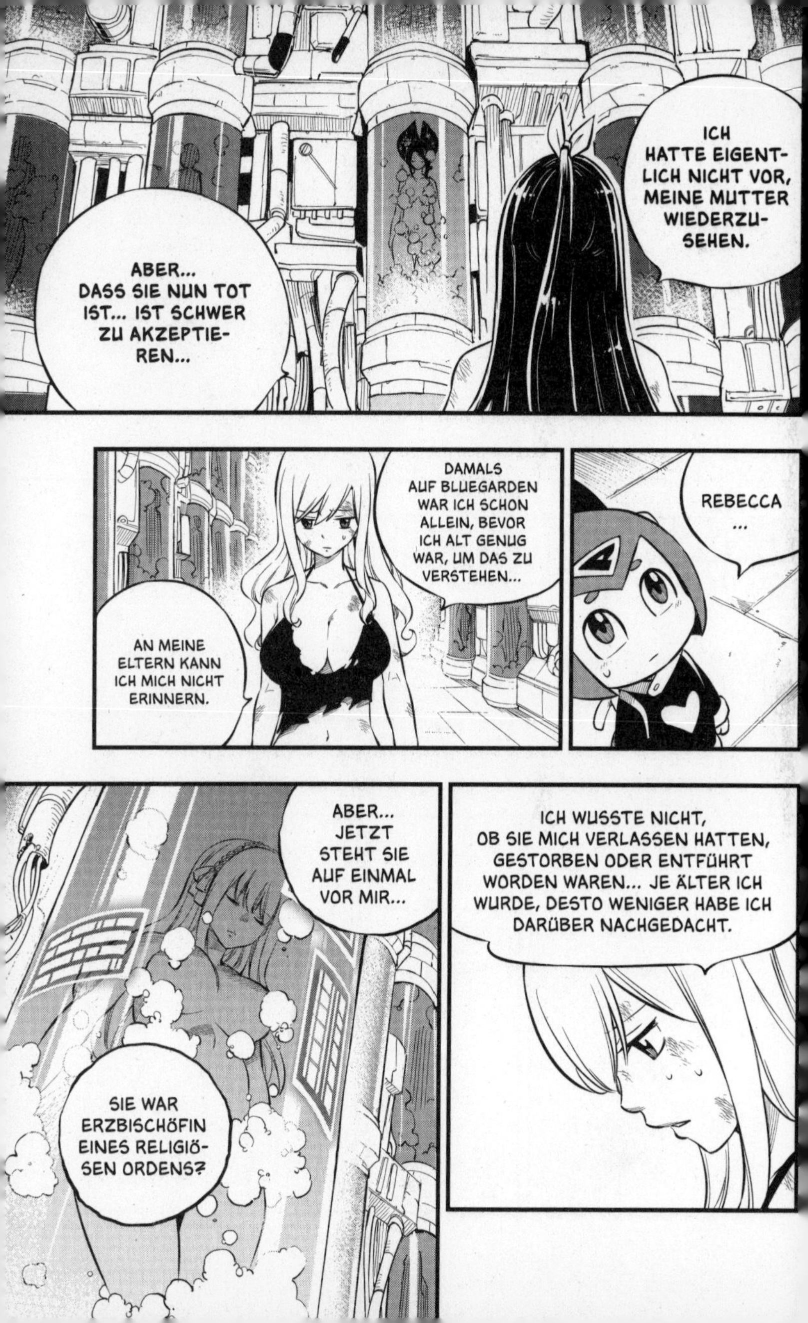
ICH HATTE EIGENTLICH NICHT VOR, MEINE MUTTER WIEDERZUSEHEN.
ABER... DASS SIE NUN TOT IST... IST SCHWER ZU AKZEPTIEREN...
REBECCA ...
DAMALS AUF BLUEGARDEN WAR ICH SCHON ALLEIN, BEVOR ICH ALT GENUG WAR, UM DAS ZU VERSTEHEN...
AN MEINE ELTERN KANN ICH MICH NICHT ERINNERN.
ICH WUSSTE NICHT, OB SIE MICH VERLASSEN HATTEN, GESTORBEN ODER ENTFÜHRT WORDEN WAREN... JE ÄLTER ICH WURDE, DESTO WENIGER HABE ICH DARÜBER NACHGEDACHT.
ABER... JETZT STEHT SIE AUF EINMAL VOR MIR...
SIE WAR ERZBISCHÖFIN EINES RELIGIÖSEN ORDENS?

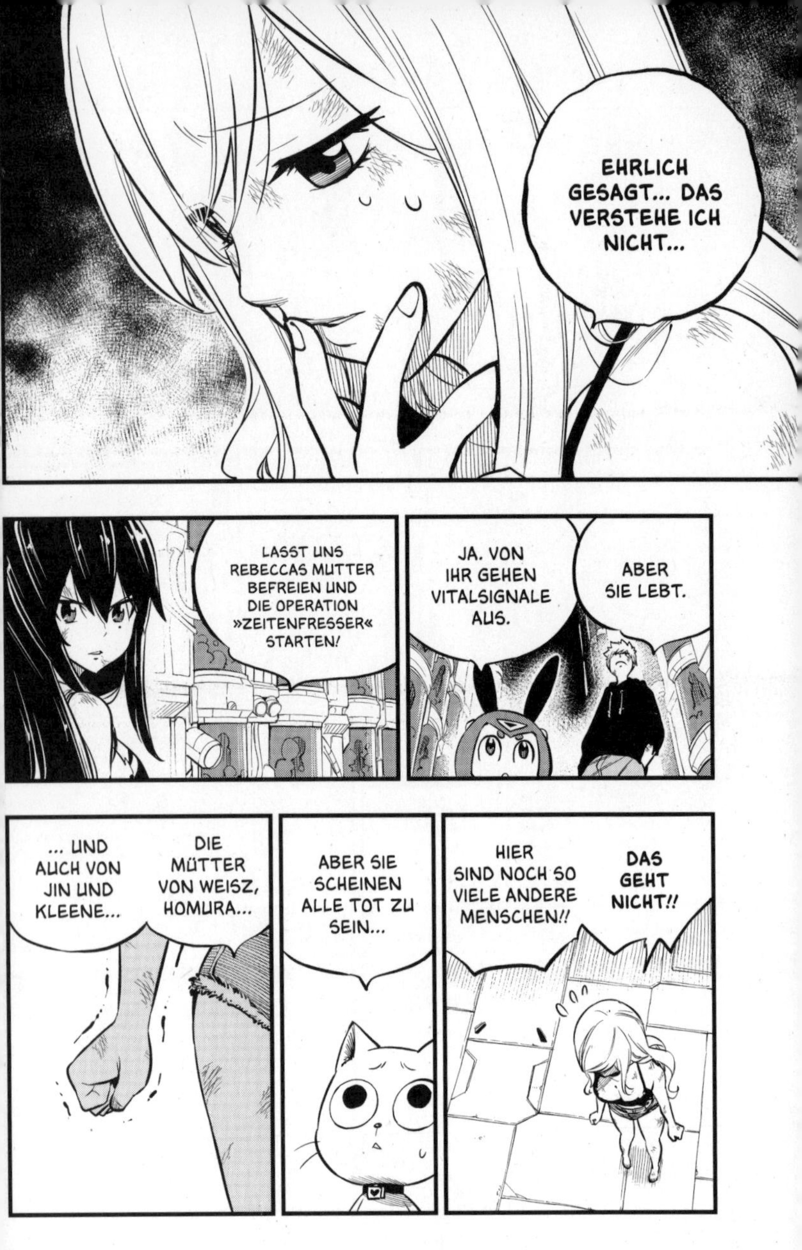

EHRLICH GESAGT... DAS VERSTEHE ICH NICHT...
ABER SIE LEBT.
JA. VON IHR GEHEN VITALSIGNALE AUS.
LASST UNS REBECCAS MUTTER BEFREIEN UND DIE OPERATION »ZEITENFRESSER« STARTEN!
DAS GEHT NICHT!!
HIER SIND NOCH SO VIELE ANDERE MENSCHEN!!
ABER SIE SCHEINEN ALLE TOT ZU SEIN...
DIE MÜTTER VON WEISZ, HOMURA...
... UND AUCH VON JIN UND KLEENE...

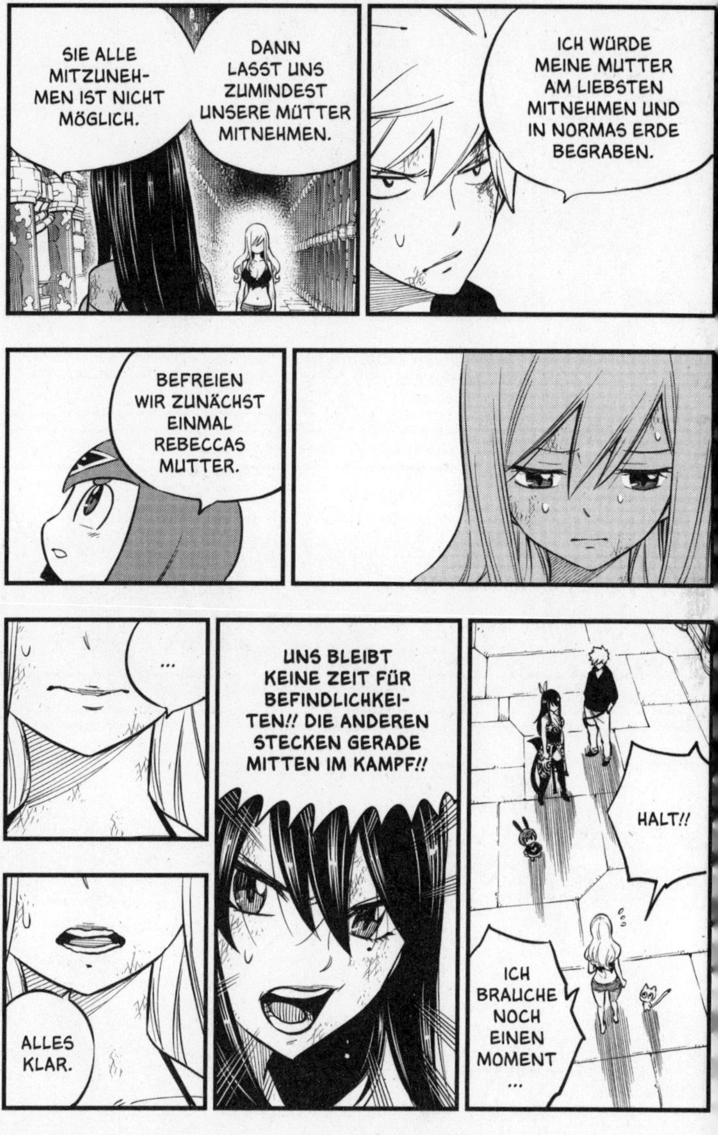
SIE ALLE MITZUNEH-MEN IST NICHT MÖGLICH.
DANN LASST UNS ZUMINDEST UNSERE MÜTTER MITNEHMEN.
ICH WÜRDE MEINE MUTTER AM LIEBSTEN MITNEHMEN UND IN NORMAS ERDE BEGRABEN.
BEFREIEN WIR ZUNÄCHST EINMAL REBECCAS MUTTER.
...
UNS BLEIBT KEINE ZEIT FÜR BEFINDLICHKEI-TEN!! DIE ANDEREN STECKEN GERADE MITTEN IM KAMPF!!
ALLES KLAR.
HALT!!
ICH BRAUCHE NOCH EINEN MOMENT ...

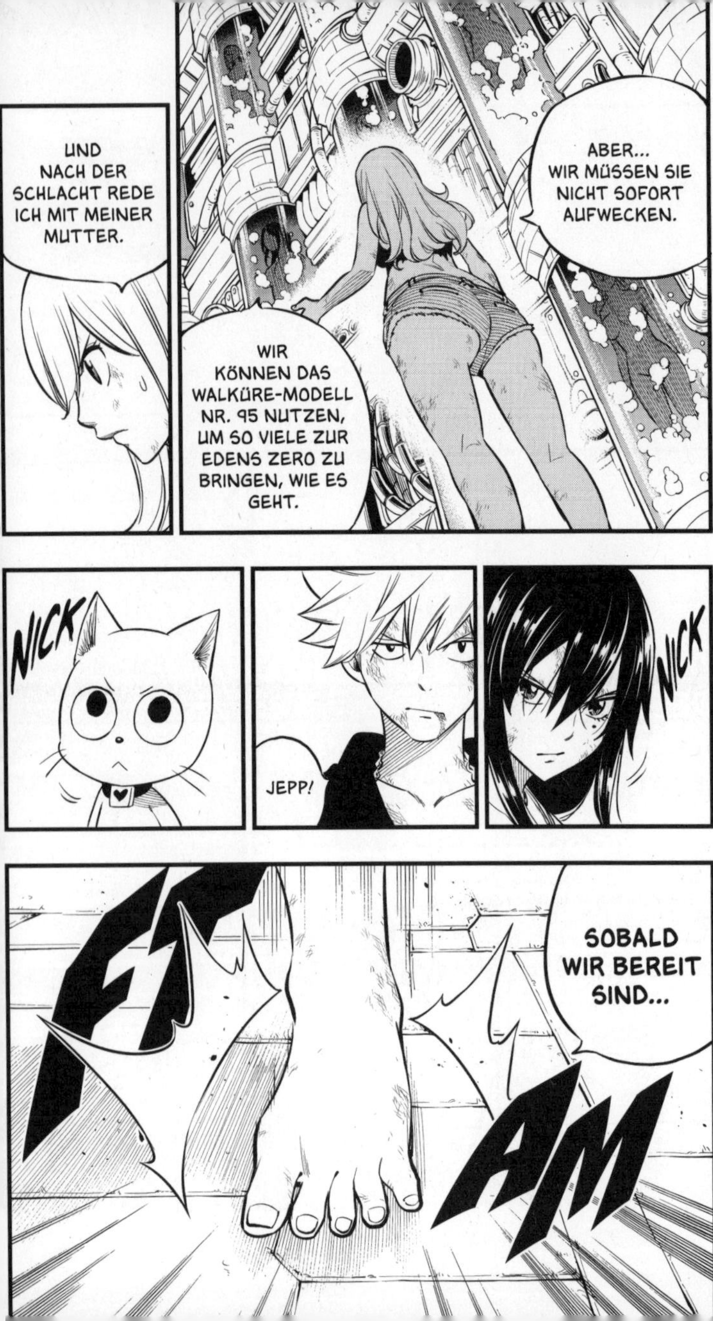
ABER... WIR MÜSSEN SIE NICHT SOFORT AUFWECKEN.
WIR KÖNNEN DAS WALKÜRE-MODELL NR. 95 NUTZEN, UM SO VIELE ZUR EDENS ZERO ZU BRINGEN, WIE ES GEHT.
UND NACH DER SCHLACHT REDE ICH MIT MEINER MUTTER.
NICK
JEPP!
NICK
SOBALD WIR BEREIT SIND...

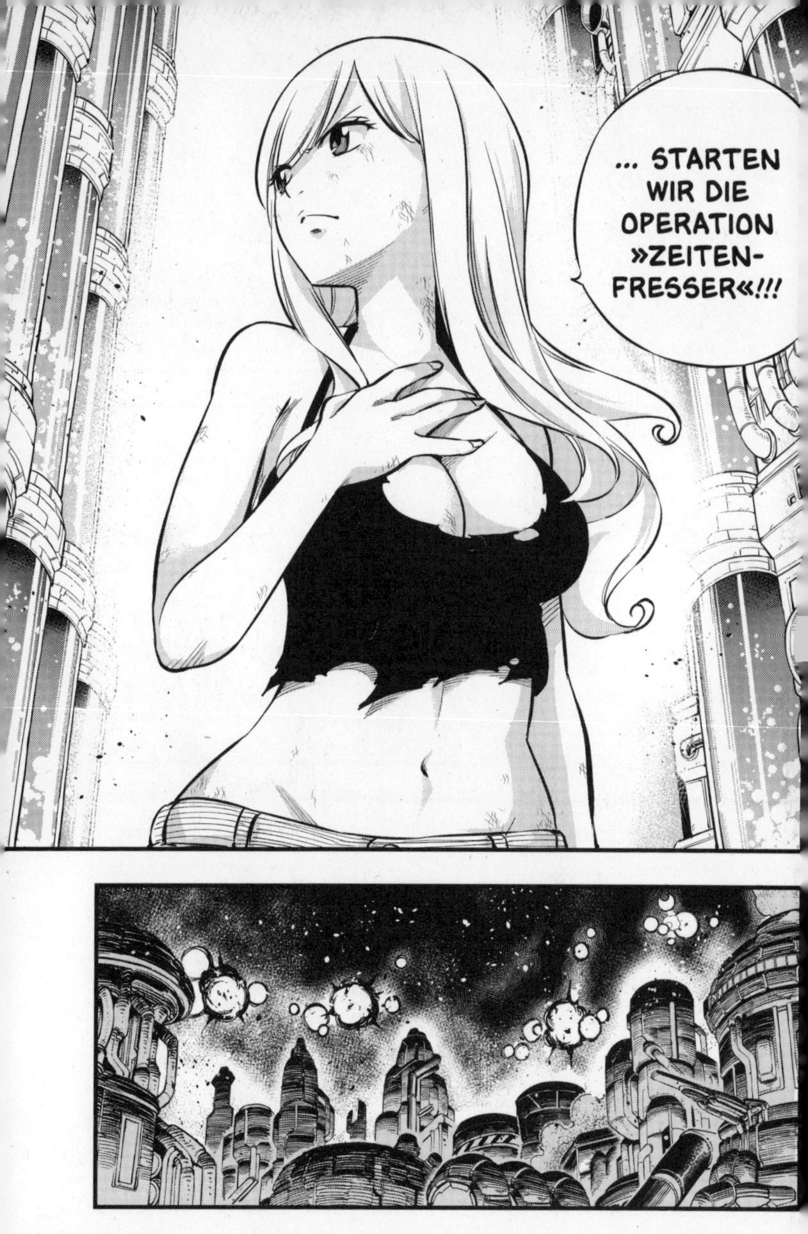
... STARTEN WIR DIE OPERATION »ZEITEN-FRESSER«!!!

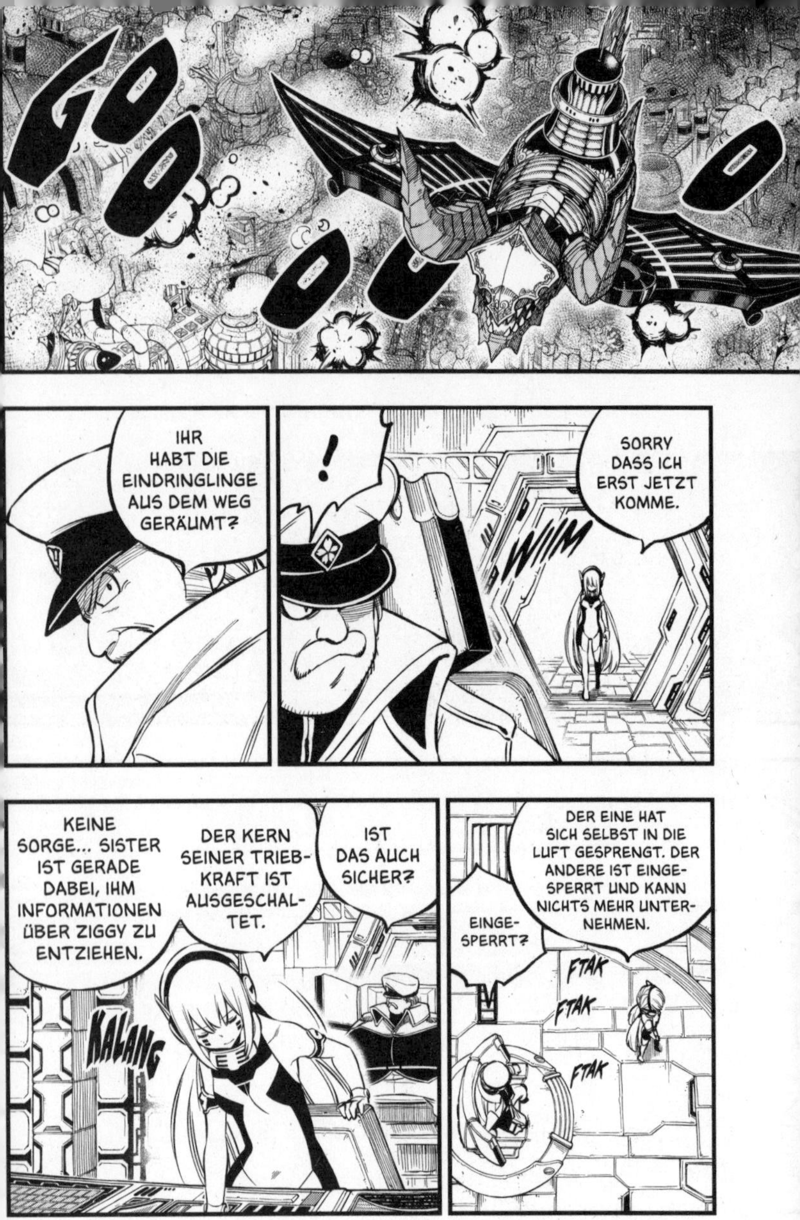
SORRY DASS ICH ERST JETZT KOMME.
WIIM
!
IHR HABT DIE EINDRINGLINGE AUS DEM WEG GERÄUMT?
DER EINE HAT SICH SELBST IN DIE LUFT GESPRENGT. DER ANDERE IST EINGE-SPERRT UND KANN NICHTS MEHR UNTER-NEHMEN.
EINGE-SPERRT?
FTAK
FTAK
FTAK
IST DAS AUCH SICHER?
DER KERN SEINER TRIEB-KRAFT IST AUSGESCHAL-TET.
KEINE SORGE... SISTER IST GERADE DABEI, IHM INFORMATIONEN ÜBER ZIGGY ZU ENTZIEHEN.
KALANG

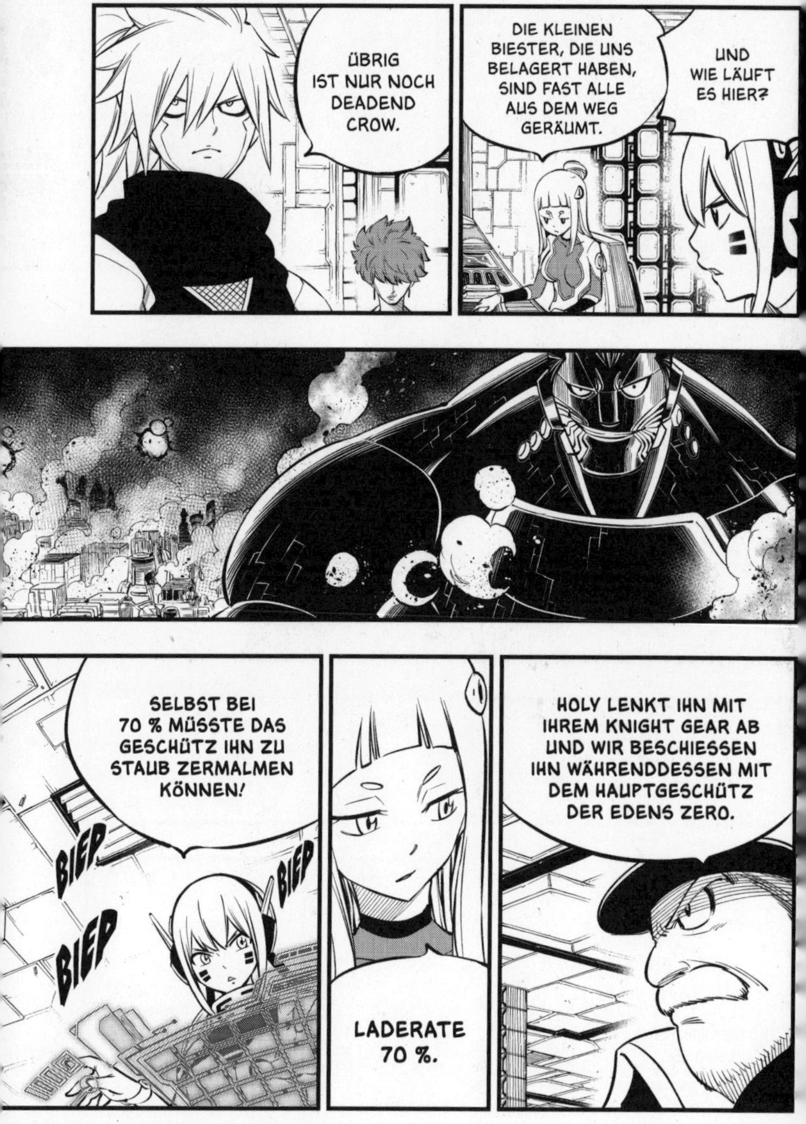
UND WIE LÄUFT ES HIER?
DIE KLEINEN BIESTER, DIE UNS BELAGERT HABEN, SIND FAST ALLE AUS DEM WEG GERÄUMT.
ÜBRIG IST NUR NOCH DEADEND CROW.
HOLY LENKT IHN MIT IHREM KNIGHT GEAR AB UND WIR BESCHIESSEN IHN WÄHRENDDESSEN MIT DEM HAUPTGESCHÜTZ DER EDENS ZERO.
LADERATE 70 %.
SELBST BEI 70 % MÜSSTE DAS GESCHÜTZ IHN ZU STAUB ZERMALMEN KÖNNEN!
BIEP
BIEP
BIEP

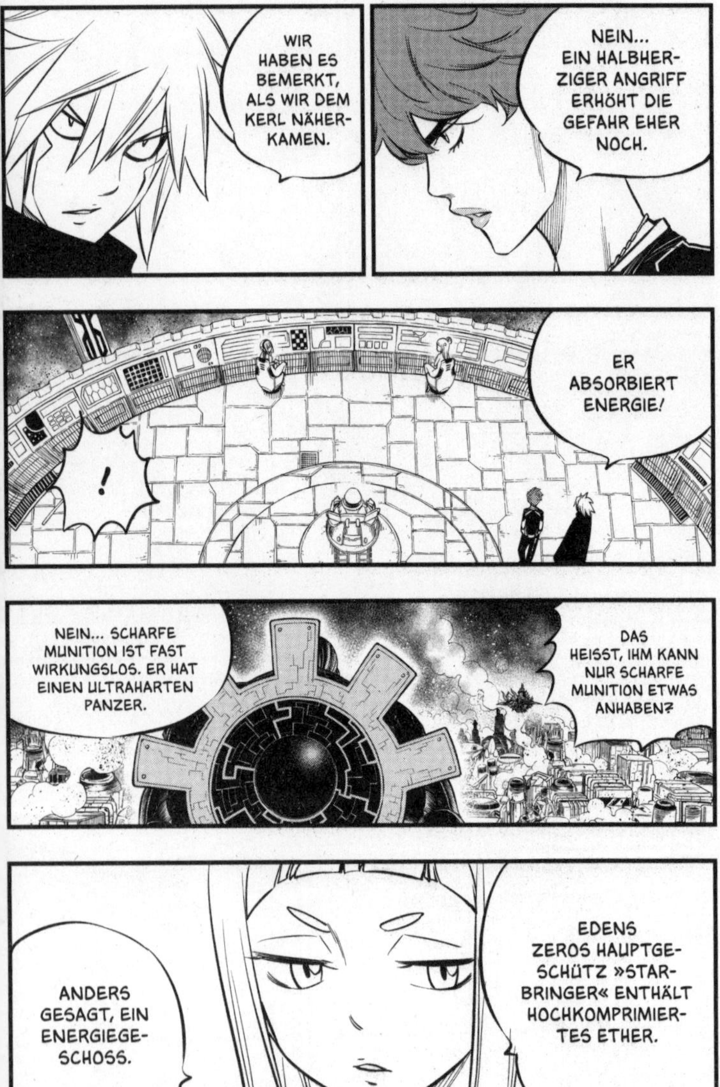
NEIN... EIN HALBHER-ZIGER ANGRIFF ERHÖHT DIE GEFAHR EHER NOCH.
WIR HABEN ES BEMERKT, ALS WIR DEM KERL NÄHER-KAMEN.
ER ABSORBIERT ENERGIE!
!
DAS HEISST, IHM KANN NUR SCHARFE MUNITION ETWAS ANHABEN?
NEIN... SCHARFE MUNITION IST FAST WIRKUNGSLOS. ER HAT EINEN ULTRAHARTEN PANZER.
EDENS ZEROS HAUPTGE-SCHÜTZ »STAR-BRINGER« ENTHÄLT HOCHKOMPRIMIER-TES ETHER.
ANDERS GESAGT, EIN ENERGIEGE-SCHOSS.

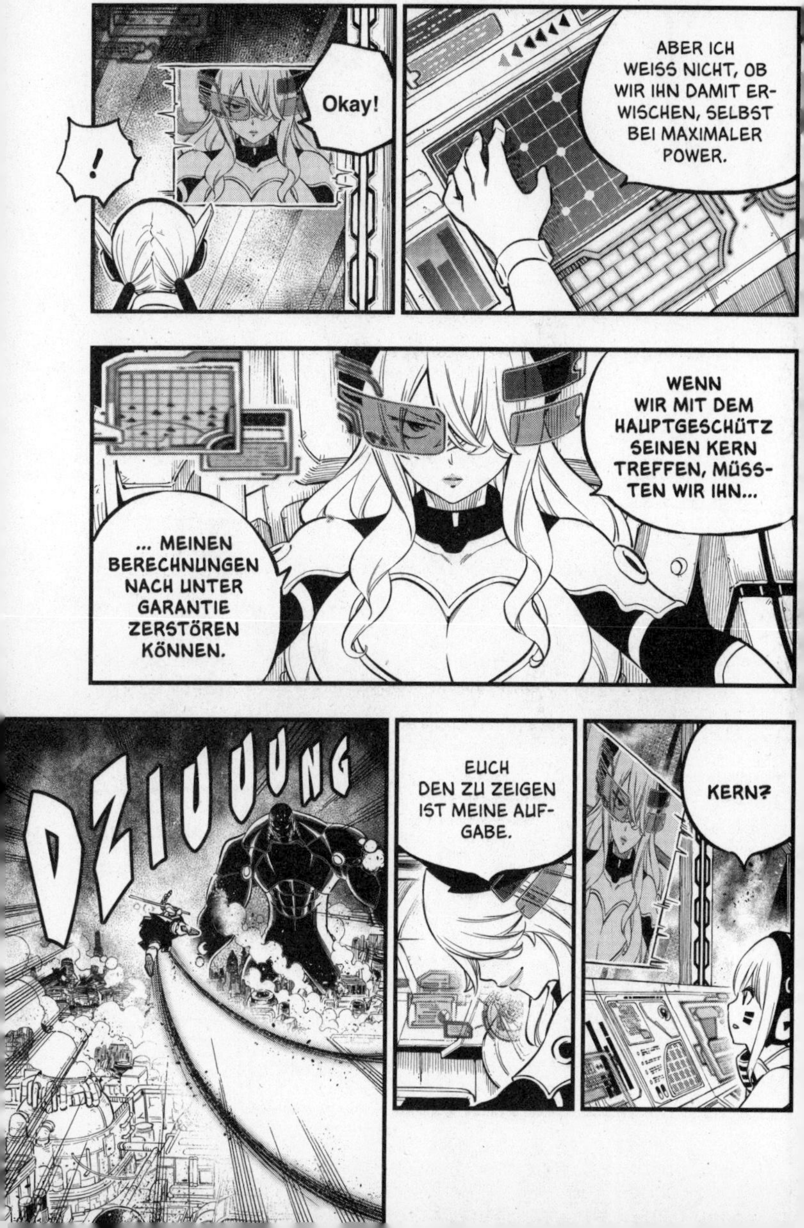
ABER ICH WEISS NICHT, OB WIR IHN DAMIT ER-WISCHEN, SELBST BEI MAXIMALER POWER.
Okay!
!
WENN WIR MIT DEM HAUPTGESCHÜTZ SEINEN KERN TREFFEN, MÜSS-TEN WIR IHN…
… MEINEN BERECHNUNGEN NACH UNTER GARANTIE ZERSTÖREN KÖNNEN.
KERN?
EUCH DEN ZU ZEIGEN IST MEINE AUF-GABE.
DZIUUUNG

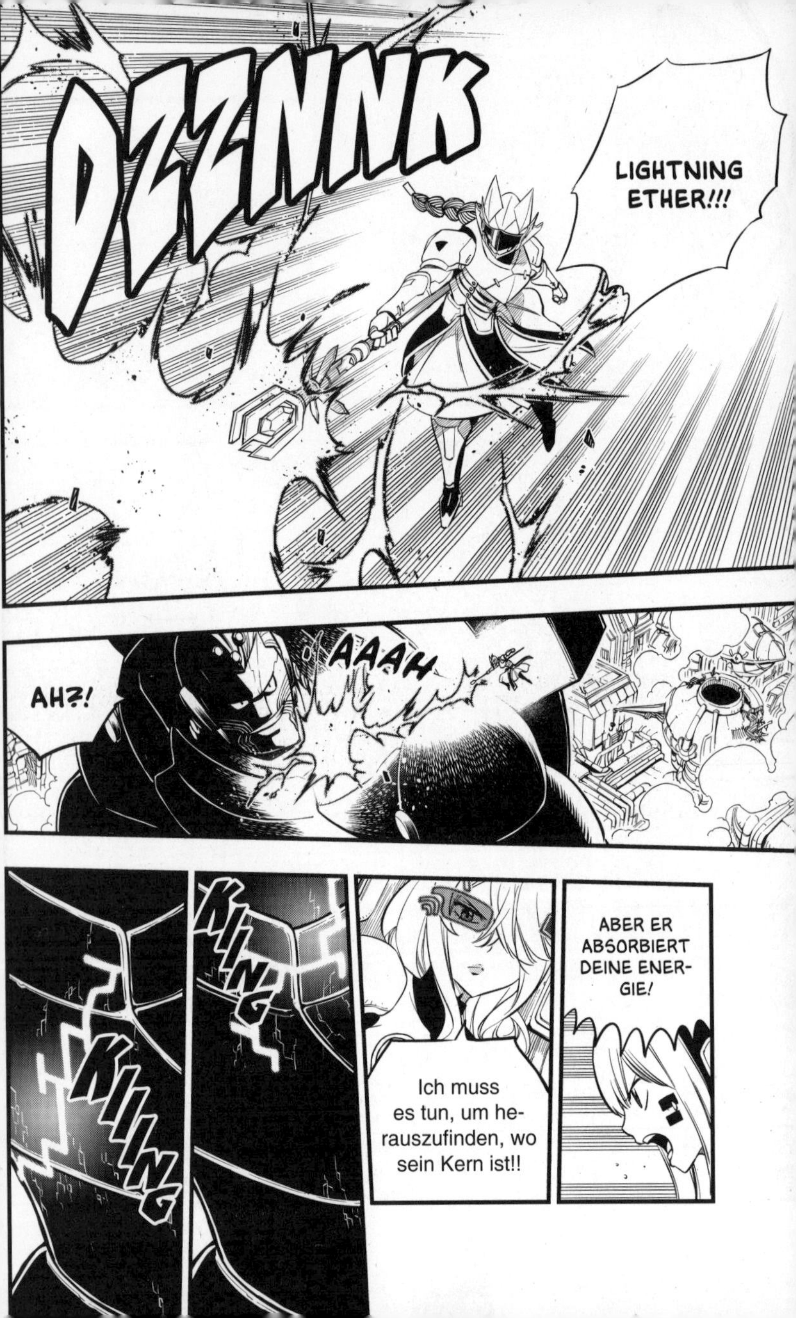
DZZNNNK
LIGHTNING ETHER!!!
AH?!
AAAH
KLING
KLING
ABER ER ABSORBIERT DEINE ENERGIE!
Ich muss es tun, um herauszufinden, wo sein Kern ist!!

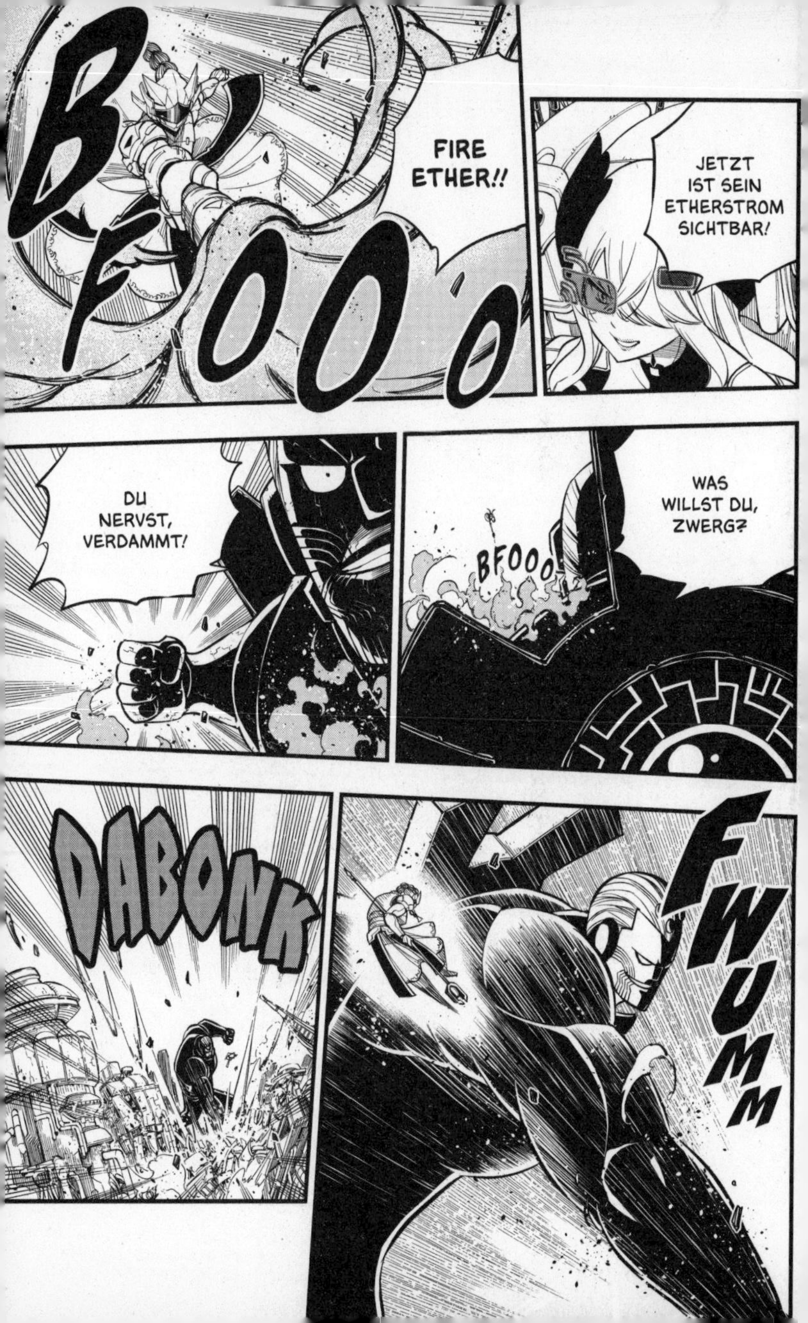
BFOOOO
FIRE ETHER!!
JETZT IST SEIN ETHERSTROM SICHTBAR!
DU NERVST, VERDAMMT!
WAS WILLST DU, ZWERG?
BFOOO
DABONK
FWUMM

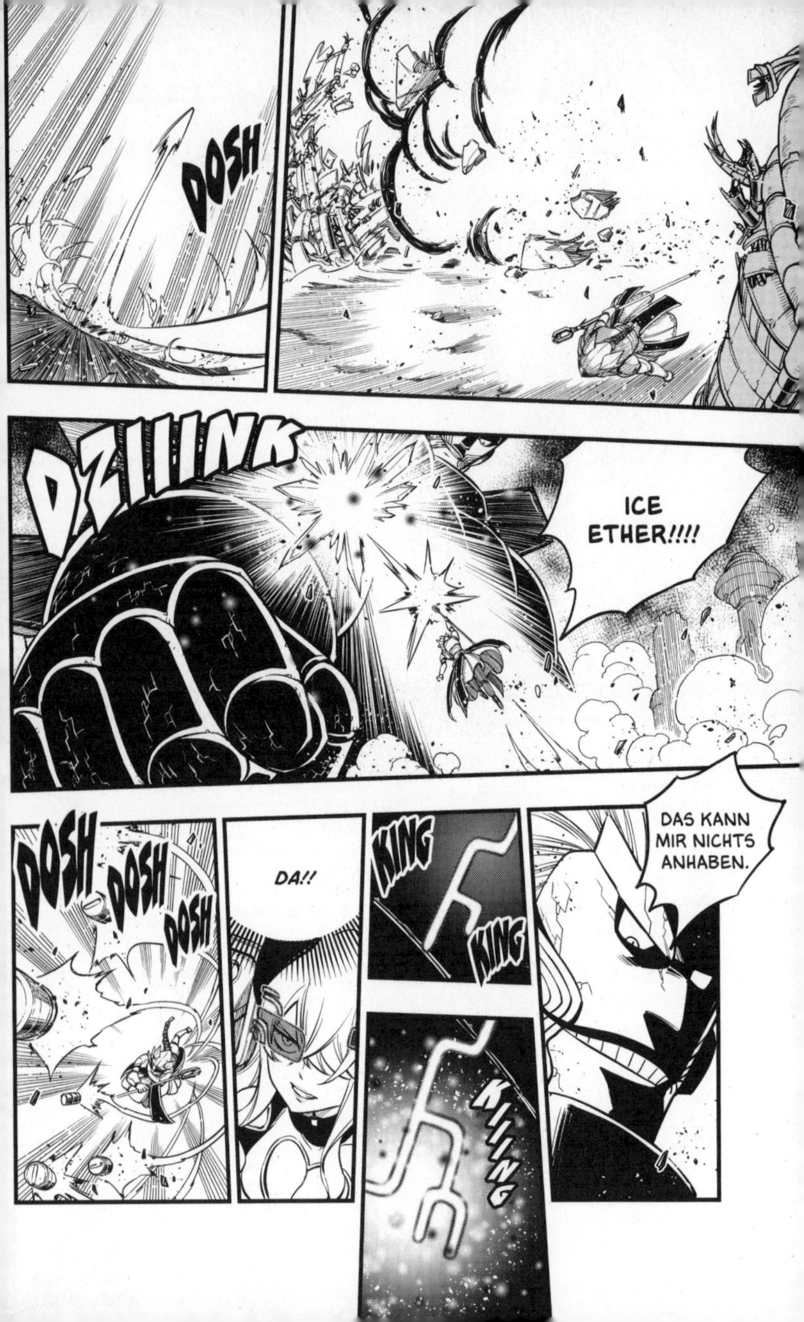
DOSH
DZIIIINK
ICE ETHER!!!!
DAS KANN MIR NICHTS ANHABEN.
KING
KING
KIIING
DA!!
DOSH
DOSH
DOSH

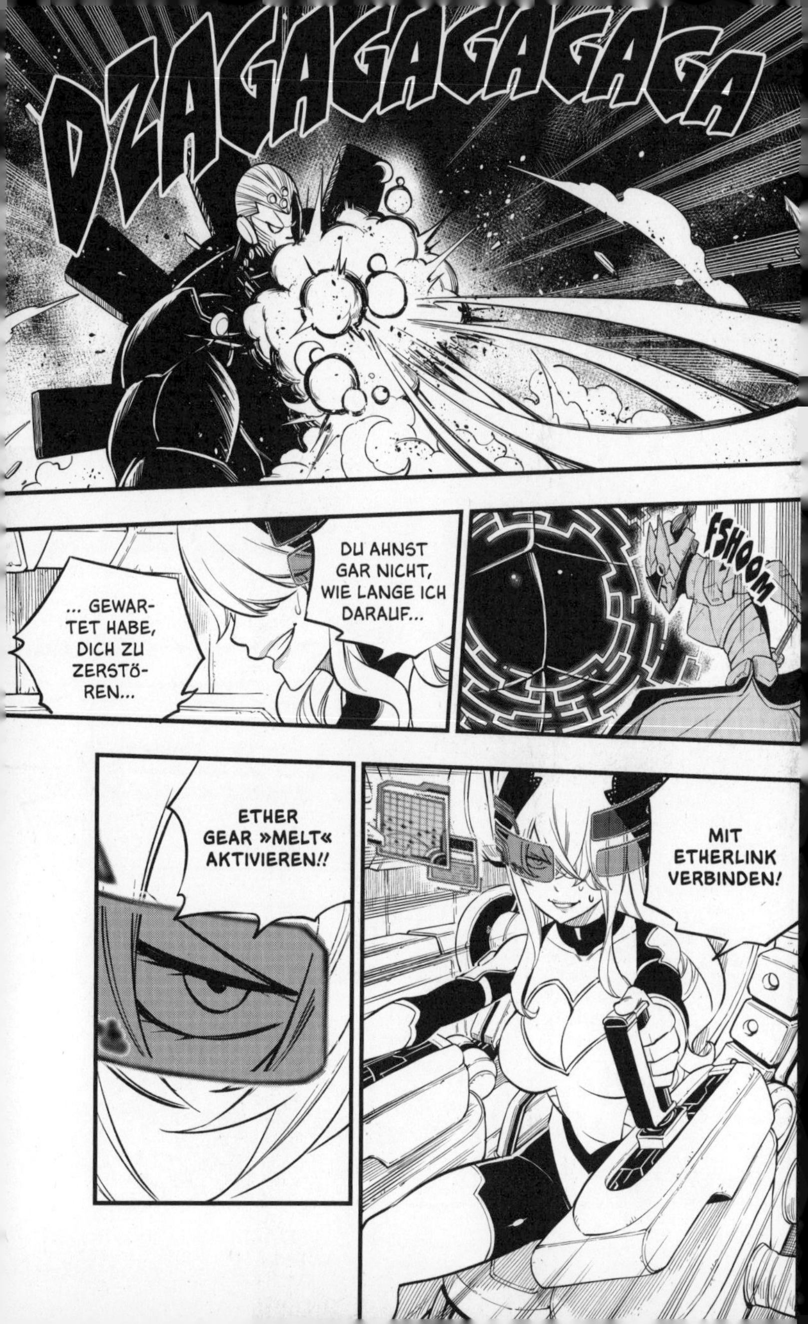
DZAGAGAGAGAGA
FSHOOM
DU AHNST GAR NICHT, WIE LANGE ICH DARAUF...
... GEWARTET HABE, DICH ZU ZERSTÖREN...
MIT ETHERLINK VERBINDEN!
ETHER GEAR »MELT« AKTIVIEREN!!

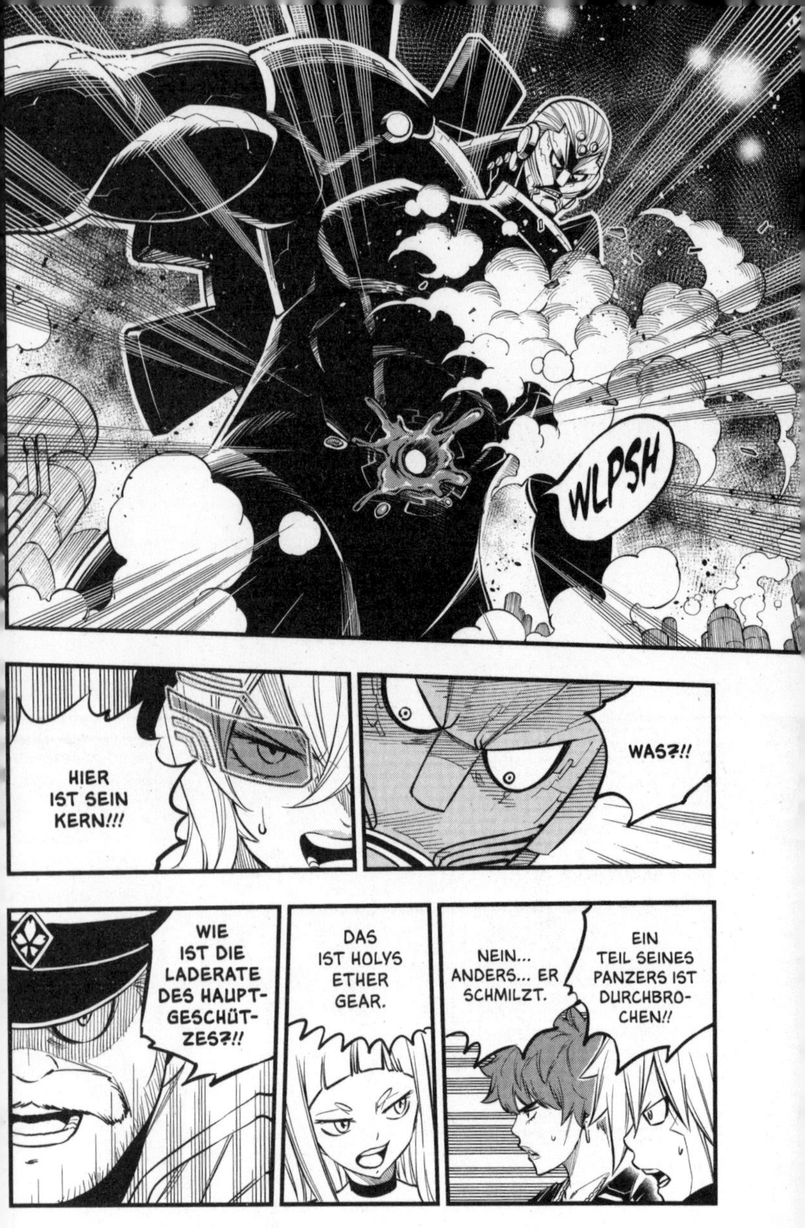
WLPSH
WAS?!!
HIER IST SEIN KERN!!!
EIN TEIL SEINES PANZERS IST DURCHBROCHEN!!
NEIN... ANDERS... ER SCHMILZT.
DAS IST HOLYS ETHER GEAR.
WIE IST DIE LADERATE DES HAUPTGESCHÜTZES?!!

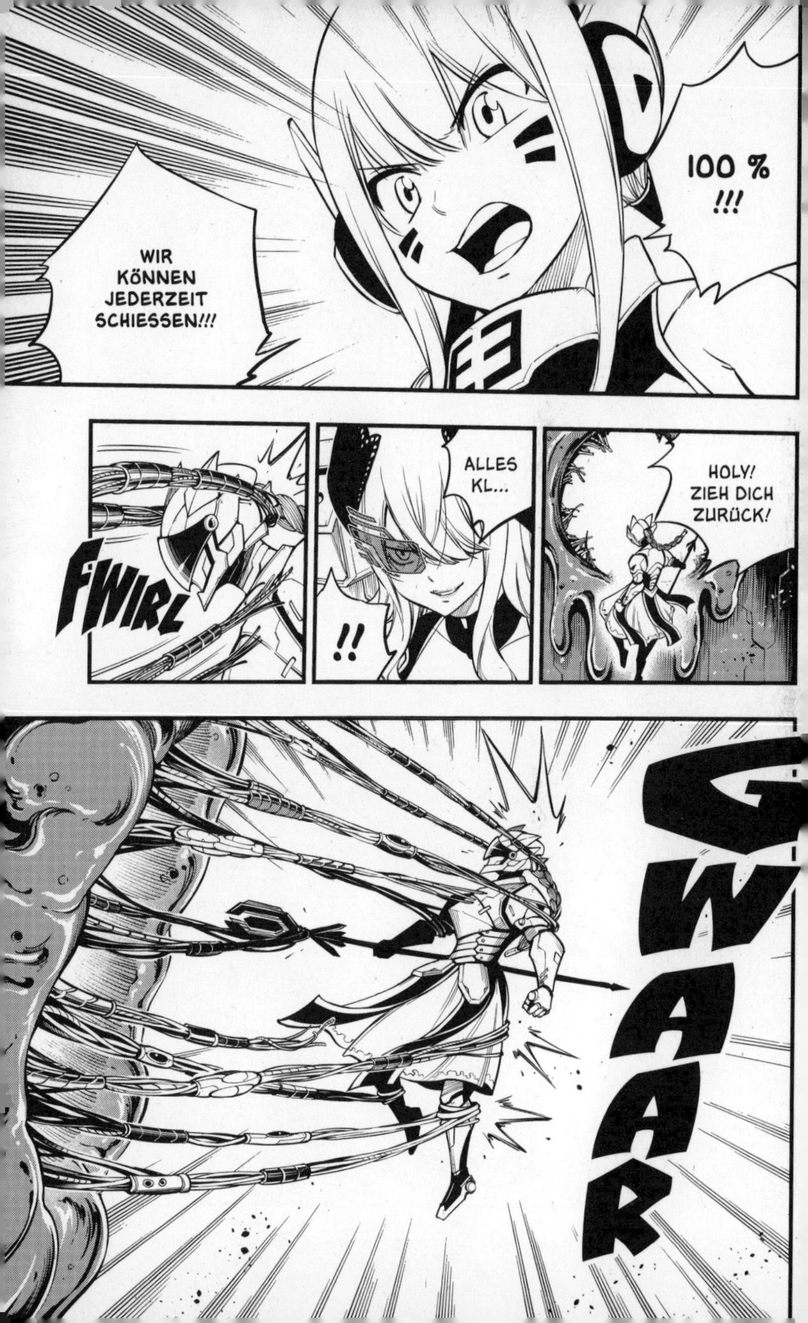

100 %
!!!
WIR KÖNNEN JEDERZEIT SCHIESSEN!!!
HOLY! ZIEH DICH ZURÜCK!
ALLES KL...
!!
FWIRL
GWAAAR

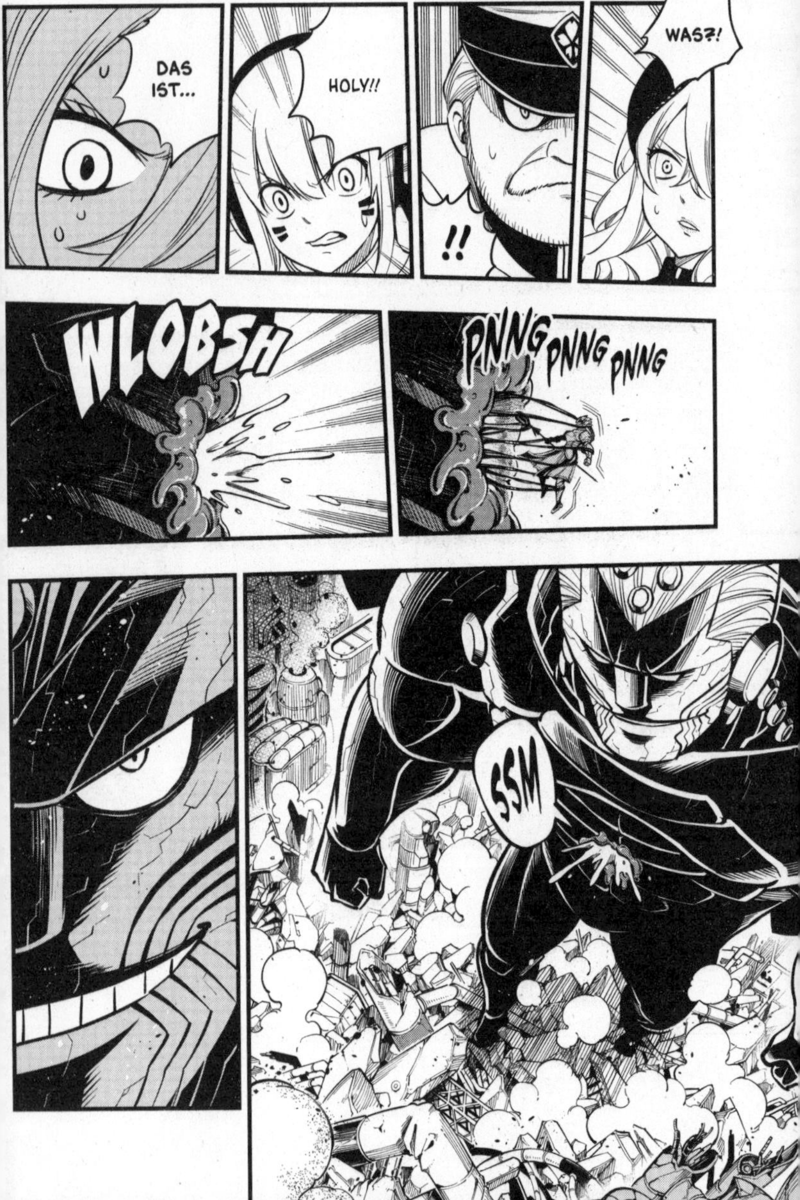
WAS?!
!!
HOLY!!
DAS IST...
WLOBSH
PNNG PNNG PNNG
SSM

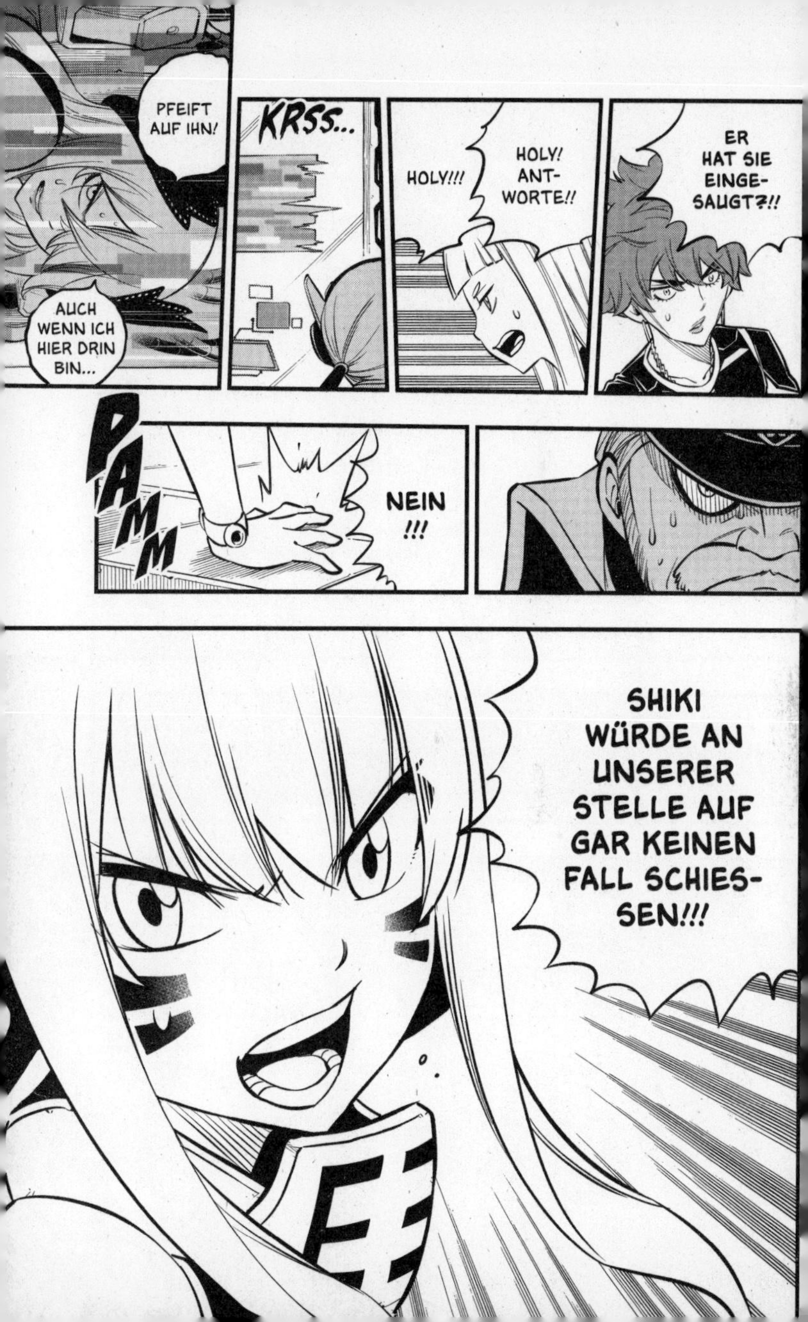
ER HAT SIE EINGESAUGT?!!
HOLY! ANTWORTE!!
HOLY!!!
KRSS...
PFEIFT AUF IHN!
AUCH WENN ICH HIER DRIN BIN...
NEIN!!!
PAMM
SHIKI WÜRDE AN UNSERER STELLE AUF GAR KEINEN FALL SCHIESSEN!!!

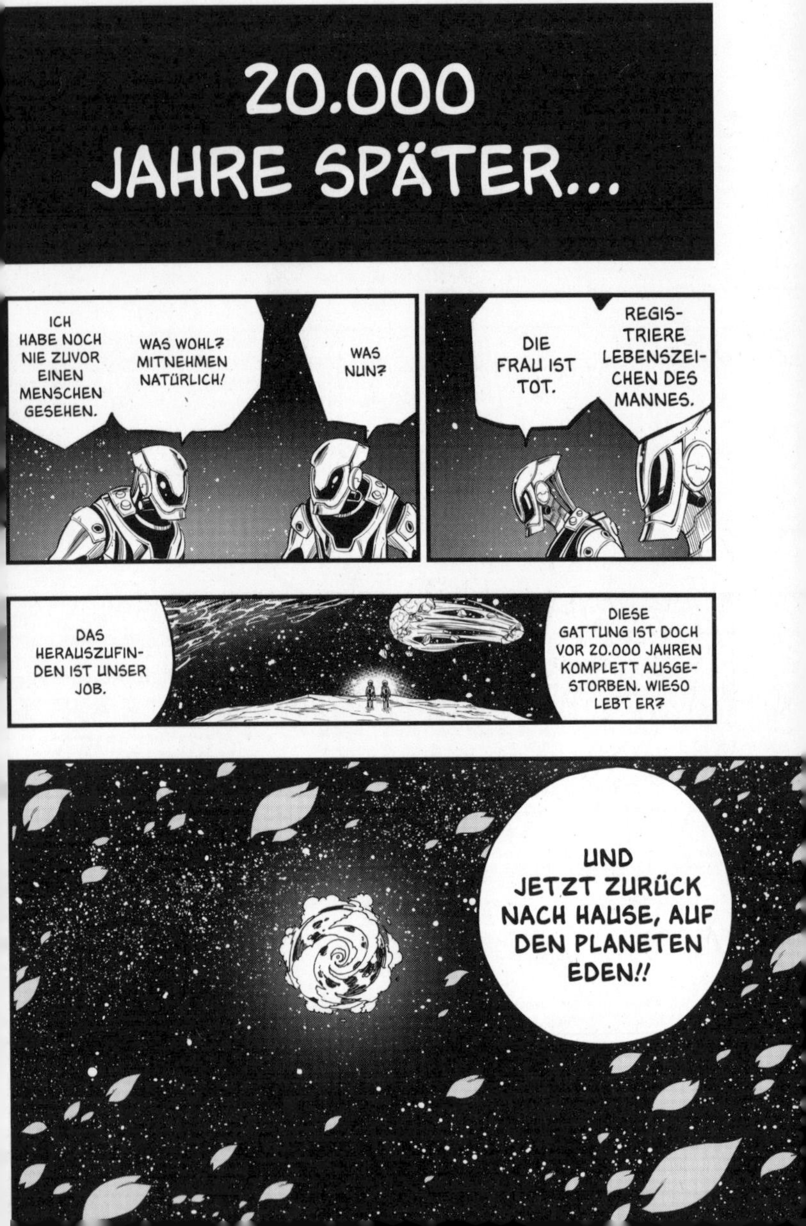
20.000 JAHRE SPÄTER...
REGISTRIERE LEBENSZEICHEN DES MANNES.
DIE FRAU IST TOT.
WAS NUN?
WAS WOHL? MITNEHMEN NATÜRLICH!
ICH HABE NOCH NIE ZUVOR EINEN MENSCHEN GESEHEN.
DIESE GATTUNG IST DOCH VOR 20.000 JAHREN KOMPLETT AUSGESTORBEN. WIESO LEBT ER?
DAS HERAUSZUFINDEN IST UNSER JOB.
UND JETZT ZURÜCK NACH HAUSE, AUF DEN PLANETEN EDEN!!

EDENS ZERO

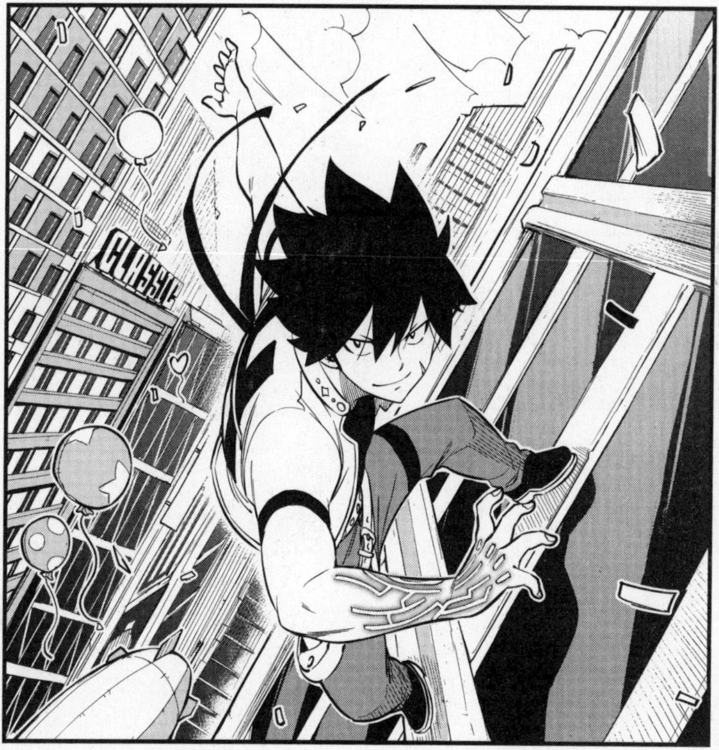

KAPITEL 202: KLAR UND UNGESCHÖNT

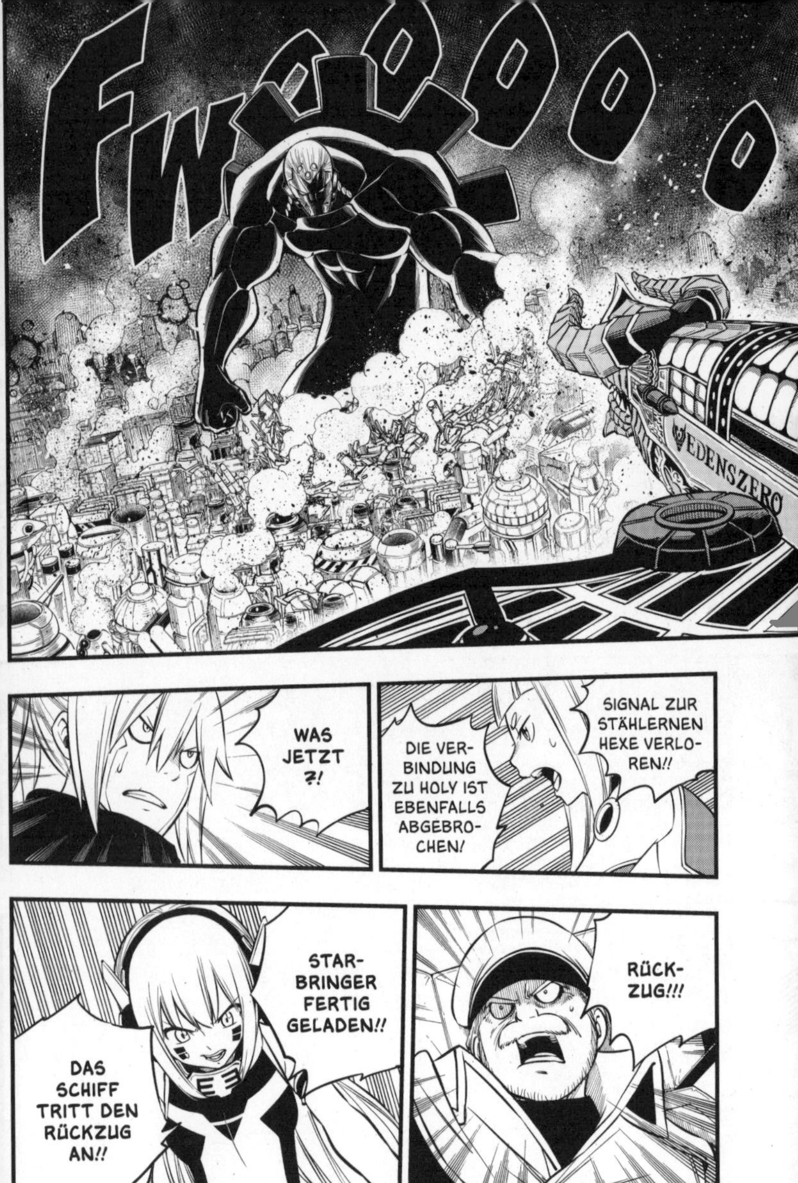
FWOOOOO
EDENSZERO
SIGNAL ZUR STÄHLERNEN HEXE VERLOREN!!
DIE VERBINDUNG ZU HOLY IST EBENFALLS ABGEBROCHEN!
WAS JETZT ?!
RÜCKZUG!!!
STARBRINGER FERTIG GELADEN!!
DAS SCHIFF TRITT DEN RÜCKZUG AN!!

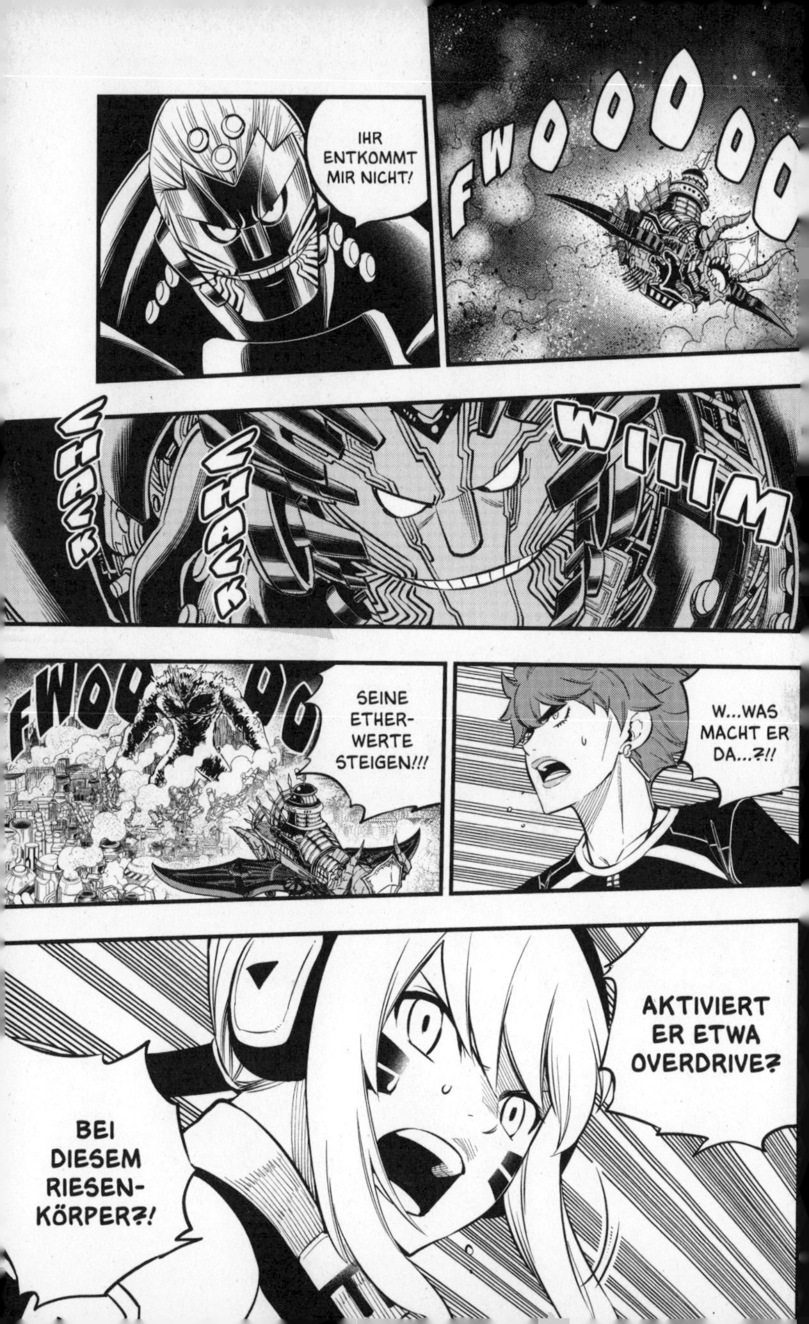
IHR ENTKOMMT MIR NICHT!
FWOOOOOO
SHACK
SHACK
WIIIM
FWOOOOG
SEINE ETHER-WERTE STEIGEN!!!
W...WAS MACHT ER DA...?!!
AKTIVIERT ER ETWA OVERDRIVE?
BEI DIESEM RIESEN-KÖRPER?!

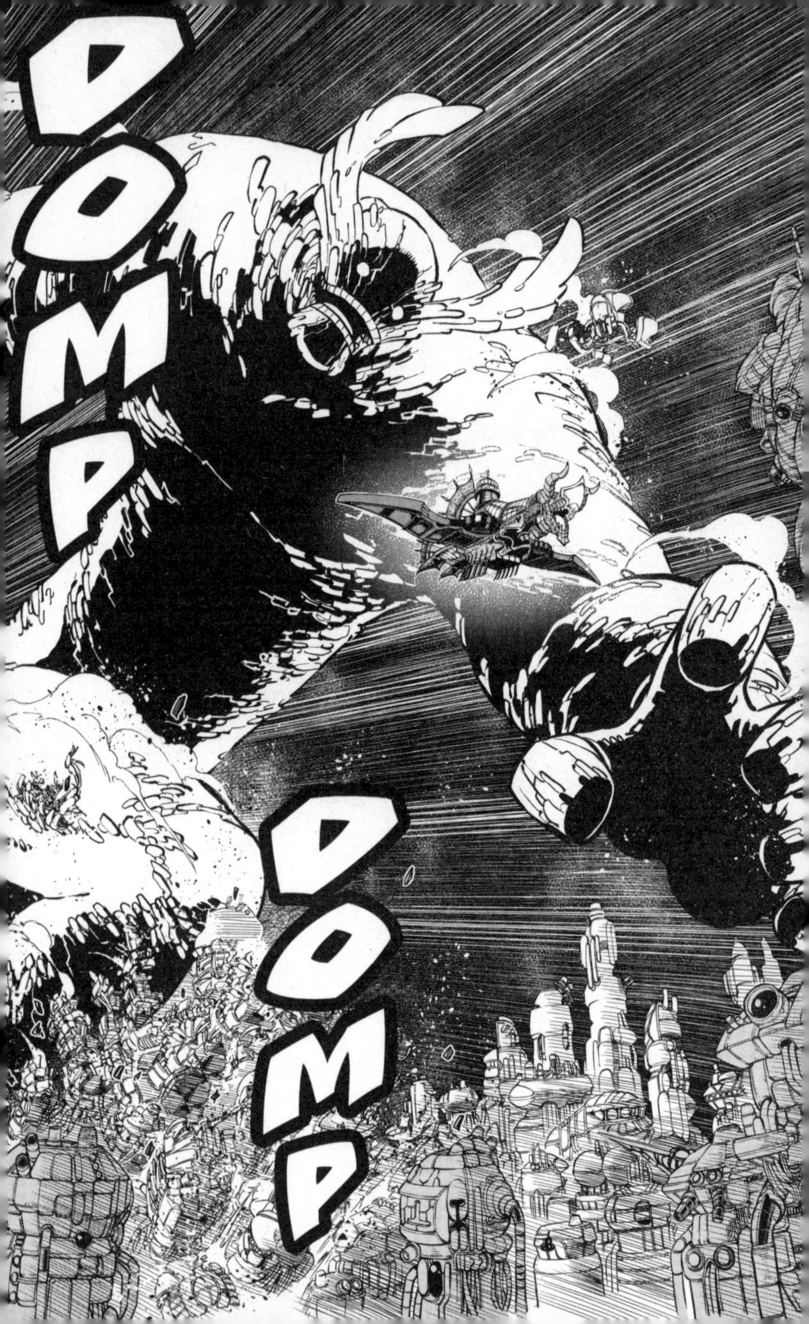
DOMP
DOMP

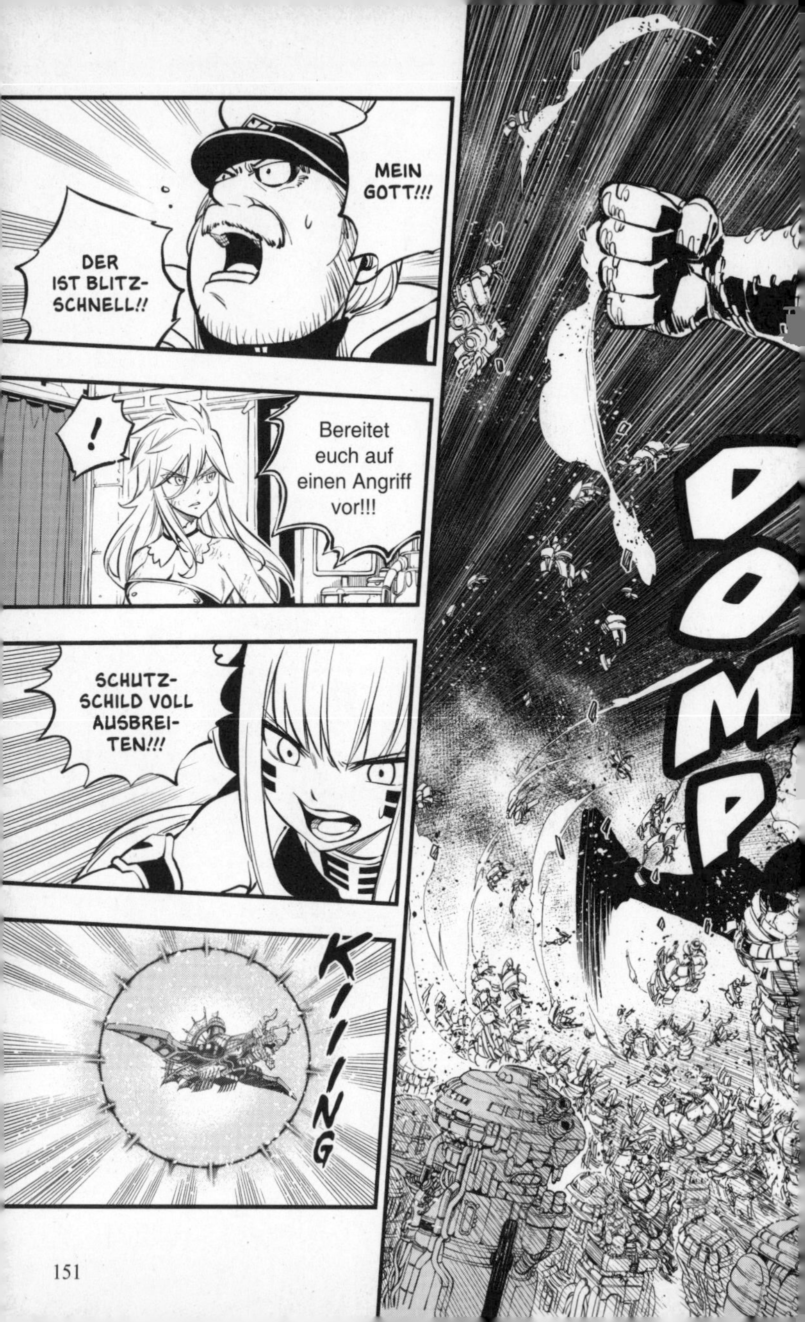
DOMP
MEIN GOTT!!!
DER IST BLITZ-SCHNELL!!
Bereitet euch auf einen Angriff vor!!!
!
SCHUTZ-SCHILD VOLL AUSBREI-TEN!!!
KIIING

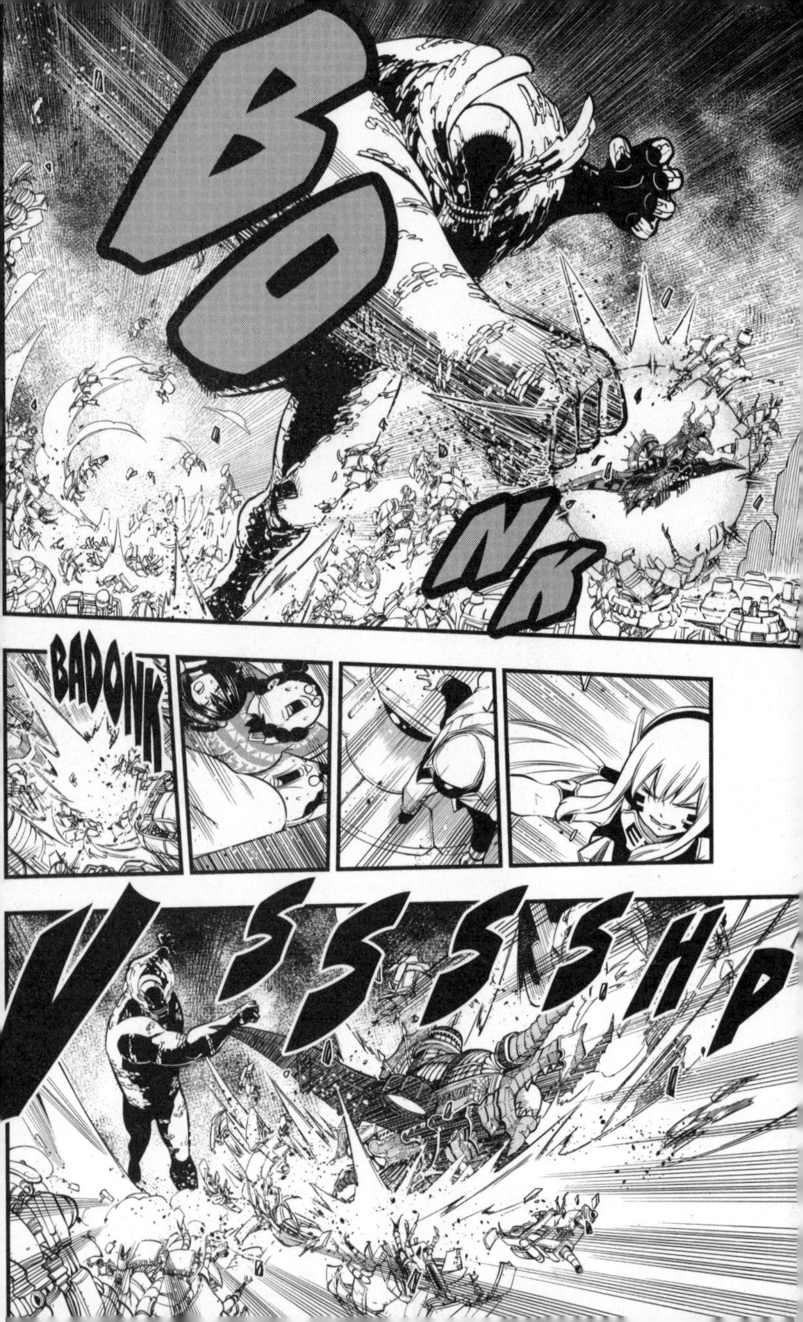
BONK
BADONK
VSSSSHP

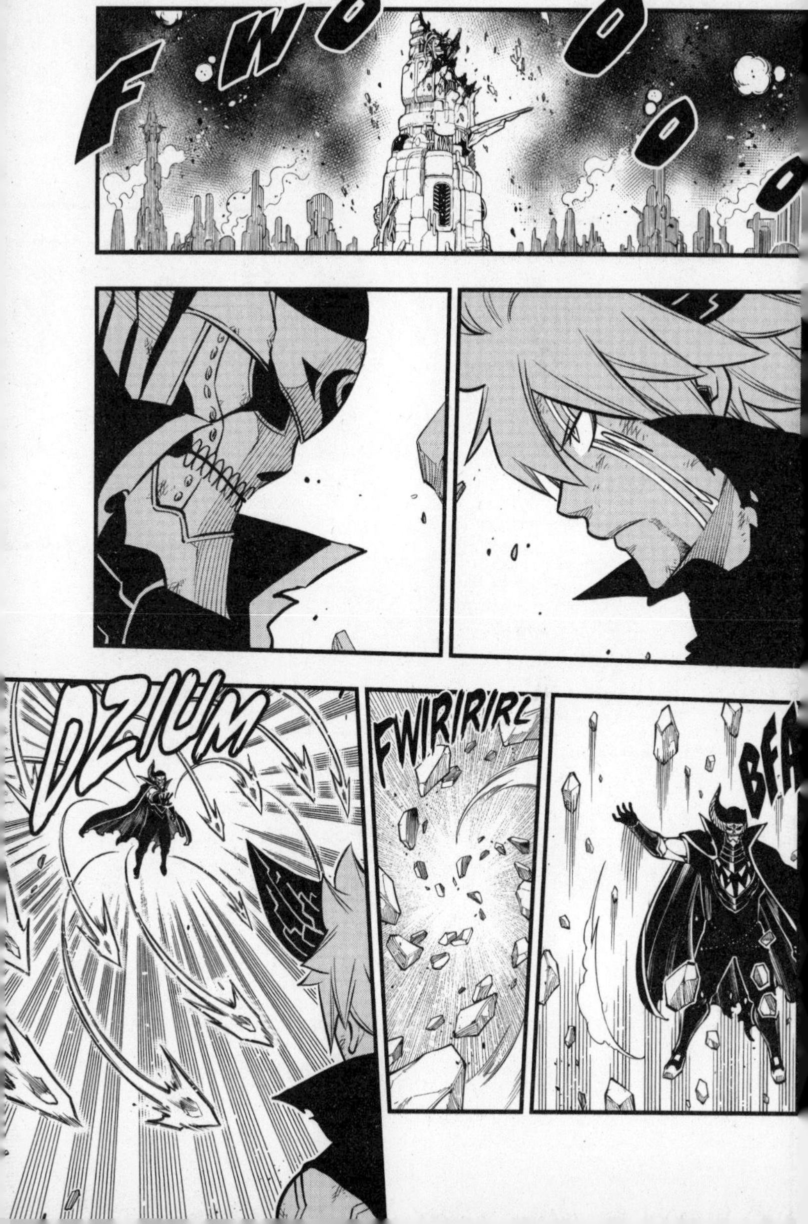
FWOOOO
DZIUM
FWIRIRIRL

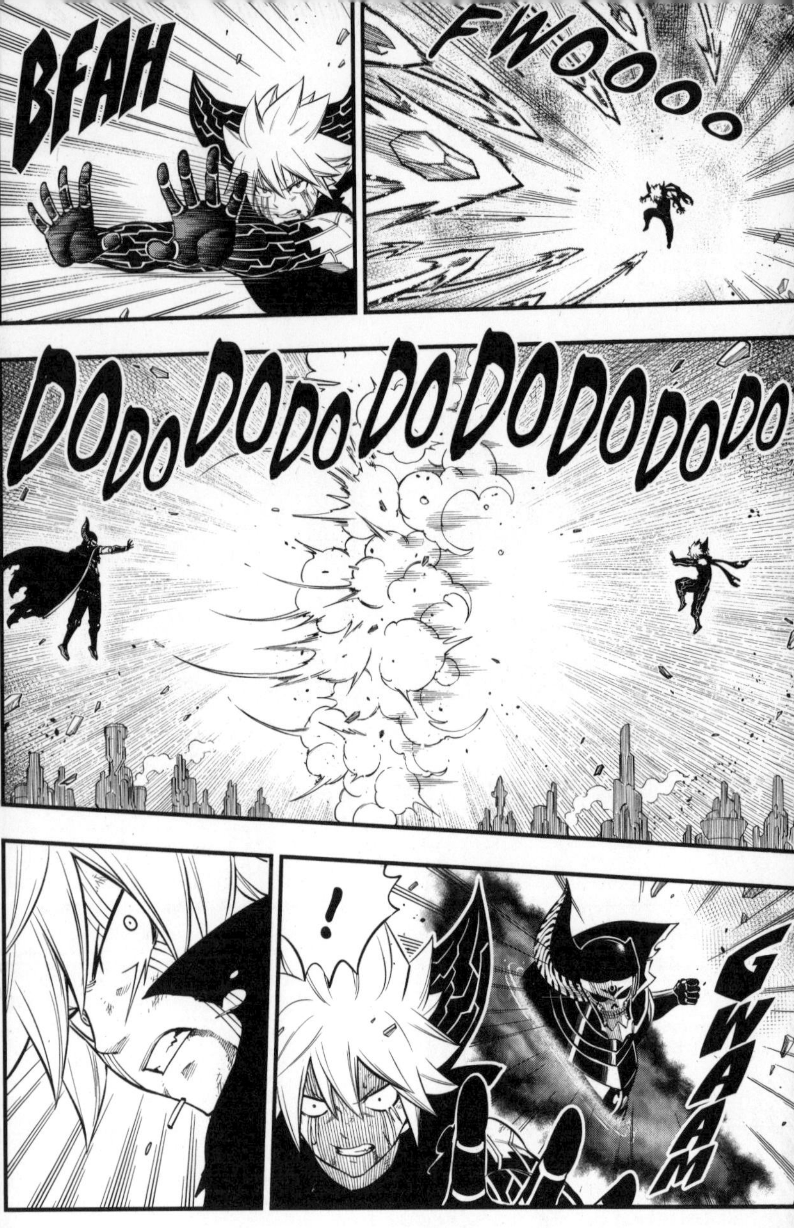
BFAH
FWOOOOO
DODODODODODODODODO
!
GWAAM

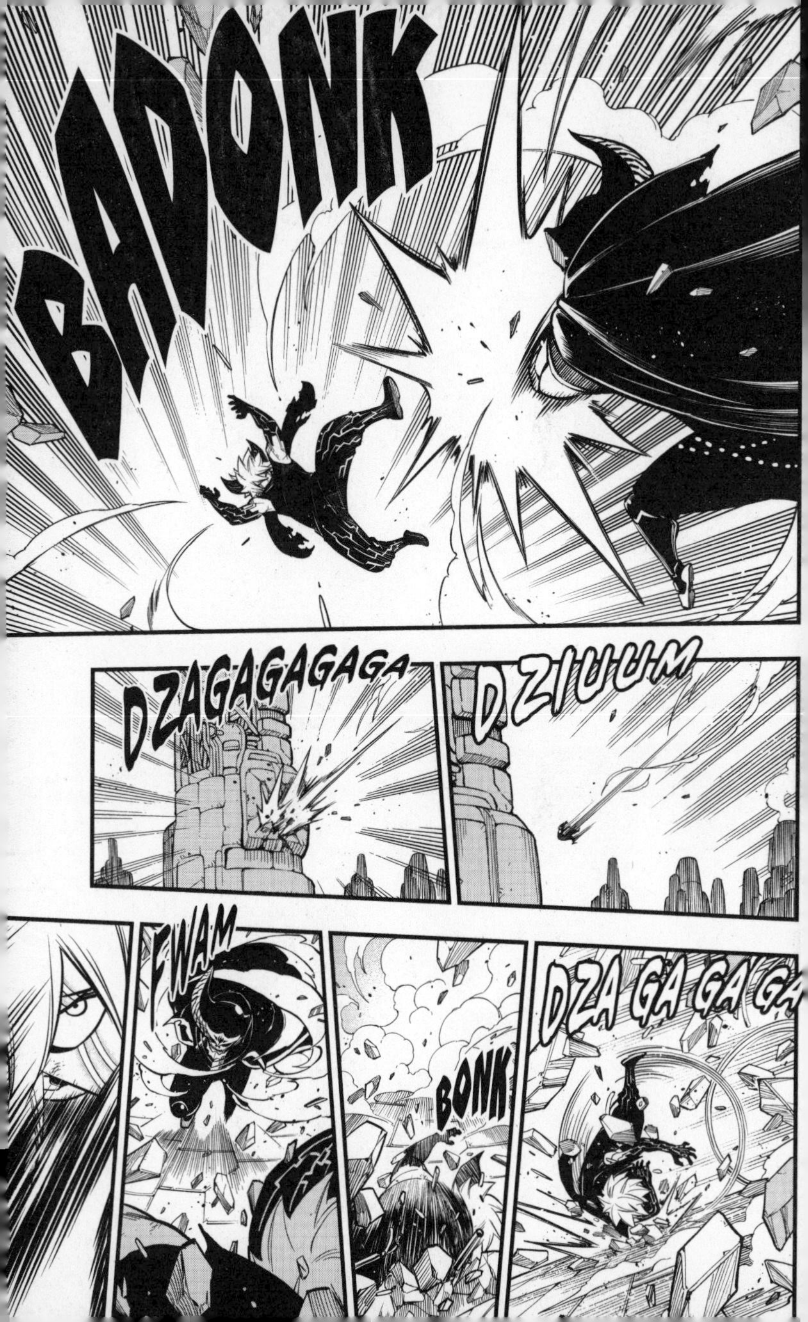
BADONK
DZAGAGAGAGA
DZIUUM
FWAM
BONK
DZA GA GA GA

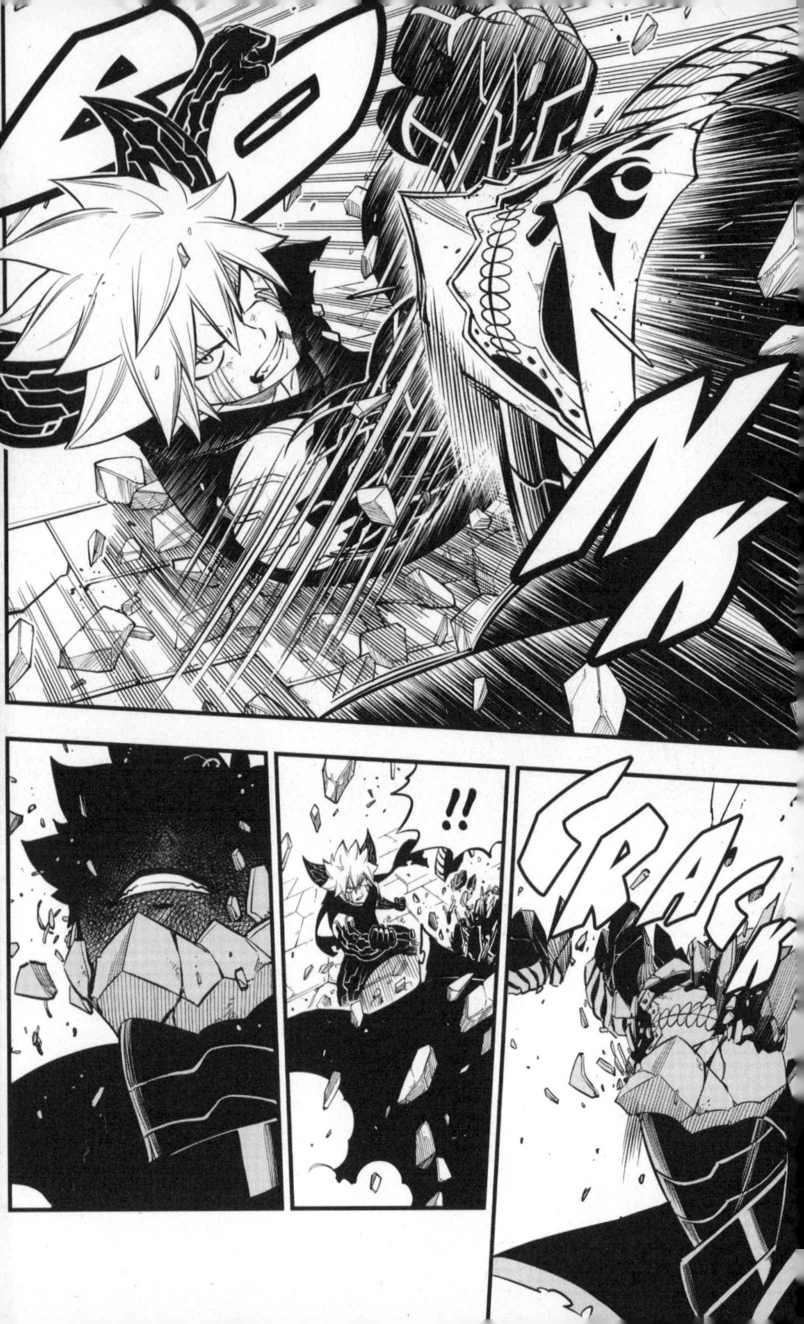
!!
CRACK

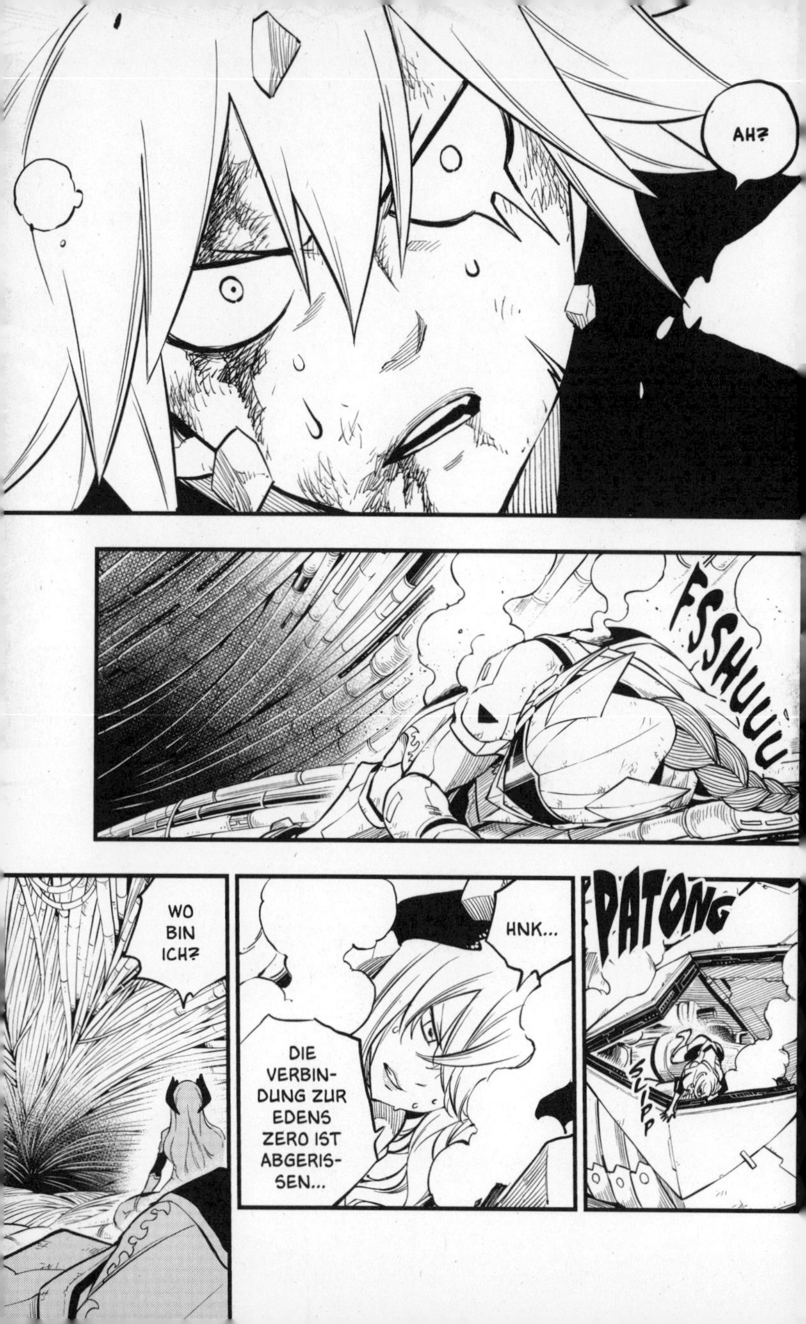
AH?
FSSHUUU
PATONG
SLIPP
HNK...
DIE VERBIN-DUNG ZUR EDENS ZERO IST ABGERIS-SEN...
WO BIN ICH?

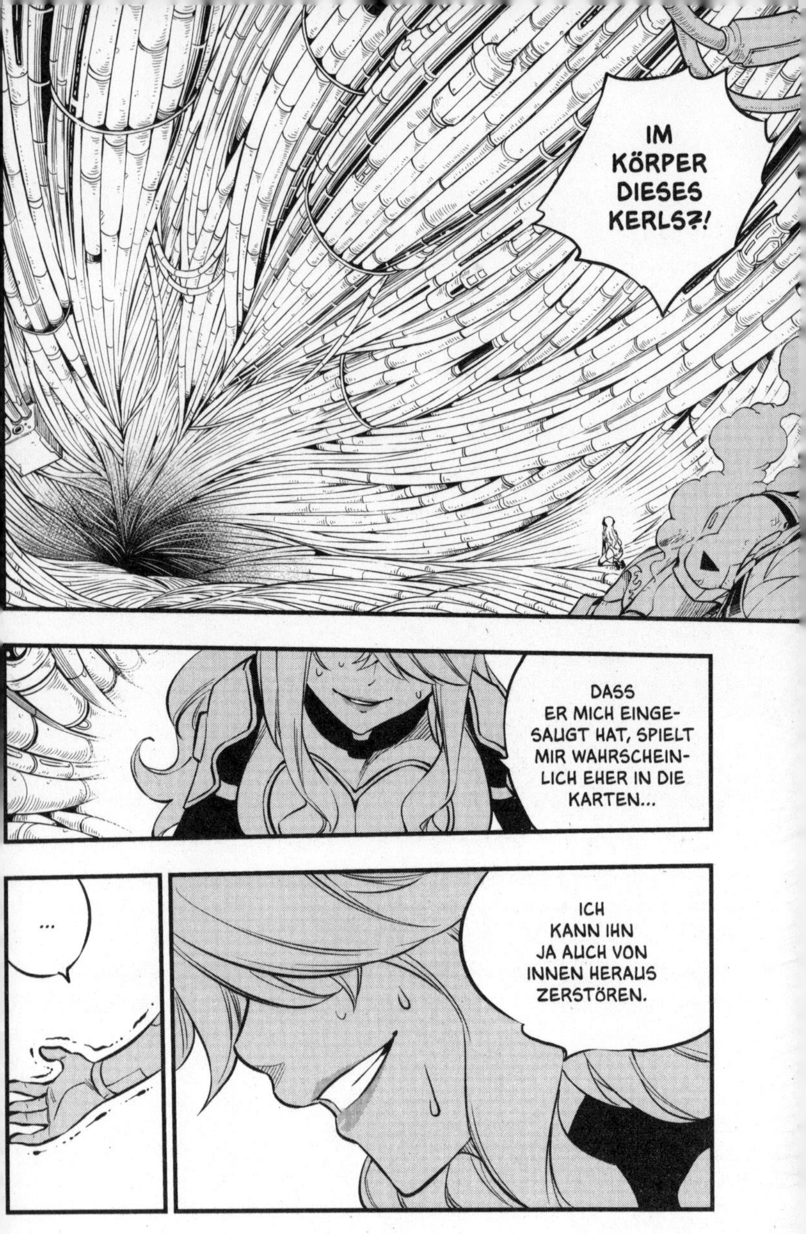
IM KÖRPER DIESES KERLS?!
DASS ER MICH EINGESAUGT HAT, SPIELT MIR WAHRSCHEINLICH EHER IN DIE KARTEN...
...
ICH KANN IHN JA AUCH VON INNEN HERAUS ZERSTÖREN.

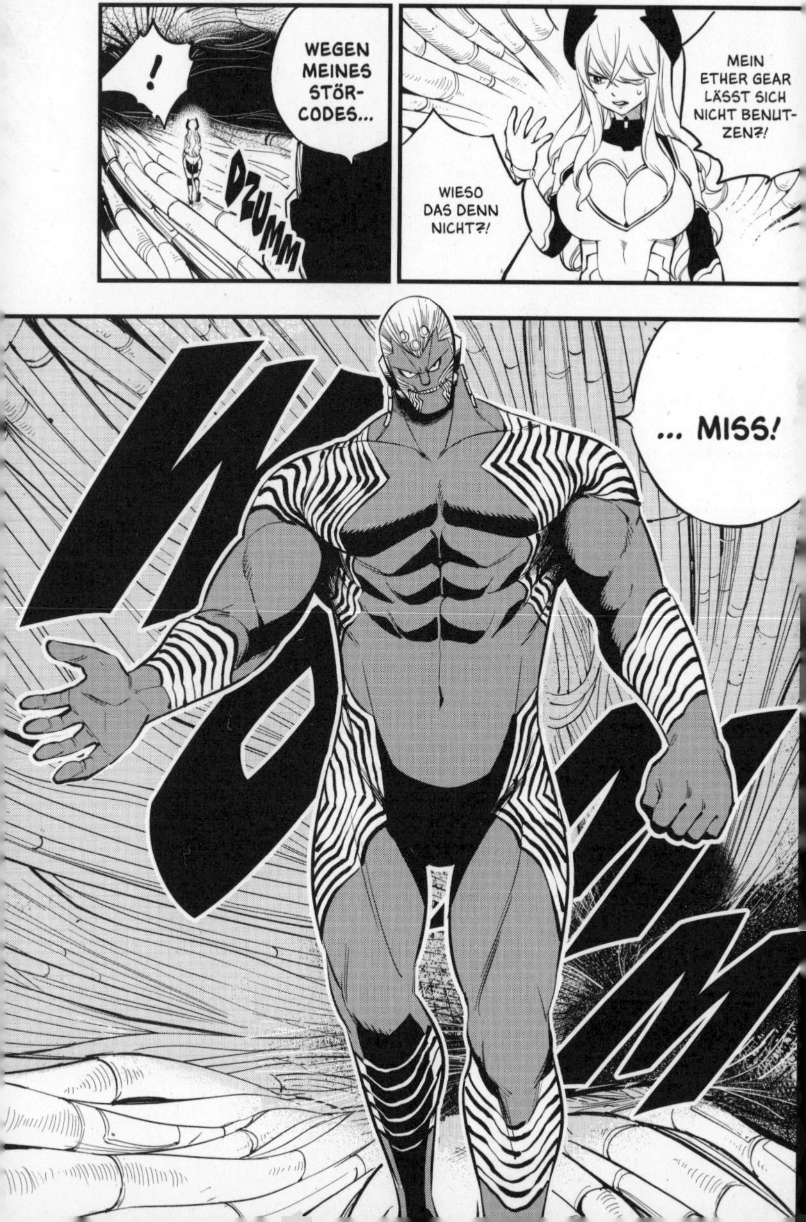
MEIN ETHER GEAR LÄSST SICH NICHT BENUTZEN?!
WIESO DAS DENN NICHT?!
!
WEGEN MEINES STÖR-CODES...
DZUMM
... MISS!

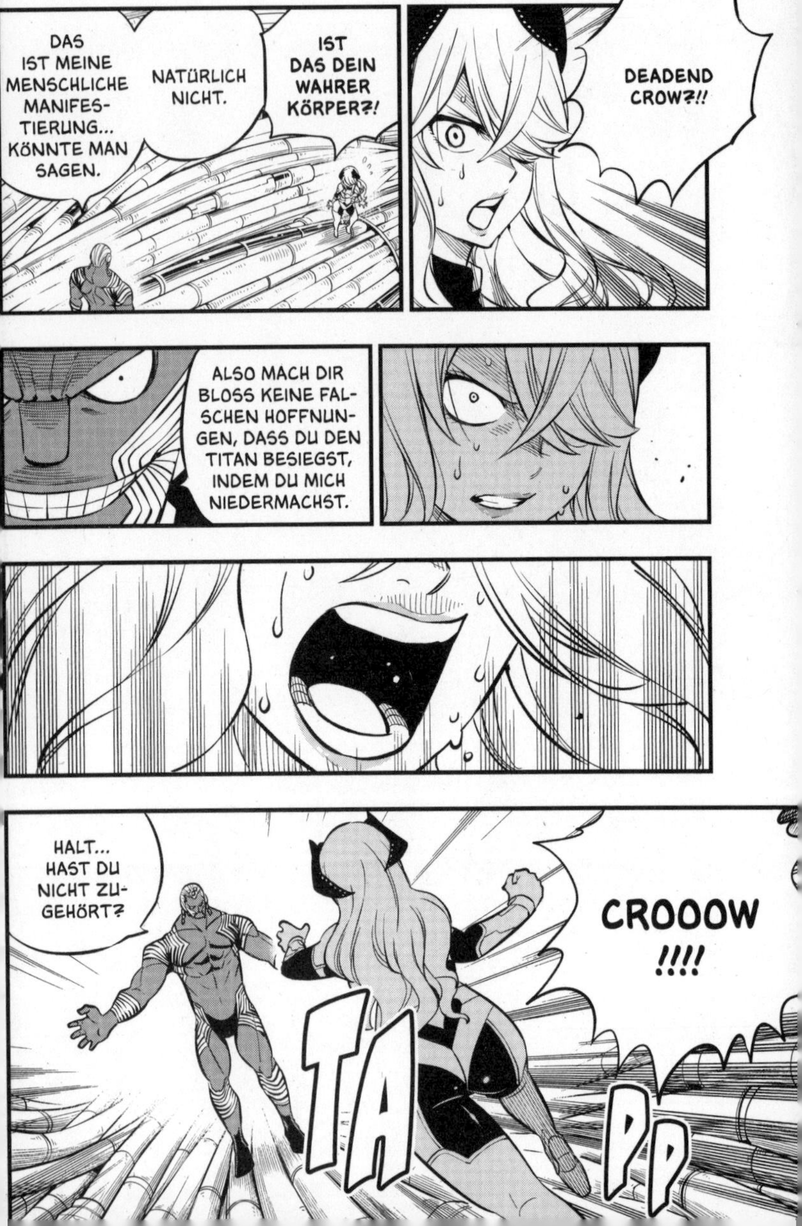
DAS IST MEINE MENSCHLICHE MANIFESTIERUNG... KÖNNTE MAN SAGEN.
NATÜRLICH NICHT.
IST DAS DEIN WAHRER KÖRPER?!
DEADEND CROW?!!
ALSO MACH DIR BLOSS KEINE FALSCHEN HOFFNUNGEN, DASS DU DEN TITAN BESIEGST, INDEM DU MICH NIEDERMACHST.
HALT... HAST DU NICHT ZUGEHÖRT?
CROOOW !!!!
TAPP

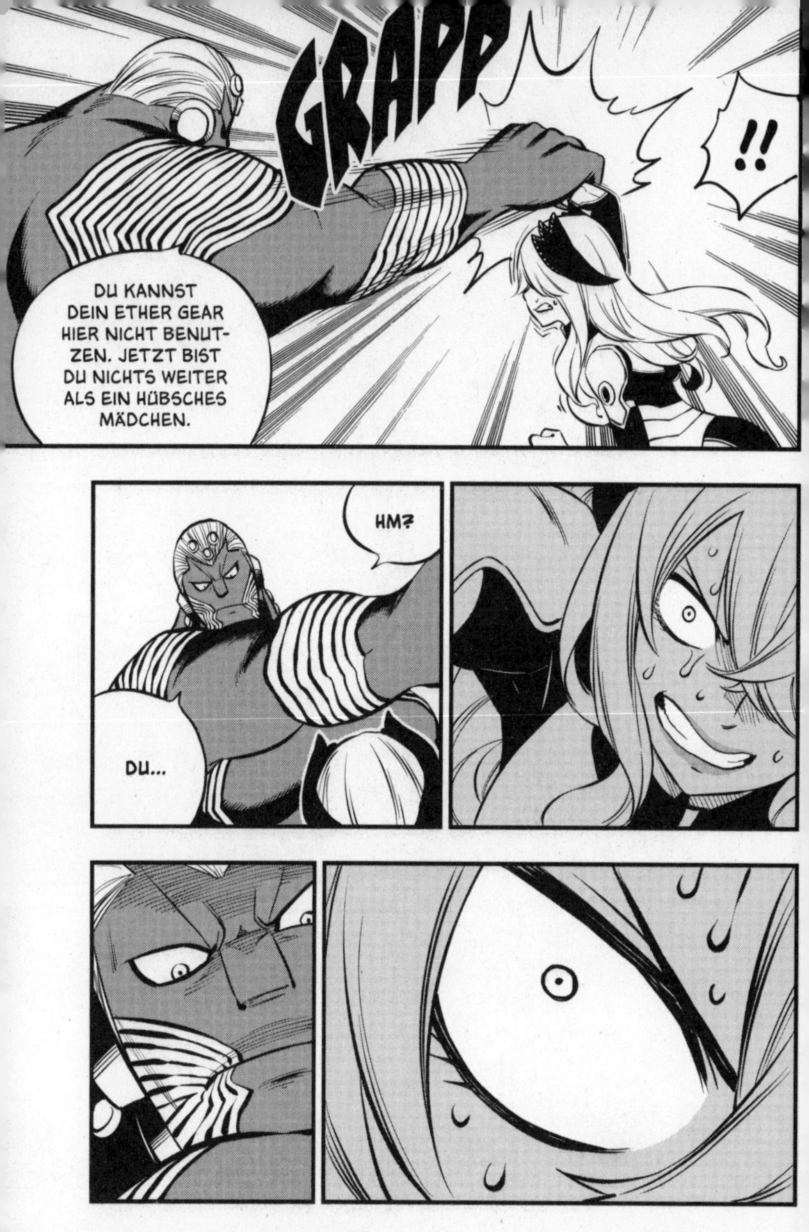
GRAPP
!!
DU KANNST DEIN ETHER GEAR HIER NICHT BENUTZEN. JETZT BIST DU NICHTS WEITER ALS EIN HÜBSCHES MÄDCHEN.
HM?
DU...

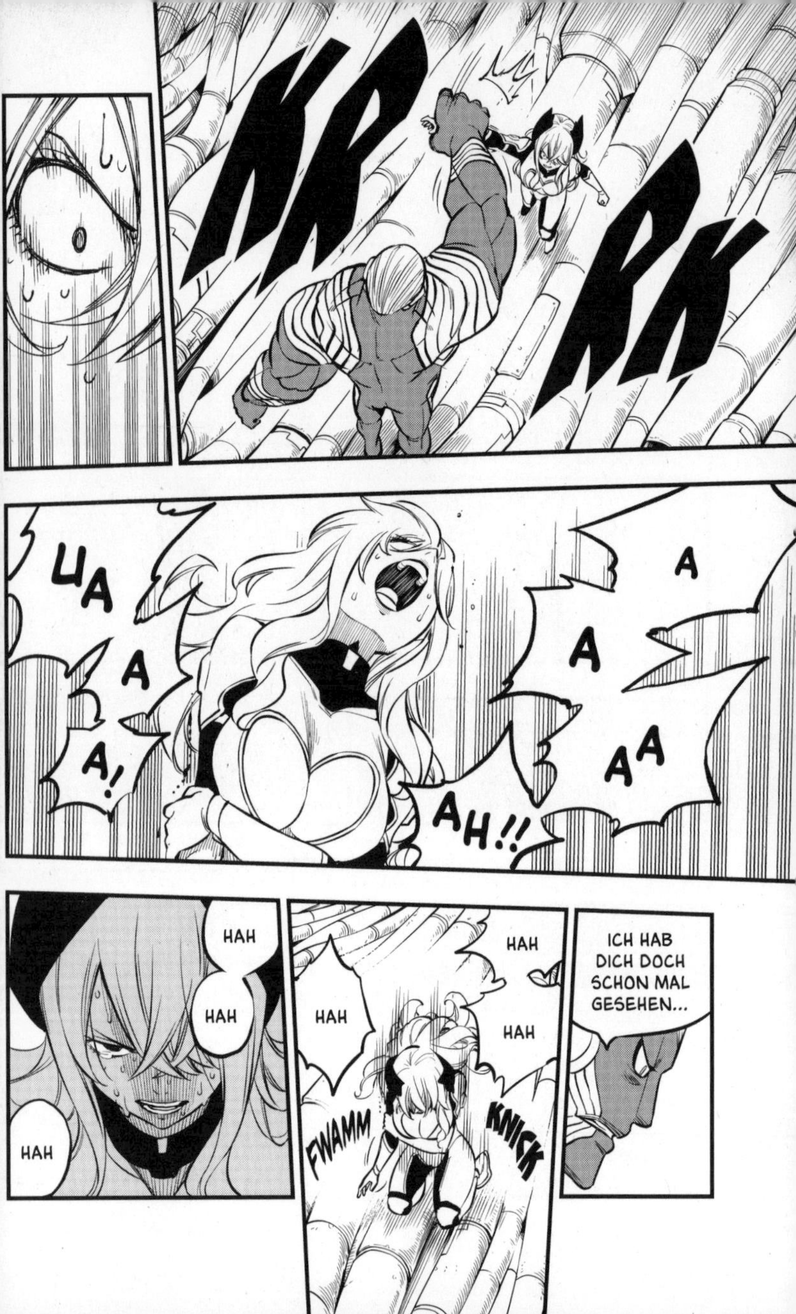
KR
RK
UA
A
A!
A
A
AA
AH!!
ICH HAB DICH DOCH SCHON MAL GESEHEN...
HAH
HAH
HAH
HAH
FWAMM
KNICK
HAH
HAH
HAH

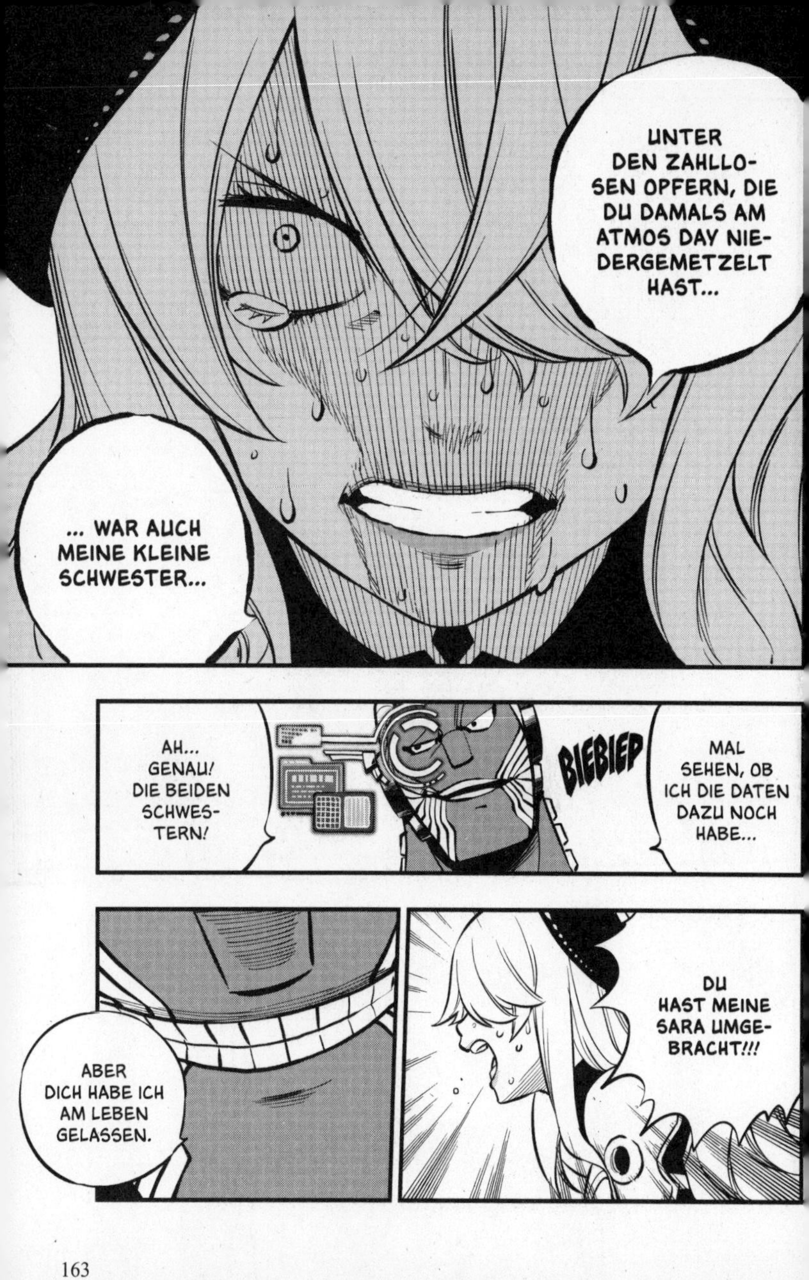
UNTER DEN ZAHLLOSEN OPFERN, DIE DU DAMALS AM ATMOS DAY NIEDERGEMETZELT HAST...
... WAR AUCH MEINE KLEINE SCHWESTER...
MAL SEHEN, OB ICH DIE DATEN DAZU NOCH HABE...
BIEBIEP
AH... GENAU! DIE BEIDEN SCHWESTERN!
DU HAST MEINE SARA UMGEBRACHT!!!
ABER DICH HABE ICH AM LEBEN GELASSEN.

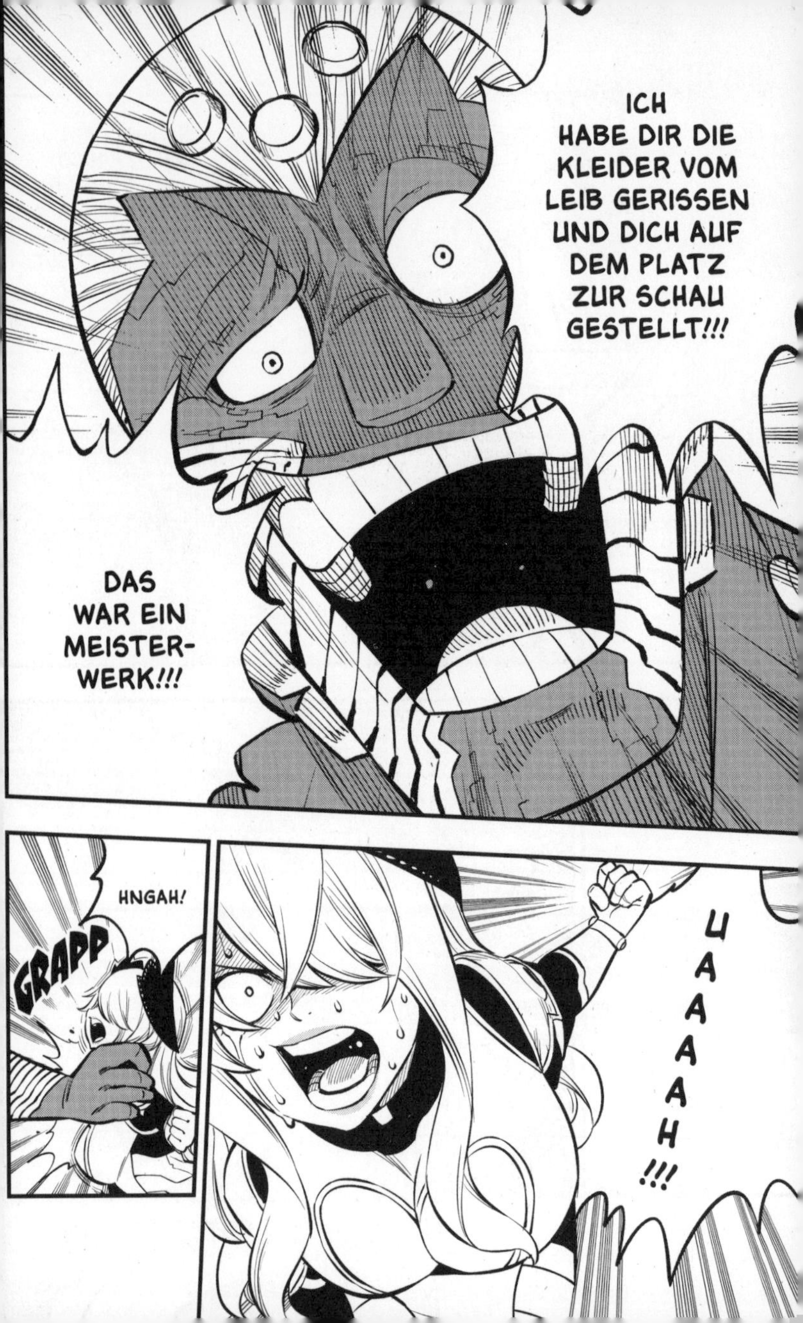
ICH HABE DIR DIE KLEIDER VOM LEIB GERISSEN UND DICH AUF DEM PLATZ ZUR SCHAU GESTELLT!!!
DAS WAR EIN MEISTER-WERK!!!
UAAAAAAH!!!
HNGAH!
GRAPP

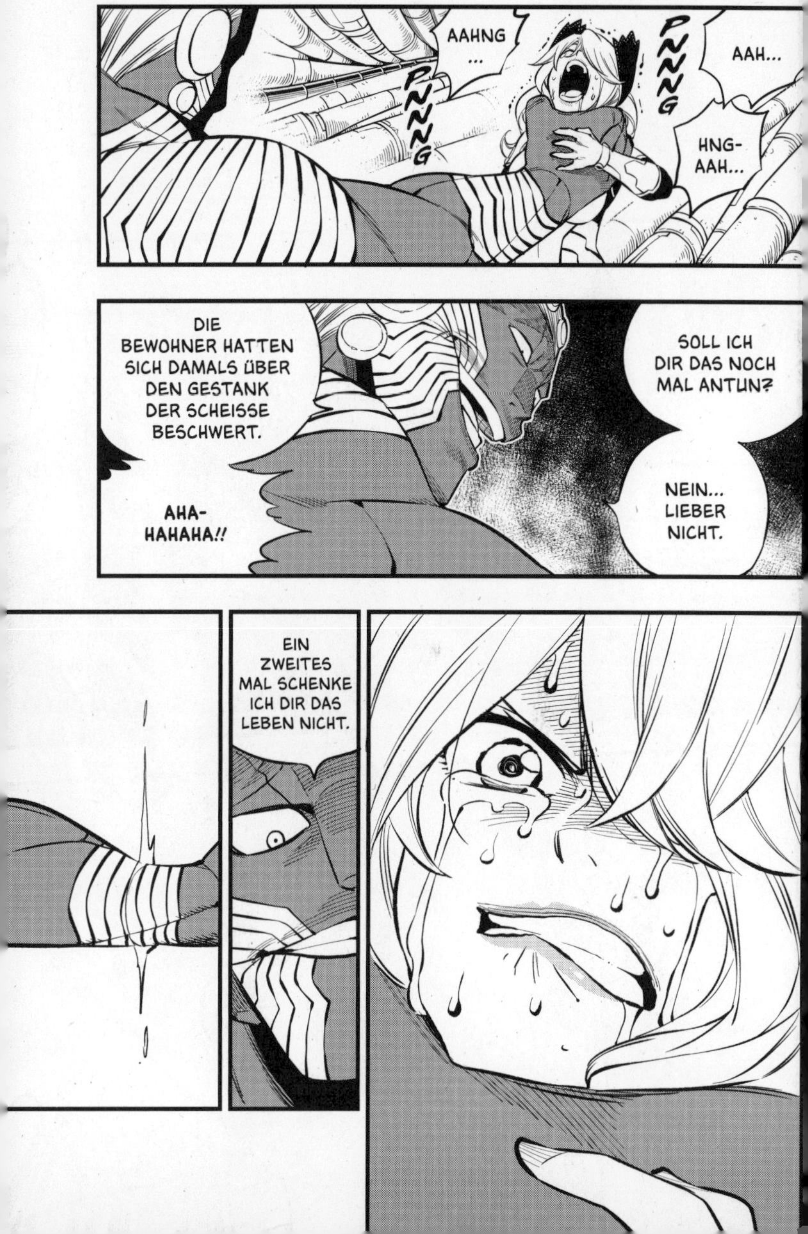
AAH...
PNNG
HNG-
AAH...
AAHNG
...
PNNG
SOLL ICH
DIR DAS NOCH
MAL ANTUN?
NEIN...
LIEBER
NICHT.
DIE
BEWOHNER HATTEN
SICH DAMALS ÜBER
DEN GESTANK
DER SCHEISSE
BESCHWERT.
AHA-
HAHAHA!!
EIN
ZWEITES
MAL SCHENKE
ICH DIR DAS
LEBEN NICHT.

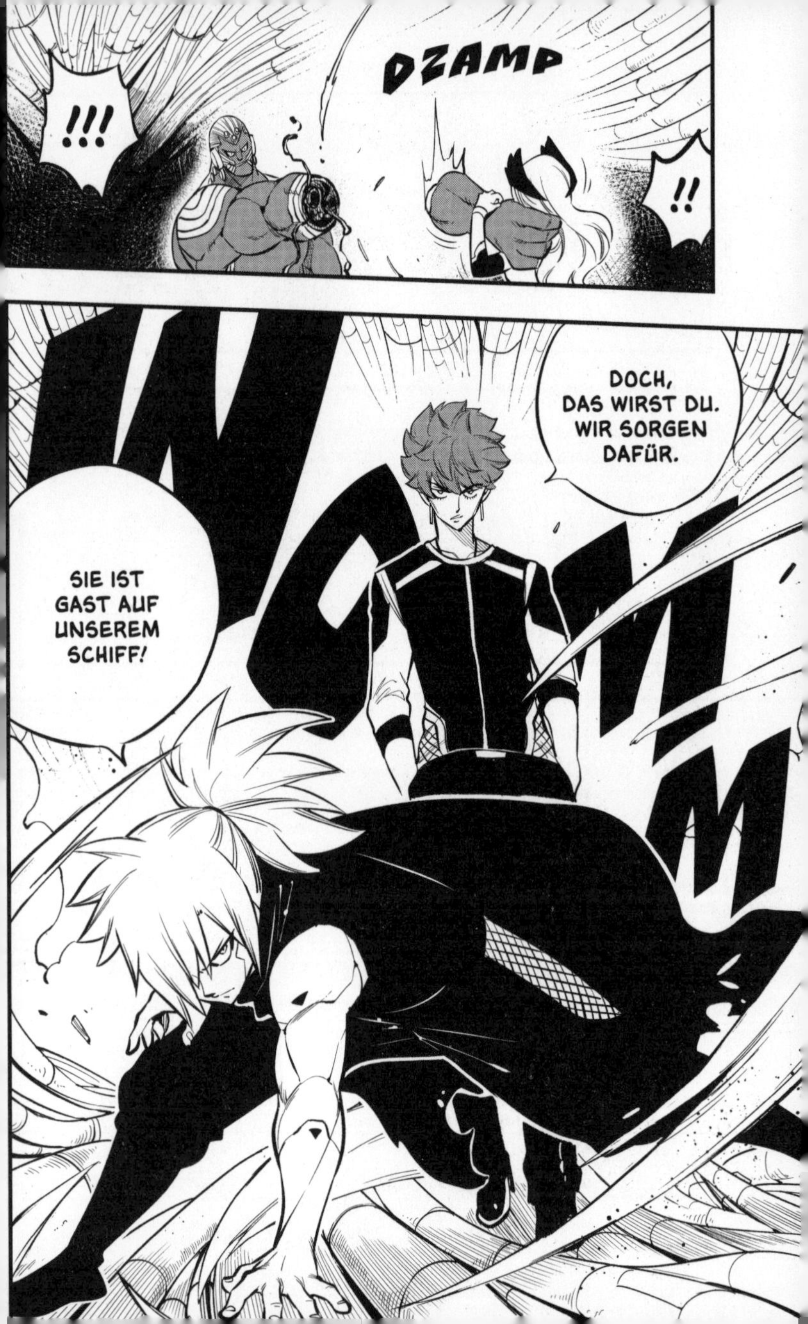
DZAMP
!!
!!!
DOCH, DAS WIRST DU. WIR SORGEN DAFÜR.
SIE IST GAST AUF UNSEREM SCHIFF!

EDENS ZERO

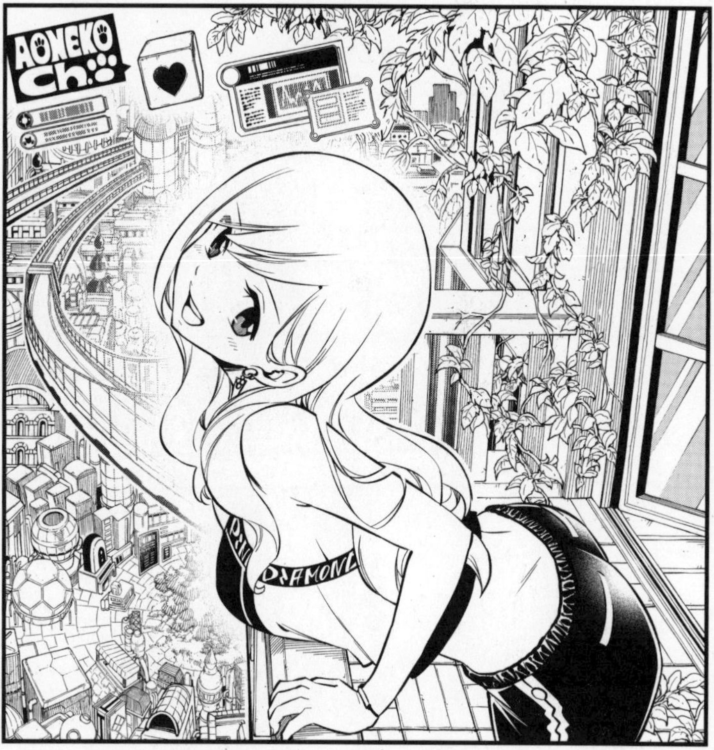

KAPITEL 203: ZIGGY

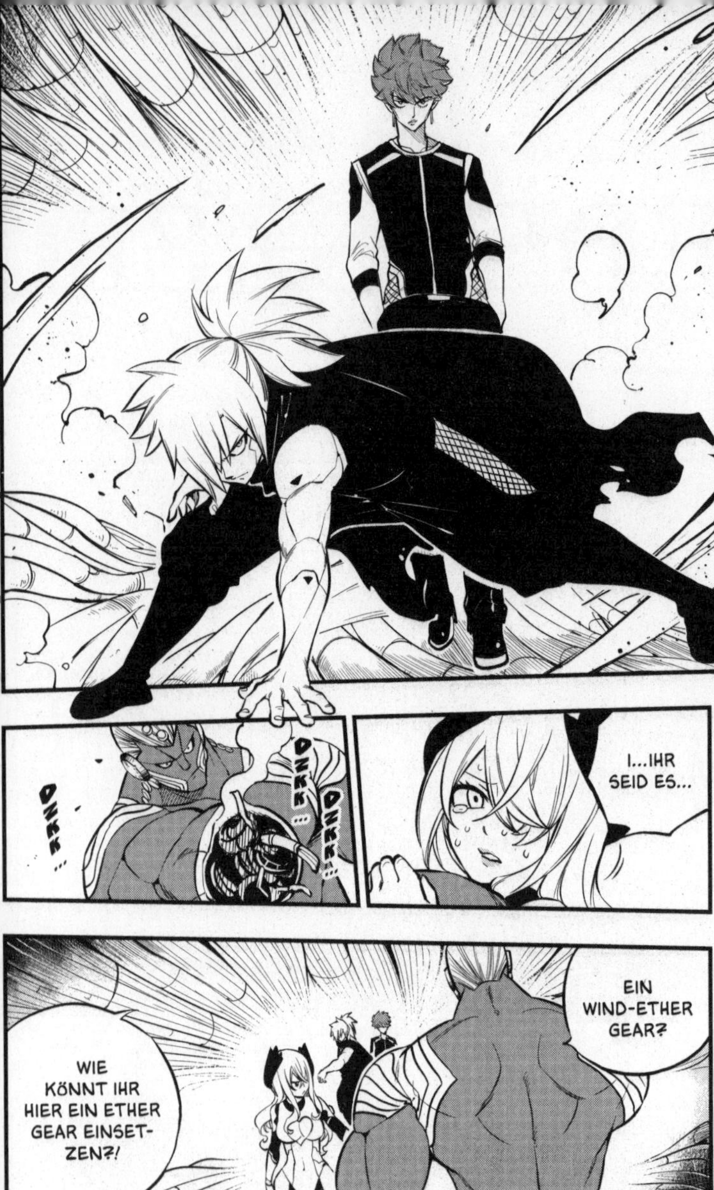
I...IHR SEID ES...
DZKK...
DZKK...
DZKK...
EIN WIND-ETHER GEAR?
WIE KÖNNT IHR HIER EIN ETHER GEAR EINSET-ZEN?!

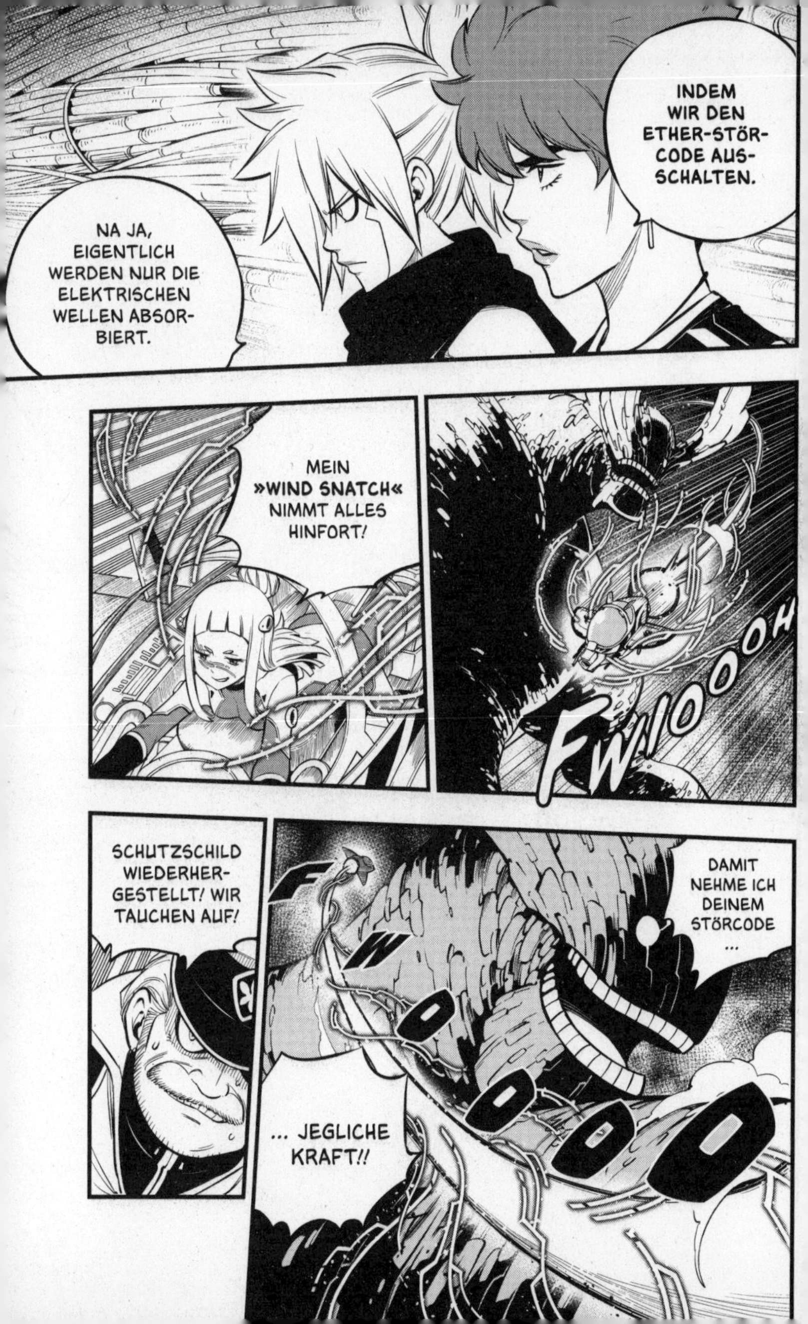
INDEM WIR DEN ETHER-STÖR-CODE AUS-SCHALTEN.
NA JA, EIGENTLICH WERDEN NUR DIE ELEKTRISCHEN WELLEN ABSOR-BIERT.
MEIN »WIND SNATCH« NIMMT ALLES HINFORT!
FWIOOOOH
SCHUTZSCHILD WIEDERHER-GESTELLT! WIR TAUCHEN AUF!
DAMIT NEHME ICH DEINEM STÖRCODE ...
FWOOOOO
... JEGLICHE KRAFT!!

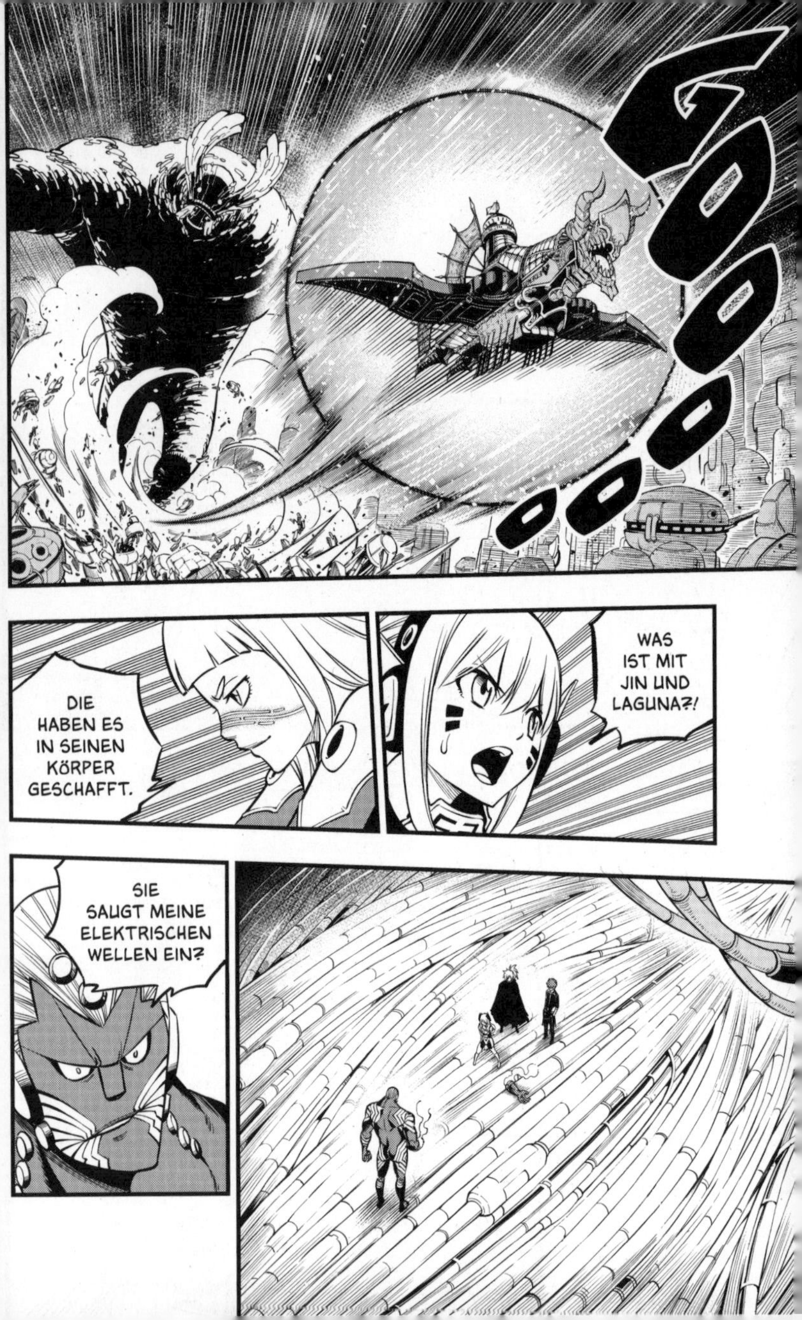
GOOOOOOOO
WAS IST MIT JIN UND LAGUNA?!
DIE HABEN ES IN SEINEN KÖRPER GESCHAFFT.
SIE SAUGT MEINE ELEKTRISCHEN WELLEN EIN?

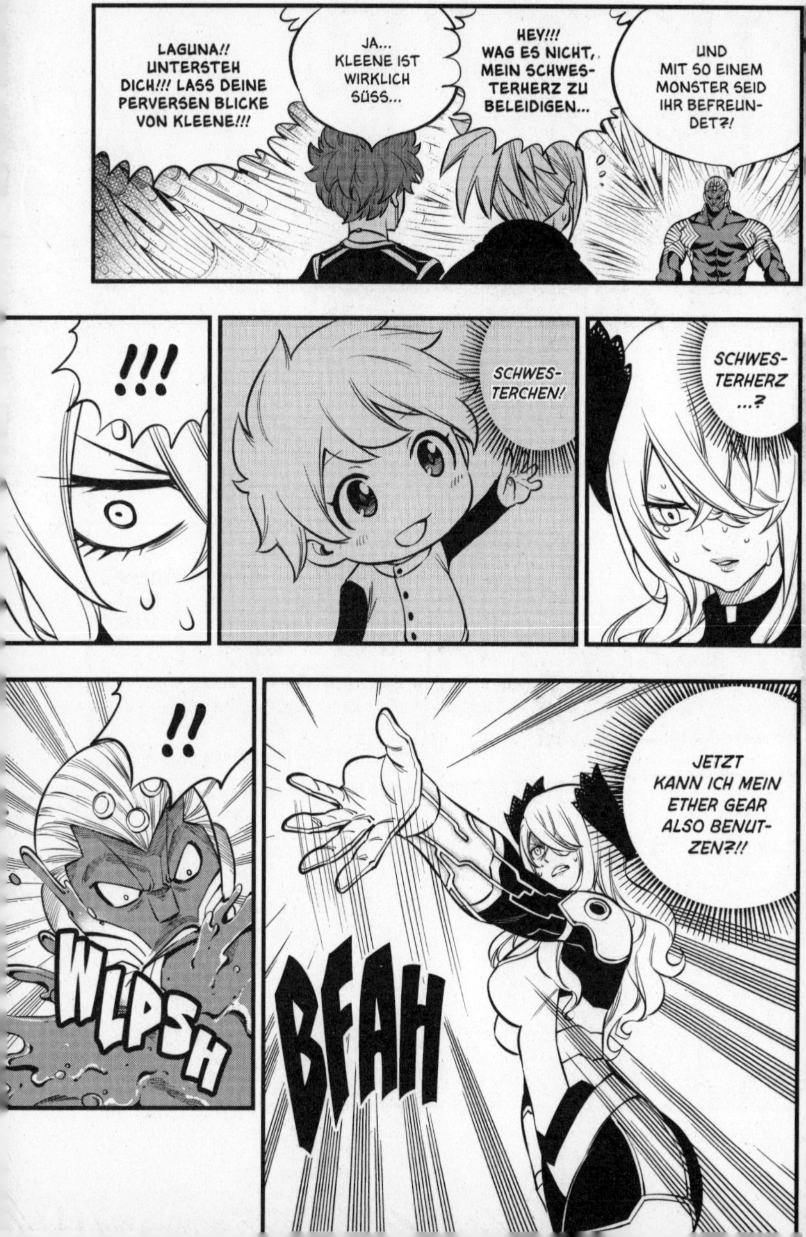
UND MIT SO EINEM MONSTER SEID IHR BEFREUN-DET?!
HEY!!! WAG ES NICHT, MEIN SCHWES-TERHERZ ZU BELEIDIGEN...
JA... KLEENE IST WIRKLICH SÜSS...
LAGUNA!! UNTERSTEH DICH!!! LASS DEINE PERVERSEN BLICKE VON KLEENE!!!
SCHWES-TERHERZ ...?
SCHWES-TERCHEN!
!!!
JETZT KANN ICH MEIN ETHER GEAR ALSO BENUT-ZEN?!!
BFAH
!!
WLPSH

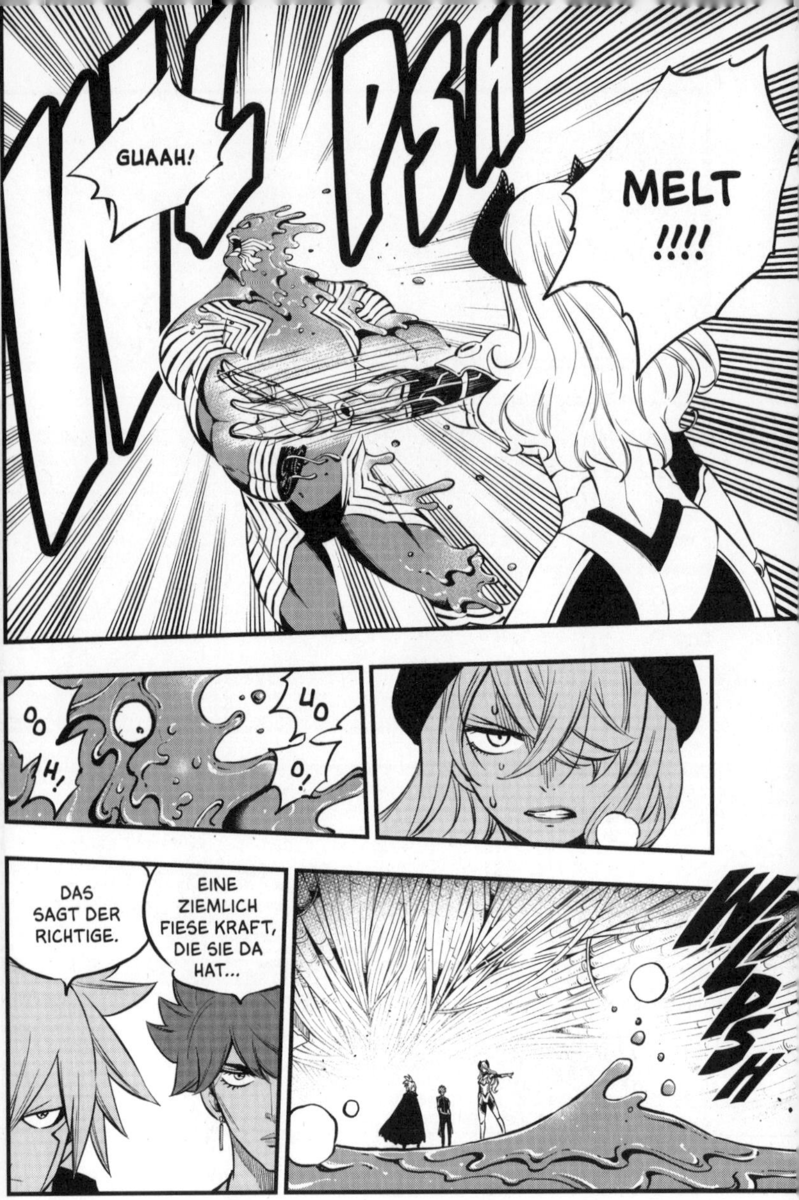
MELT
!!!!
GUAAH!
EINE ZIEMLICH FIESE KRAFT, DIE SIE DA HAT...
DAS SAGT DER RICHTIGE.

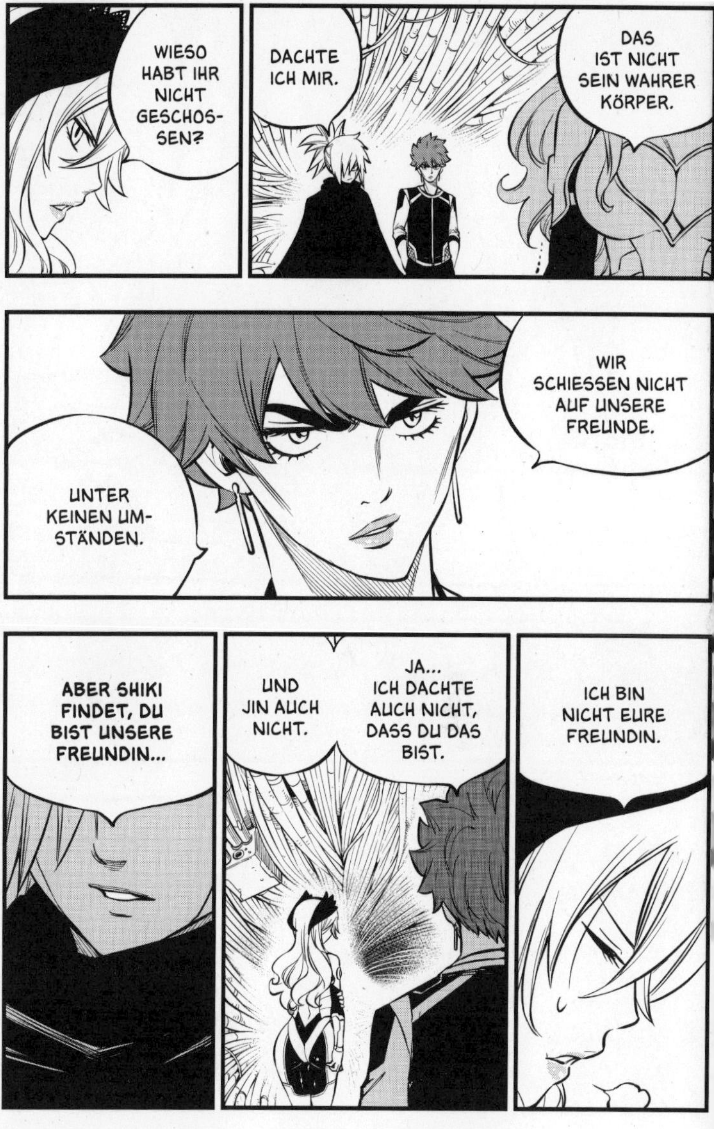
DAS IST NICHT SEIN WAHRER KÖRPER.
DACHTE ICH MIR.
WIESO HABT IHR NICHT GESCHOSSEN?
WIR SCHIESSEN NICHT AUF UNSERE FREUNDE.
UNTER KEINEN UMSTÄNDEN.
ICH BIN NICHT EURE FREUNDIN.
JA... ICH DACHTE AUCH NICHT, DASS DU DAS BIST.
UND JIN AUCH NICHT.
ABER SHIKI FINDET, DU BIST UNSERE FREUNDIN...

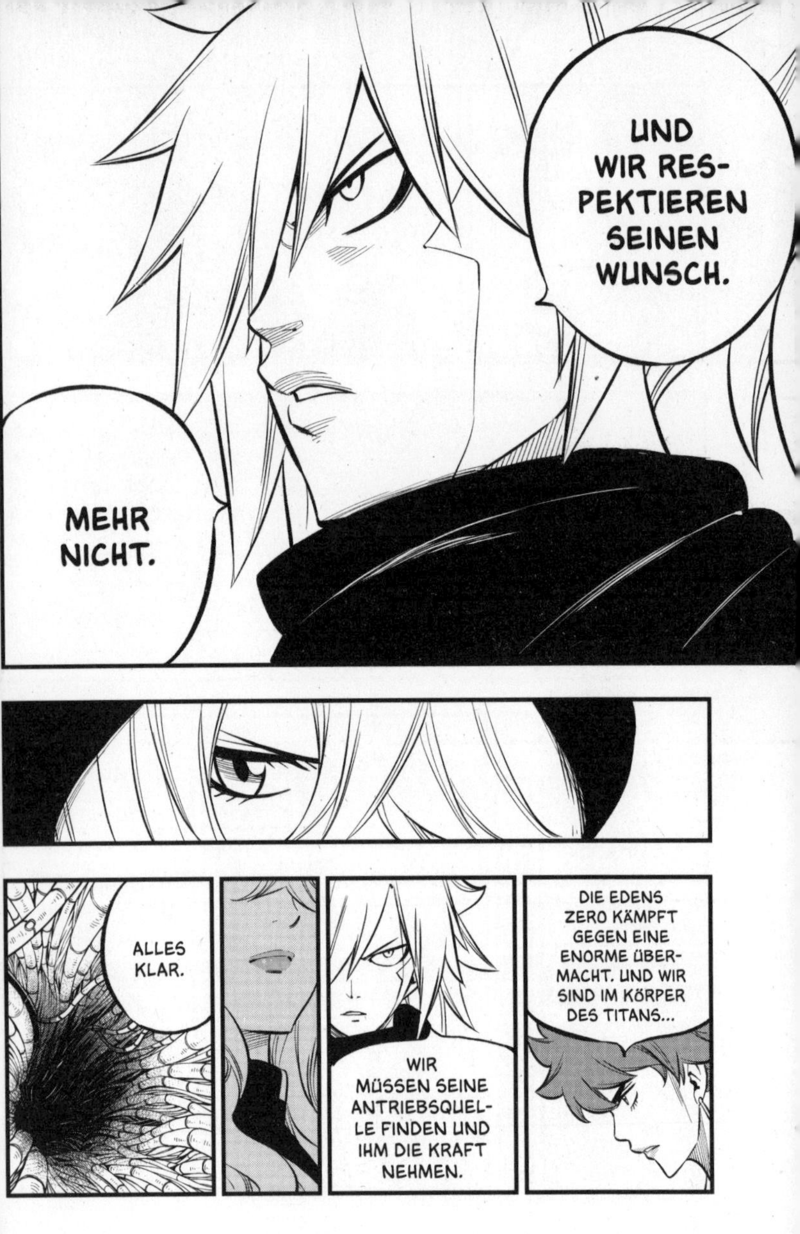
UND WIR RES-PEKTIEREN SEINEN WUNSCH.
MEHR NICHT.
DIE EDENS ZERO KÄMPFT GEGEN EINE ENORME ÜBER-MACHT. UND WIR SIND IM KÖRPER DES TITANS...
WIR MÜSSEN SEINE ANTRIEBSQUEL-LE FINDEN UND IHM DIE KRAFT NEHMEN.
ALLES KLAR.

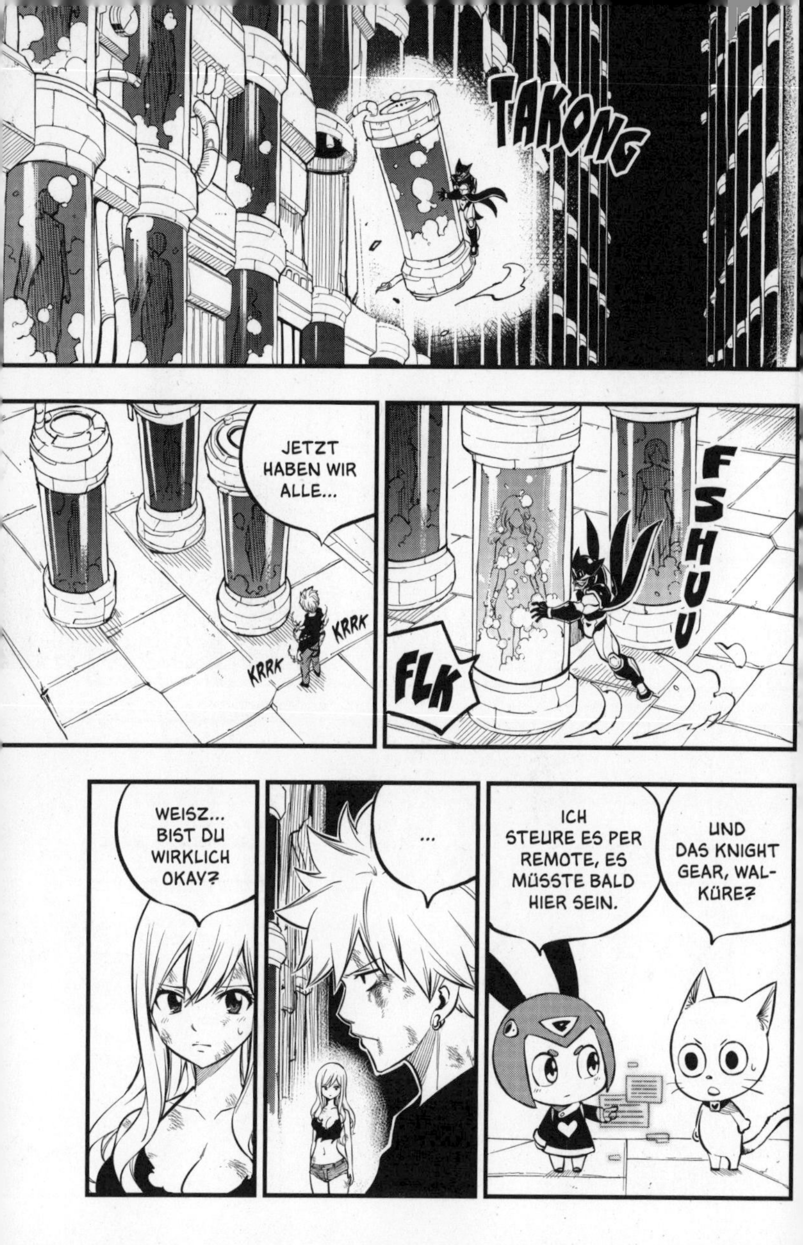
TAKONG
FSHUUU
FLK
JETZT HABEN WIR ALLE...
KRRK
KRRK
UND DAS KNIGHT GEAR, WAL-KÜRE?
ICH STEURE ES PER REMOTE, ES MÜSSTE BALD HIER SEIN.
...
WEISZ... BIST DU WIRKLICH OKAY?

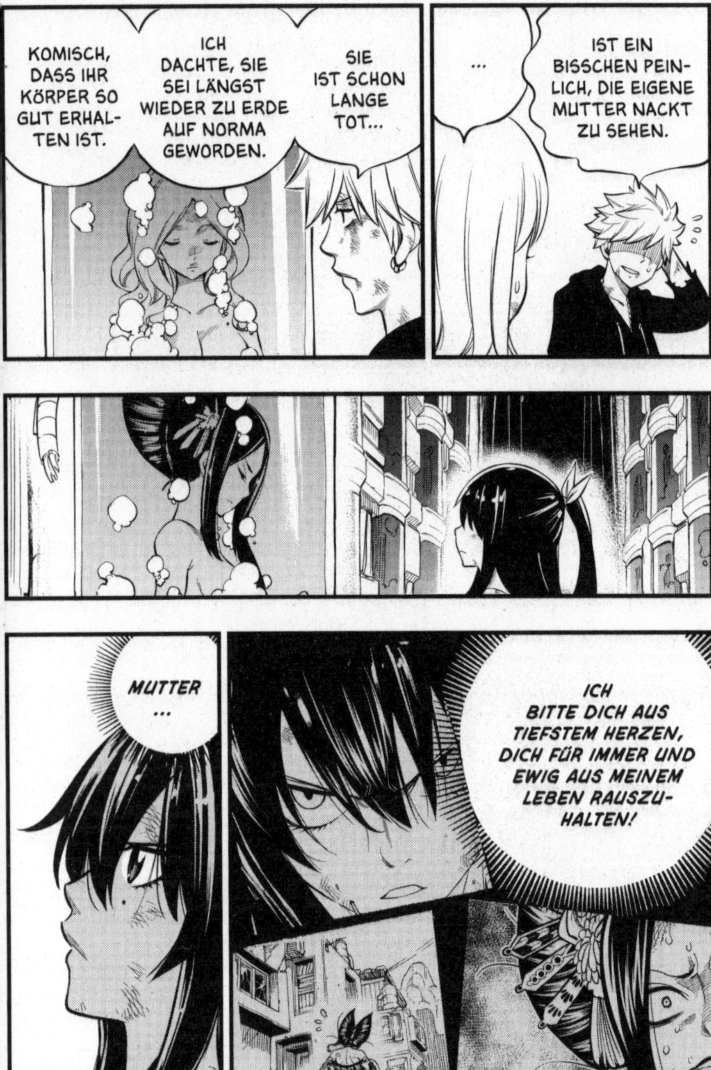
IST EIN BISSCHEN PEIN-LICH, DIE EIGENE MUTTER NACKT ZU SEHEN.
...
SIE IST SCHON LANGE TOT...
ICH DACHTE, SIE SEI LÄNGST WIEDER ZU ERDE AUF NORMA GEWORDEN.
KOMISCH, DASS IHR KÖRPER SO GUT ERHAL-TEN IST.
ICH BITTE DICH AUS TIEFSTEM HERZEN, DICH FÜR IMMER UND EWIG AUS MEINEM LEBEN RAUSZU-HALTEN!
MUTTER ...

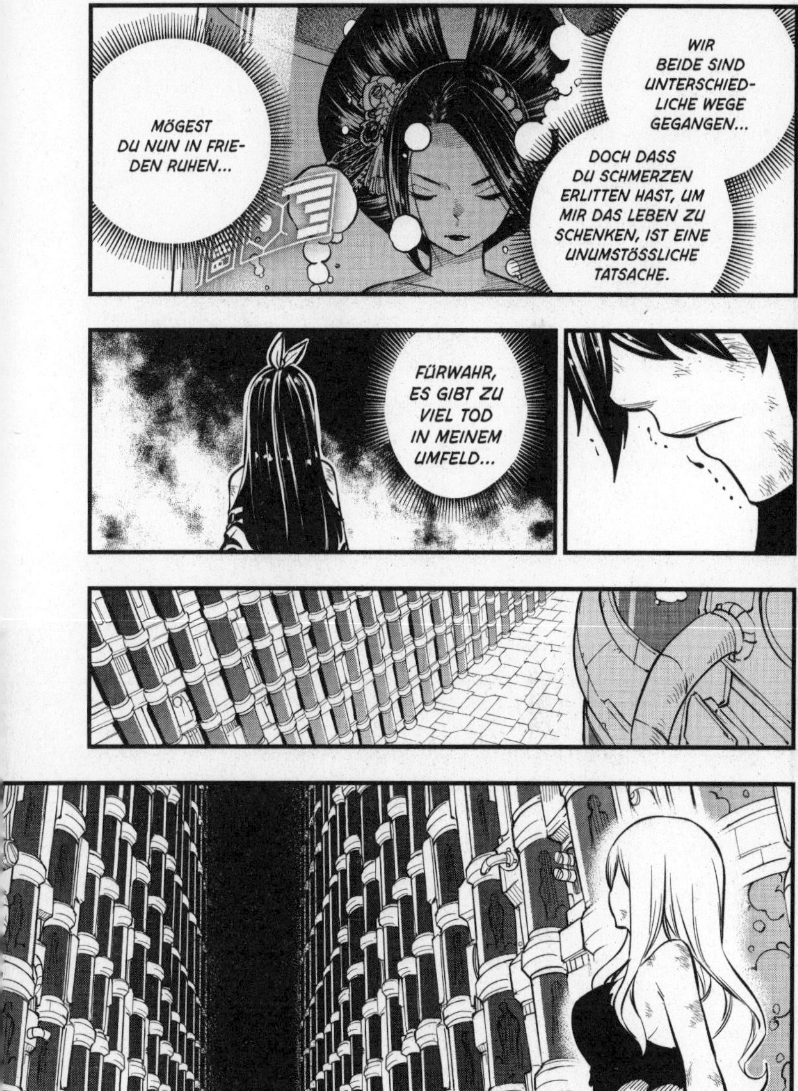
WIR BEIDE SIND UNTERSCHIED-LICHE WEGE GEGANGEN...
DOCH DASS DU SCHMERZEN ERLITTEN HAST, UM MIR DAS LEBEN ZU SCHENKEN, IST EINE UNUMSTÖSSLICHE TATSACHE.
MÖGEST DU NUN IN FRIE-DEN RUHEN...
FÜRWAHR, ES GIBT ZU VIEL TOD IN MEINEM UMFELD...

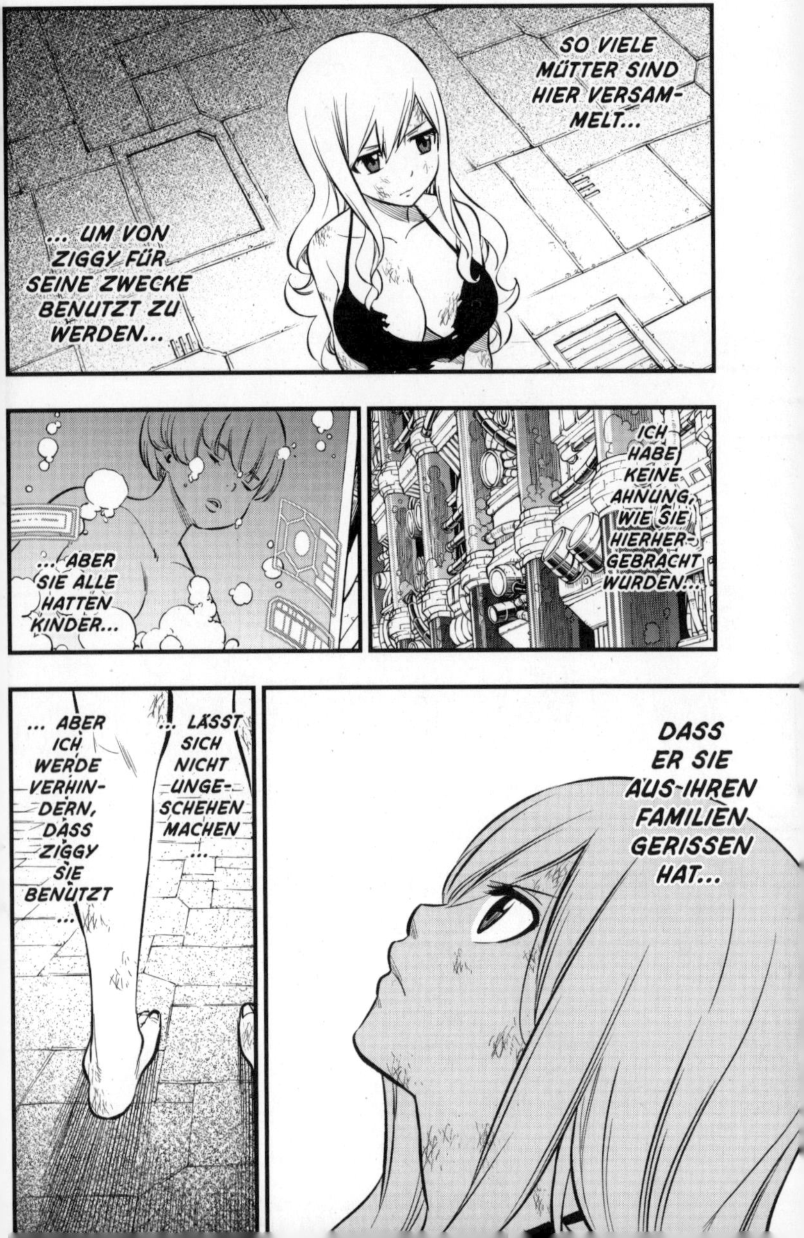
SO VIELE MÜTTER SIND HIER VERSAMMELT...
... UM VON ZIGGY FÜR SEINE ZWECKE BENUTZT ZU WERDEN...
ICH HABE KEINE AHNUNG, WIE SIE HIERHERGEBRACHT WURDEN...
... ABER SIE ALLE HATTEN KINDER...
DASS ER SIE AUS IHREN FAMILIEN GERISSEN HAT...
... LÄSST SICH NICHT UNGESCHEHEN MACHEN ...
... ABER ICH WERDE VERHINDERN, DASS ZIGGY SIE BENUTZT ...

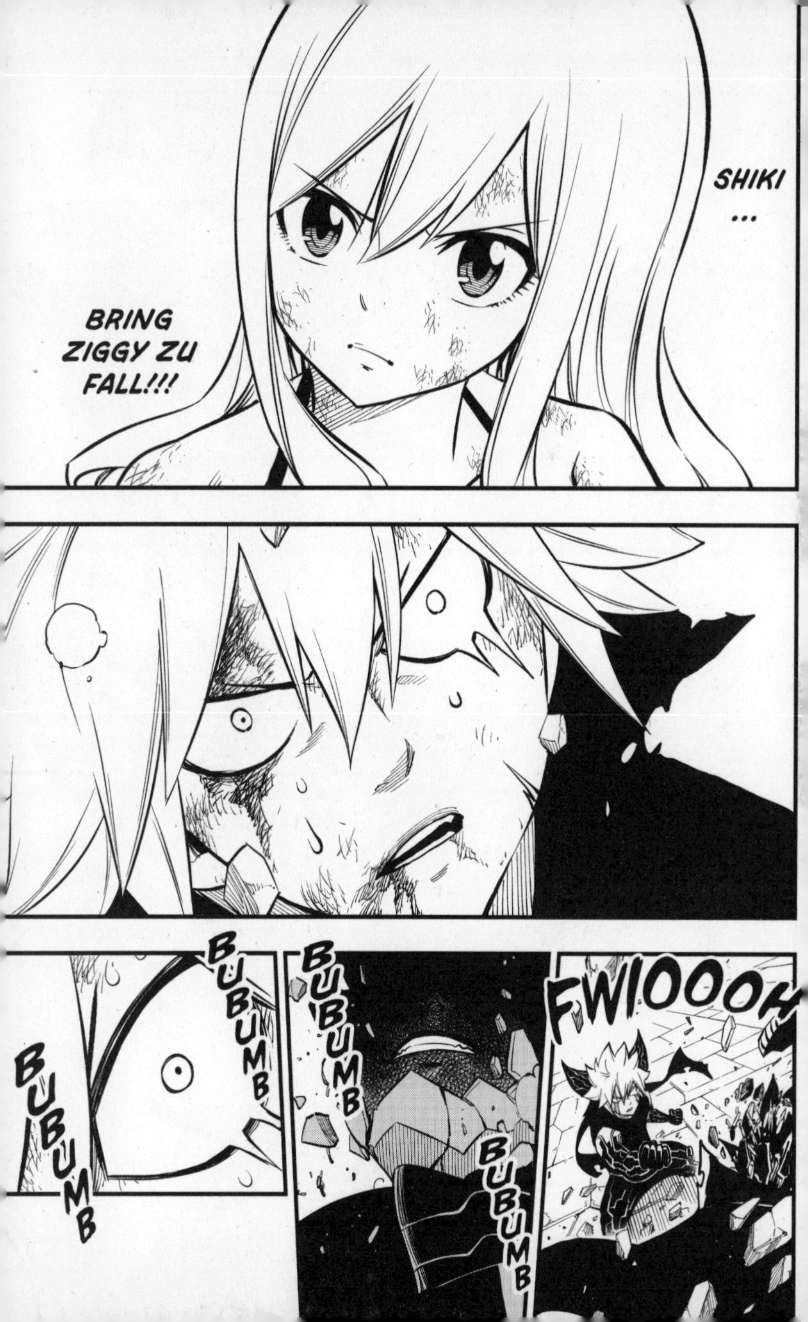
SHIKI
...
BRING
ZIGGY ZU
FALL!!!
FWIOOOH
BUBUMB
BUBUMB
BUBUMB
BUBUMB

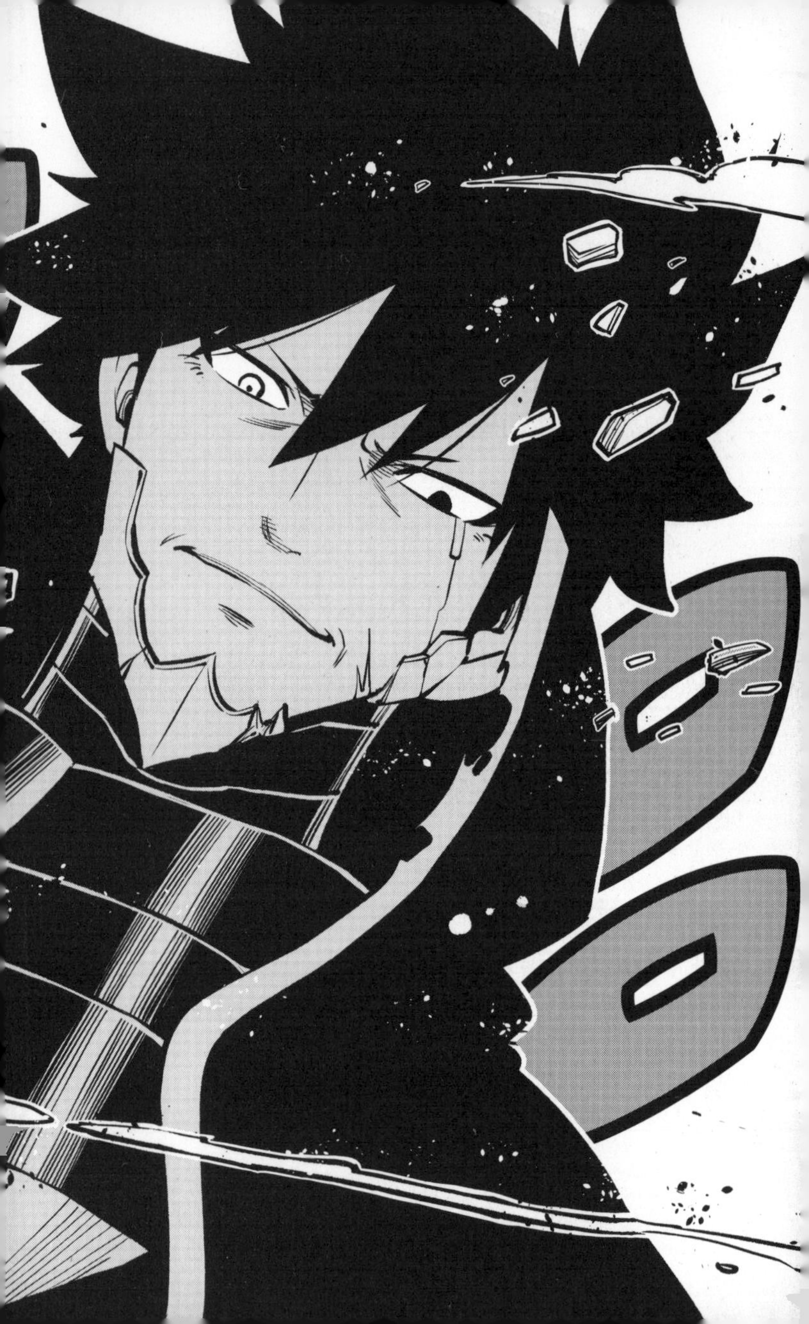

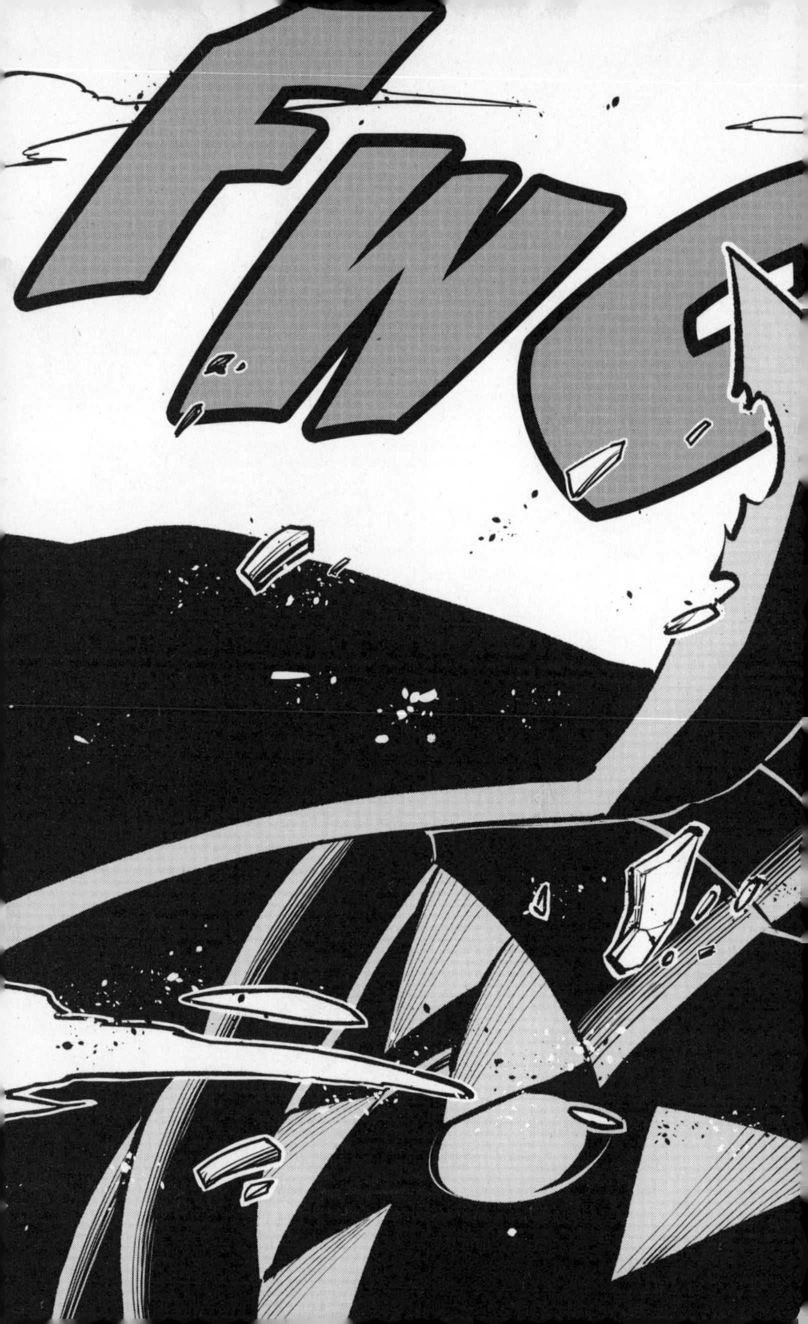

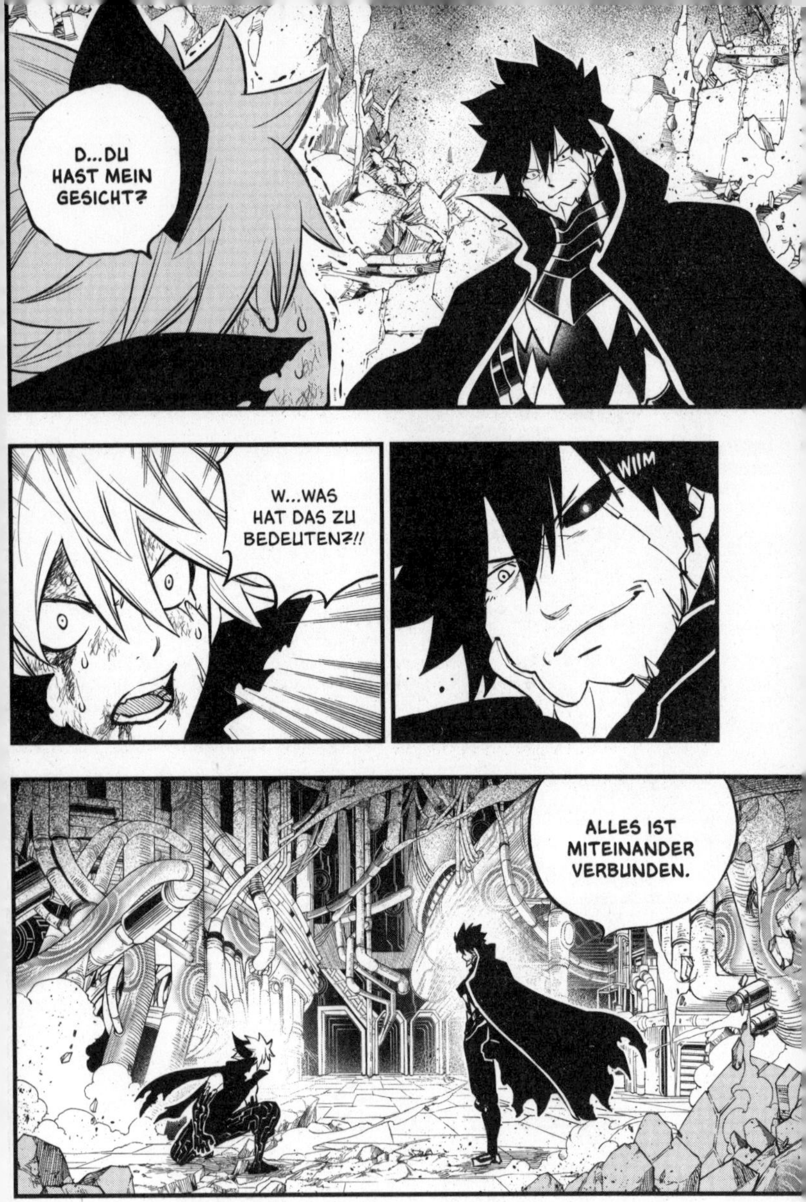
D...DU
HAST MEIN
GESICHT?
W...WAS
HAT DAS ZU
BEDEUTEN?!!
WIIM
ALLES IST
MITEINANDER
VERBUNDEN.

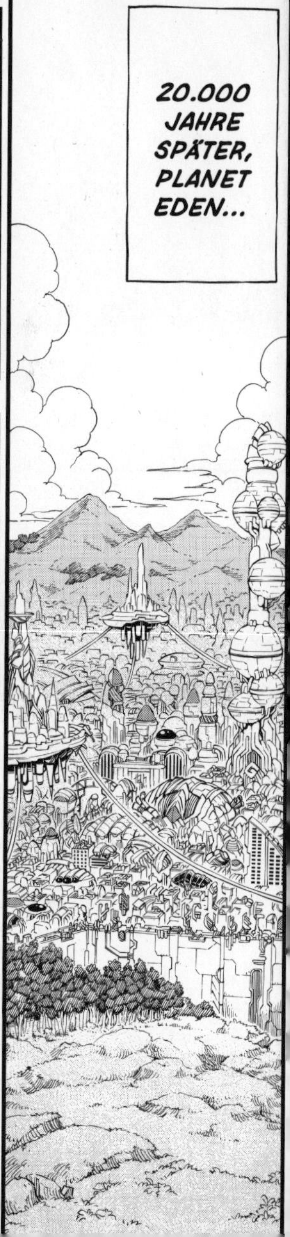
20.000 JAHRE SPÄTER, PLANET EDEN…

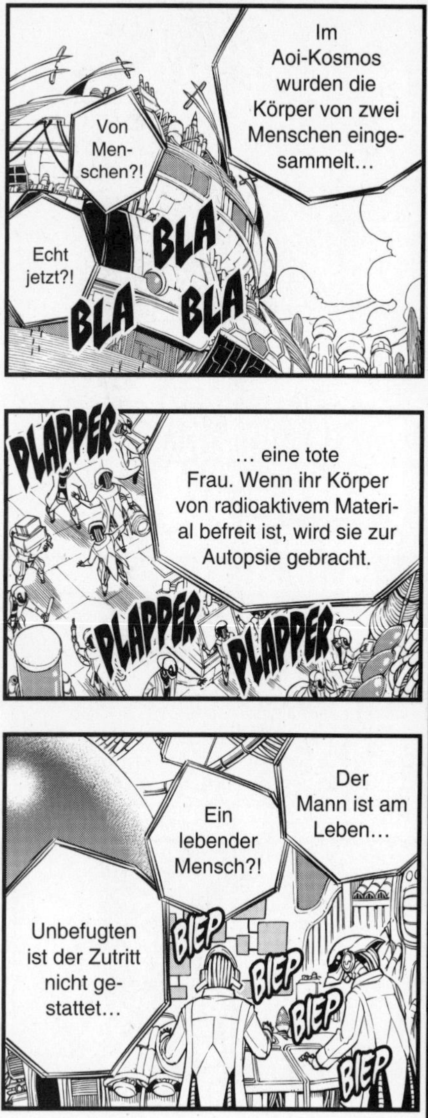
Im Aoi-Kosmos wurden die Körper von zwei Menschen eingesammelt…
Von Menschen?!
Echt jetzt?!
BLA
BLA
BLA
… eine tote Frau. Wenn ihr Körper von radioaktivem Material befreit ist, wird sie zur Autopsie gebracht.
PLAPPER
PLAPPER
PLAPPER
Der Mann ist am Leben…
Ein lebender Mensch?!
Unbefugten ist der Zutritt nicht gestattet…
BIEP
BIEP
BIEP
BIEP

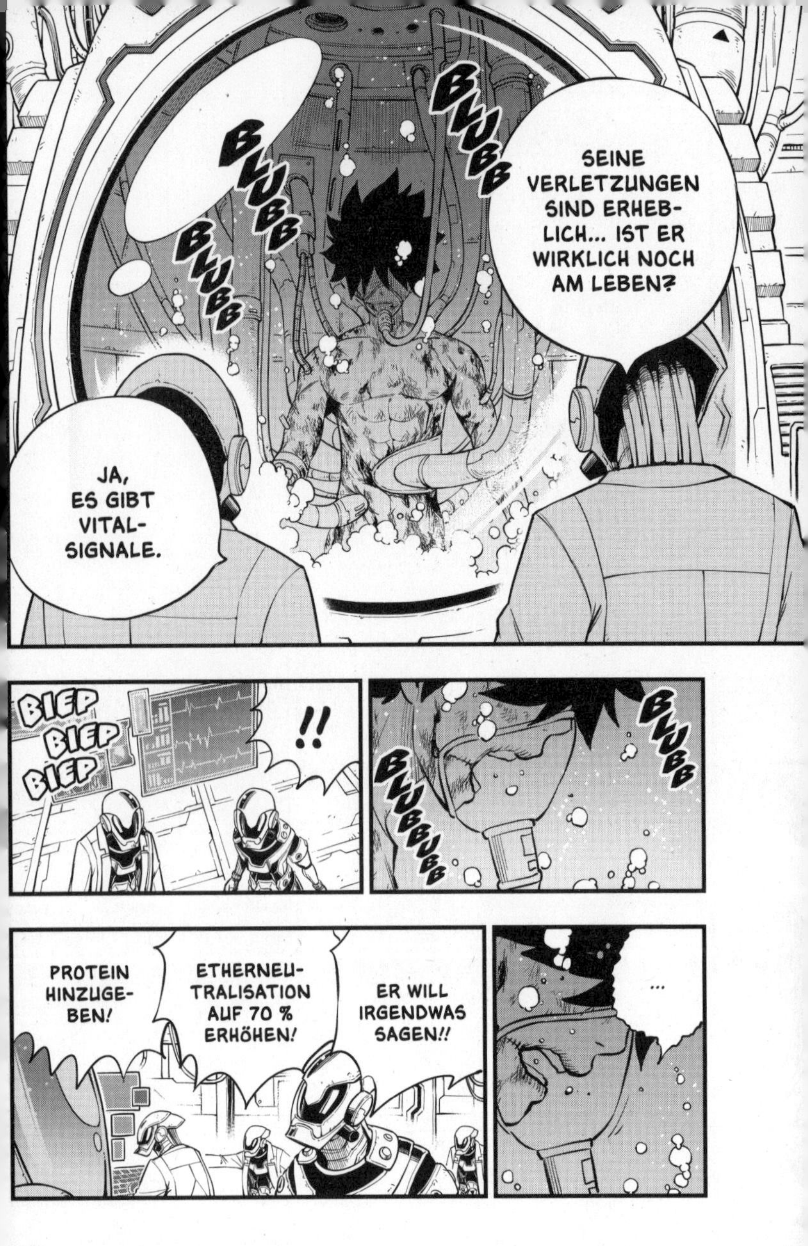
BLUBB
BLUBB
BLUBB
SEINE VERLETZUNGEN SIND ERHEB-LICH… IST ER WIRKLICH NOCH AM LEBEN?
JA, ES GIBT VITAL-SIGNALE.
BLUBB
BLUBBUBB
!!
BIEP BIEP BIEP
…
ER WILL IRGENDWAS SAGEN!!
ETHERNEU-TRALISATION AUF 70 % ERHÖHEN!
PROTEIN HINZUGE-BEN!

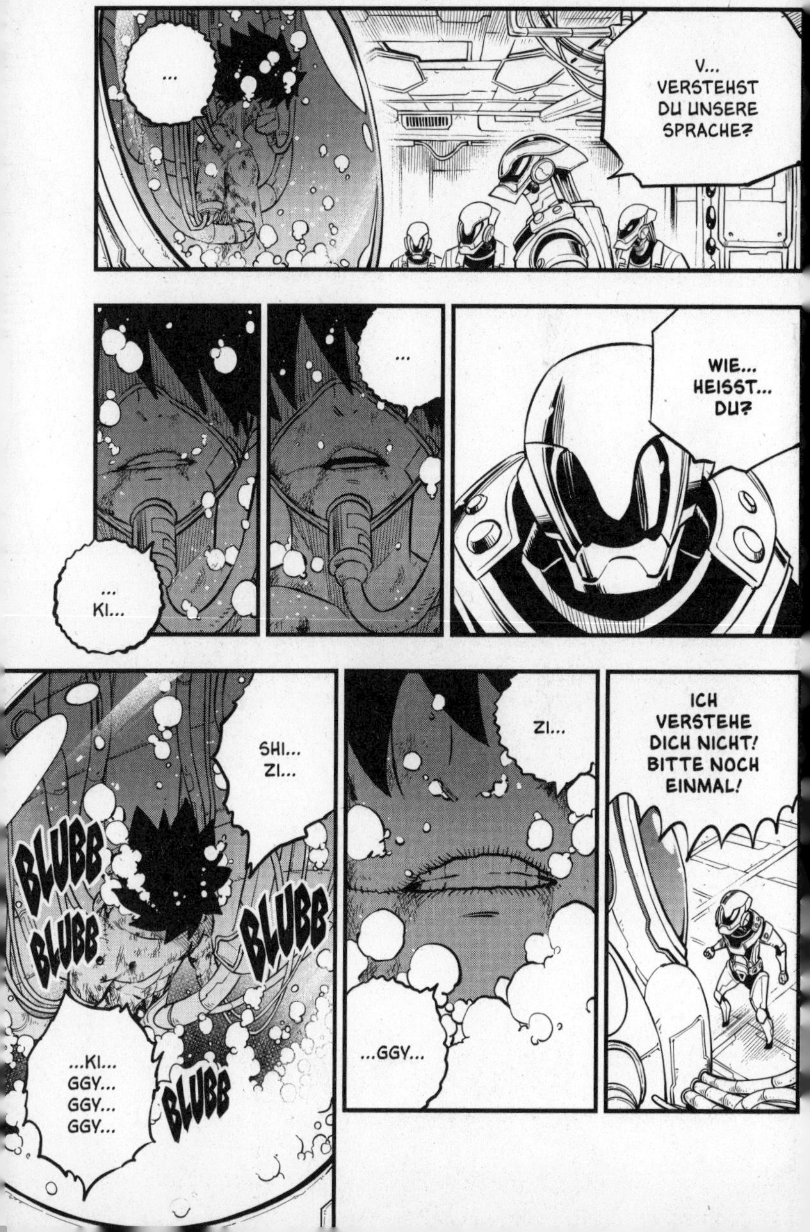
V... VERSTEHST DU UNSERE SPRACHE?
...
WIE... HEISST... DU?
...
... KI...
ICH VERSTEHE DICH NICHT! BITTE NOCH EINMAL!
ZI...
...GGY...
SHI... ZI...
BLUBB BLUBB
BLUBB
...KI... GGY... GGY... GGY...
BLUBB

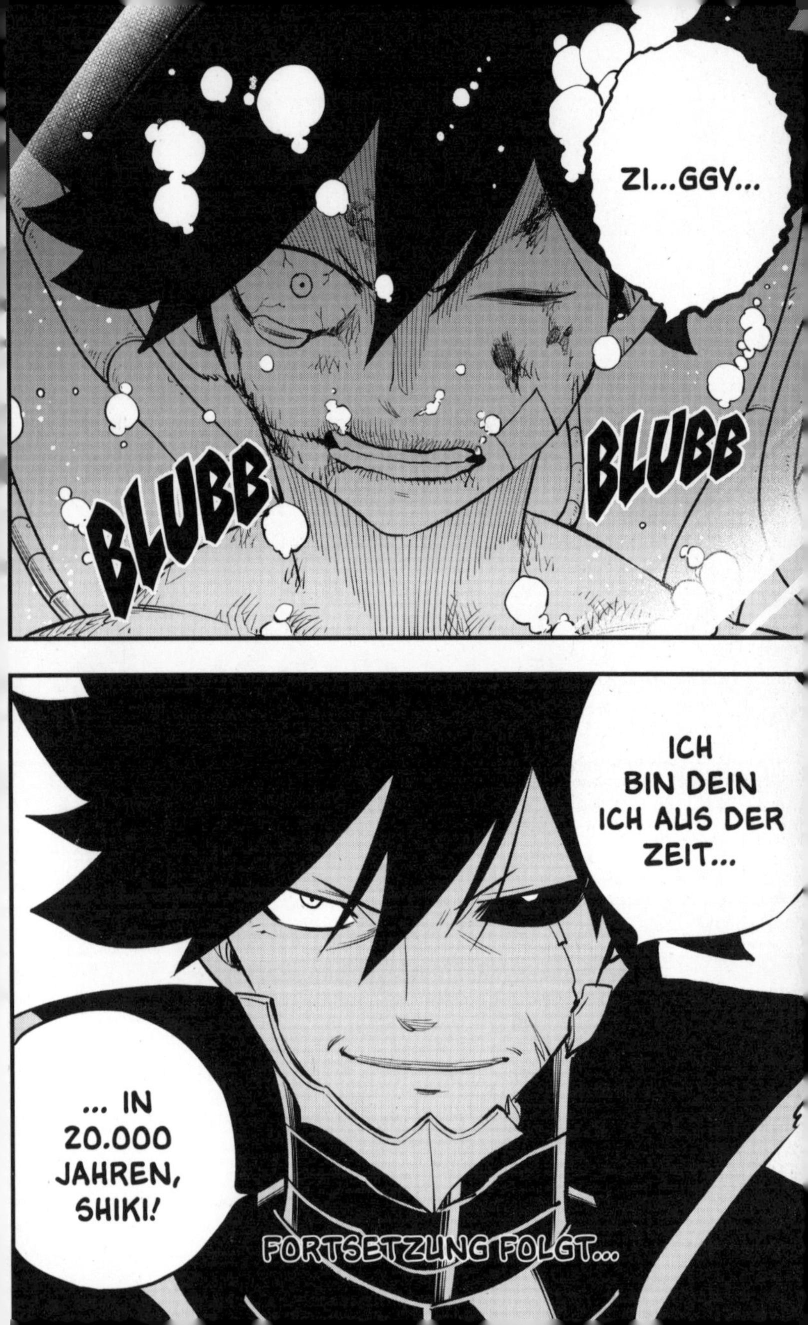
ZI...GGY...
BLUBB
BLUBB
ICH BIN DEIN ICH AUS DER ZEIT...
... IN 20.000 JAHREN, SHIKI!
FORTSETZUNG FOLGT...

NACHWORT

Also dann! Endlich haben wir den Höhepunkt der bisherigen Geschichte erreicht!

Ab dem folgenden Band wird das Tuch, das ich bis jetzt weit ausgebreitet hatte, zusammengelegt – dann entwickelt sich die Geschichte weiter.

Der vorliegende Band liefert zwar Antworten auf so manches Rätsel, doch viele weitere bleiben ungelöst. Ich habe natürlich vor, sie ebenfalls zu enthüllen, doch bei einem habe ich mir durchaus überlegt, es bis zuletzt unbeantwortet zu lassen.

Nein, nein, keine Sorge – ich werde die Geschichte am Ende nicht offenlassen. Die meisten Leser wird dieses Rätsel auch nur bedingt beschäftigen. Ich denke, der Großteil wird es gar nicht erst als Rätsel sehen.

Über die Sozialen Medien lese ich manchmal, was ihr von meinen Sachen haltet und darüber denkt. Aber aktuell gibt es nichts über dieses Rätsel. Daher ist mir die Idee gekommen, das Geheimnis einfach gar nicht zu lüften!

Wenn die Manga-Serie dann vorbei ist und einige Jahre ins Land gezogen sind, wird irgendwann einmal jemand darauf stoßen und die Wahrheit dahinter erkennen. Und der- oder diejenige wird dann denken: »Echt jetzt?!«, und es jemandem erzählen wollen. Als ich mir das so vorgestellt habe, fand ich, zumindest ein Geheimnis könnte ich eigentlich für mich behalten.

Natürlich werde ich Andeutungen machen. Beziehungsweise mache ich sie schon. Ich mache gerade so viel, dass die Leser eine leise Ahnung entwickeln können – und dabei belasse ich es dann.

Aber möglicherweise habe ich einige Bände zuvor schon ein bisschen Licht ins Dunkel gebracht.

Ich liebe es, in dieser Art Andeutungen zu machen und die Leser zu überraschen. Wahrscheinlich findet mancher, dass ich eigentlich auch mal einen Krimi zeichnen könnte.

Vor meinem Debüt habe ich mal einen gemacht, aber ihn nie veröffentlicht. Ich erinnere mich nur vage daran, aber es ging um einen zeitlichen Kniff, für den die Zeiger der Uhr genutzt wurden.

Ich zeigte das Werk meinen Freunden, weil ich hoffte, sie würden darüber staunen. Aber sie meinten nur: »Der Trick funktioniert doch gar nicht!«, wiesen mich auf verschiedene Probleme hin oder widerlegten meine Annahmen. Und so gab ich das Thema »Krimi« auf.

Aus diesem Grund baue ich Andeutungen oder Kniffe in meinen Mangas immer aus dem Stegreif ein. Das ist nicht alles so gründlich durchdacht, sondern geschieht eher aus dem Moment heraus.

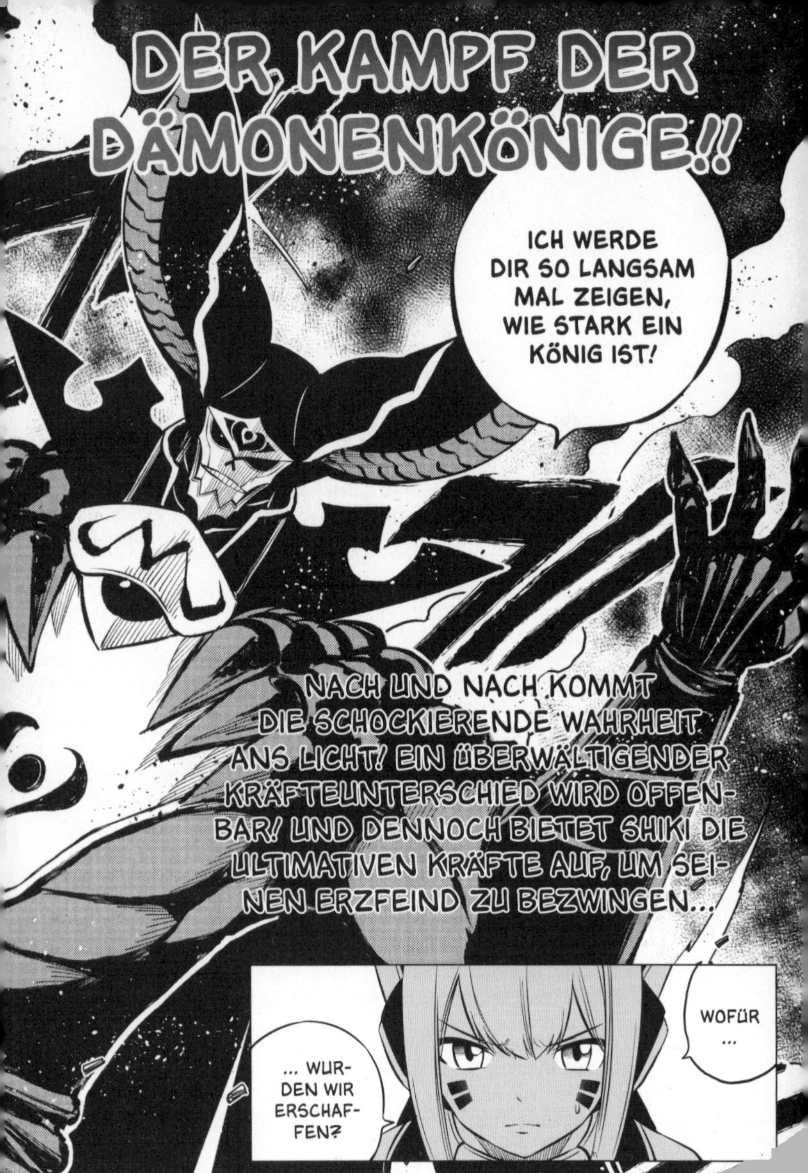

AB JUNI 2024 IM HANDEL!!!

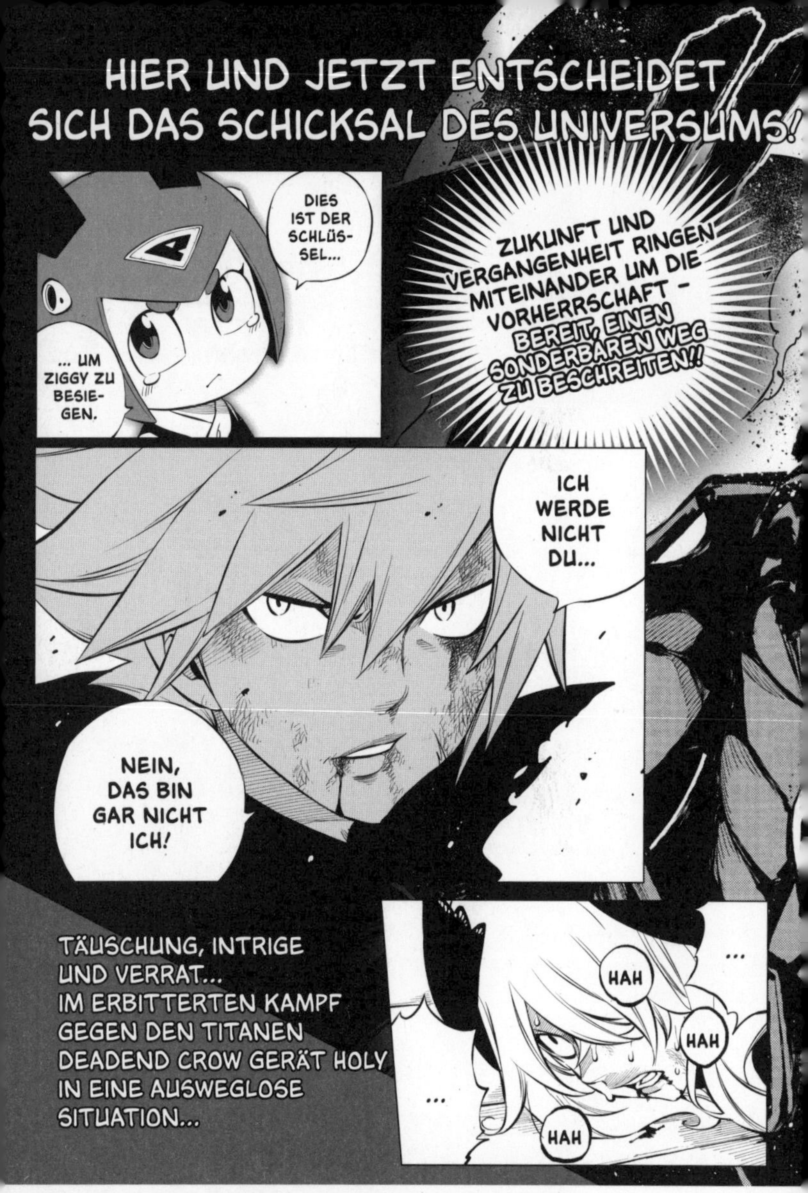

EDENSZERO BAND 24

MISSION: Yozakura Family

HITSUJI GONDAIRA

VORHANG AUF FÜR DIE SCHRÄGSTE UND GEFÄHRLICHSTE FAMILIE DER WELT!

Taiyo Asano ist ein extrem schüchterner Oberschüler. Die einzige Person, mit der er unbeschwert reden kann, ist seine Kindheitsfreundin Mutsumi Yozakura. Doch dann stellt sich heraus, dass Mutsumi ein Geheimnis hat, das Taiyos Leben völlig auf den Kopf stellt: Ihre Familie besteht aus lauter Superspionen! Und als wäre das nicht schon aufregend genug, trachtet Mutsumis großer Bruder ihm auch noch nach dem Leben! Wie weit wird Taiyo gehen, um seine Haut zu retten?

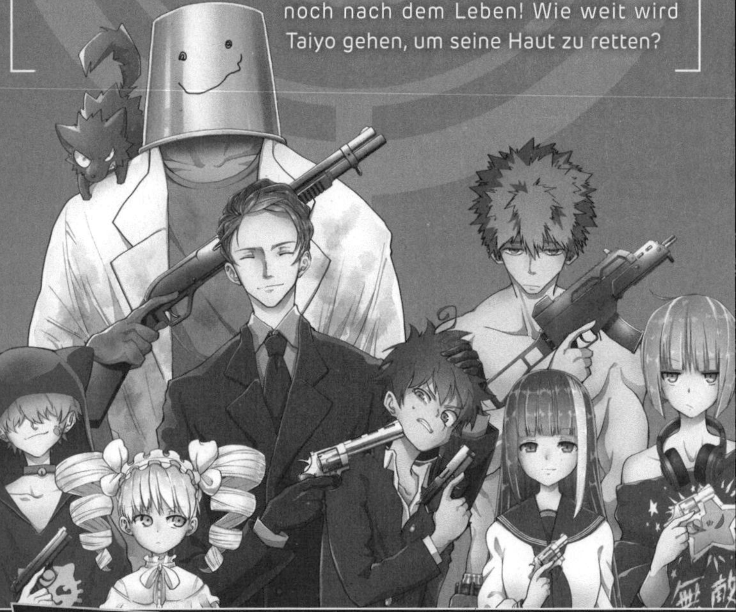

»EDENS ZERO« ist eine japanische Serie, und in Japan wird von »hinten« nach »vorn« und von rechts nach links gelesen. Man muss diesen Manga also »hinten« aufschlagen und Seite für Seite nach »vorn« weiterblättern. Auch die Bilder auf jeder Seite und die Sprechblasen innerhalb der Bilder werden von rechts oben nach links unten gelesen, so wie in der Grafik gezeigt. Viel Spaß mit »EDENS ZERO«!

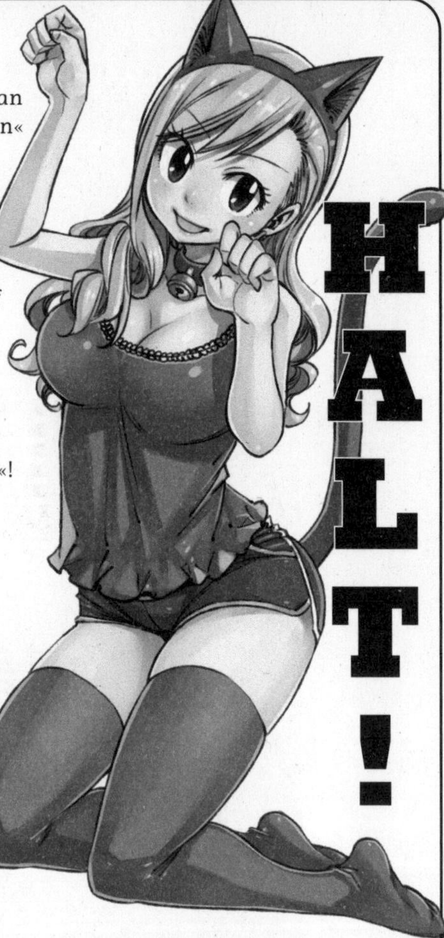

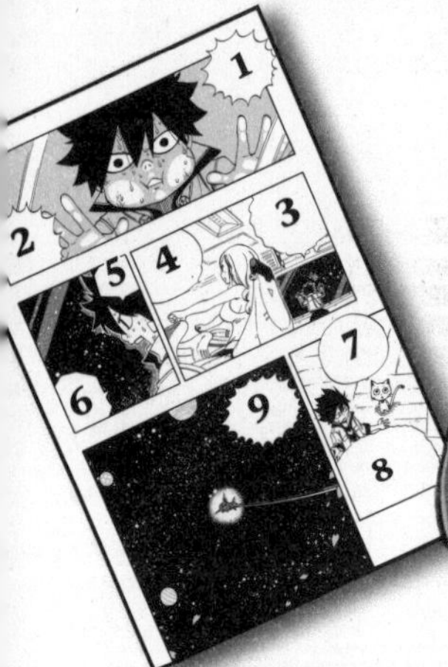

CARLSEN MANGA! NEWS jeden Monat neu per E-Mail
www.carlsenmanga.de · www.carlsen.de
CARLSEN MANGA · Deutsche Ausgabe / German Edition

Aus dem Japanischen von Nadja Stutterheim

First published in Japan in 2022 by KODANSHA Ltd., Tokyo
Publication rights for this German edition arranged through Kodansha Ltd.
Redaktion: Patricia Janzen · Textbearbeitung: Steffen Haubner · Produktionsmanagement: Tobias Hametner
 · ISBN: 978-3-551-76279-5